Jennifer Alspach

Photoshop e Illustrator

dicas e segredos

Tradução
Cristiane Rocha

CB059100

EDITORA CIÊNCIA MODERNA

Do original
Photoshop and Illustrator Synergy Studio Secrets
Copyright © 1998 by Editora Ciência Moderna Ltda.
Original English language edition copyright © 1998 IDG Books Worldwide, Inc.
All rights reserved including the right of reproduction in whole or in part in any form.
This edition published by arrangement with the original publisher, IDG Books Worldwide, Inc., Foster City, California, USA.

Todos os direitos para a língua portuguesa reservados pela EDITORA CIÊNCIA MODERNA LTDA.

Nenhuma parte deste livro poderá ser reproduzida, transmitida e gravada, por qualquer meio eletrônico, mecânico, por fotocópia e outros, sem a prévia autorização, por escrito, da Editora.

Editor: Paulo André P. Marques
Produção Editorial: Carlos Augusto L. Almeida
Assistente Editorial: Ana Paula Azevedo
Capa e Layout: Renato Martins
Diagramação: Arezza Menezes e Patricia Seabra
Digitalização de Imagens: News Color Estúdio Gráfico
Tradução: Cristiane Rocha
Revisão: Equipe ECM

Várias **Marcas Registradas** aparecem no decorrer deste livro. Mais do que simplesmente listar esses nomes e informar quem possui seus direitos de exploração, ou ainda imprimir os logotipos das mesmas, o editor declara estar utilizando tais nomes apenas para fins editoriais, em benefício exclusivo do dono da Marca Registrada, sem intenção de infringir as regras de sua utilização.

FICHA CATALOGRÁFICA

Alspach, Jennifer
Photoshop e Illustrator — dicas e segredos
Rio de Janeiro: Editora Ciência Moderna Ltda., 1998.

Programa de edição de imagens
I — Título

ISBN: 85-7393-036-5 CDD 001642

Editora Ciência Moderna Ltda.
Rua Alice Figueiredo, 46
CEP.: 20950-150, Riachuelo — Rio de Janeiro — Brasil
Tels.: (021) 201-6662/201-6492/201-6511/201-6998
Fax.: (021) 201-6896/281-5778
E-mail: lcm@novanet.com.br

A meus pais, por seu amor incondicional e apoio irrestrito. Sem sua orientação e seus maravilhosos genes, este livro não teria sido possível.

INTRODUÇÃO

Bem-vindo a um novo método de trabalho

Você deve ter percebido que a capa deste livro tem um logotipo da revista *Publish,* além de ter lido as palavras "autorizado e aprovado". Para aqueles que já estão familiarizados com a nossa revista ou não, gostaria de explicar o que significa esta frase e falar de como estamos entusiasmados em endossar esse título maravilhoso. Este livro, na realidade, é um ótimo exemplo do que a *Publish* se propõe e o que fazemos todos os meses para ajudar nossos leitores a dominar as possíveis dificuldades do artista atual com softwares contidos na caixa de ferramentas.

Se você já trabalhou com Adobe Photoshop ou Adobe Illustrator, não importa o tempo, sabe como essas ferramentas são eficazes. Provavelmente, percebeu que é necessário mais de um programa de software para o artista digital praticar o seu ofício. Na *Publish* e na IDG Books, vimos ao longo do tempo que a chave para o sucesso da criatividade não é somente o domínio de títulos de determinados softwares. A tela de computador só é considerada uma tela em branco, de verdade, quando você tem a opção de criar — nas formas de vetor e pixel — o equivalente digital da mescla da aquarela com caneta e tinta.

Todos nós aceitamos o Adobe Photoshop como programa padrão de criação e edição de pixel. Indiscutivelmente, não existe ferramenta associada para desenho de vetor melhor do que o Adobe Illustrator. Com a Versão 4.0 do Photoshop e a Versão 7.0 do Illustrator, a Adobe transformou essas duas ferramentas de software individuais em um duo sinérgico que libera projetos de métodos de trabalho de interface comuns. Na realidade, os editores da *Publish* concederam à Adobe, ano passado, um dos prêmios do Impact Awards por lançar produtos que apresentam melhor desempenho em conjunto do que individualmente. Neste livro, você descobrirá quantos dos principais artistas digitais da atualidade se beneficiam da capacidade do Adobe Photoshop e do Adobe Illustrator, junto com outras ferramentas muito eficazes que completam suas visualizações criativas, como Macromedia Freehand, Painter e Bryce. Essa é mais uma semelhança com a revista *Publish.*

Como Jennifer Alspach, acreditamos que uma das melhores formas de aprender é observando como outros profissionais ministraram sua arte. Desde as primeiras edições em 1986, constatamos que as seções mais populares da revista são as que mostram passo a passo etapas de como artistas contemporâneos obtêm grandes resultados. As personalidades são citadas neste livro como um "quem é quem" na arte digital. Se você lê a *Publish* , é provável que tenha visto muitos dos trabalhos desses profissionais antes. Mencionamos e utilizamos muitos talentos nas páginas a seguir. Se você não estiver familiarizado com a *Publish,* esperamos que a qualidade e a utilidade deste livro despertem sua curiosidade para descobrir por que nos tornamos a revista número um dos profissionais da editoração eletrônica.

Todas as pessoas envolvidas nesta série de livros estão comprometidas com a perfeição e a criatividade. Nosso objetivo na *Publish* e na IDG Books é estar sempre apresentando novas oportunidades de aprendizagem, ajudando a selecionar as informações disponíveis sobre tecnologia de computação. Ao enfocar os temas sobre criatividade — como observar a sinergia entre programas ao invés dos recursos individuais — estamos tentando perceber e compreender como você trabalha.

Grande parte da capacidade a ser desencadeada pela tecnologia está mais relacionada com métodos e fluxo de trabalho do que com truques e novos recursos.

Espero que goste deste título, lhe ajudando a pensar em formas novas e criativas sobre duas das mais importantes ferramentas em sua área de trabalho. Se você tem alguma idéia ou sugestão de como melhorar essa série, entre em contato. É possível também visitar o Web site da revista *Publish,* Publish RGB, em www.publish.com ou enviar seu e-mail para ggable@publish.com. Será um prazer saber como você experimentou as capacidades do Photoshop, do Illustrator e outros grandes aplicativos aumentando a sua visão criativa.

Gene Gable
Presidente/Editor
Revista *Publish*
São Francisco

PREFÁCIO

"Legal essa imagem! Você usou o Photoshop para fazer isso?"

"Bem, eu desenhei as figuras básicas no Illustrator e importei o arquivo para o Expression. No Expression, pintei as figuras, com exceção da pessoa, que terminei no Illustrator. Depois rasterizei a imagem no Photoshop, usei o KPT Noise para criar a textura e ajustei Matiz/Saturação. Em uma cópia, pontilhei o segundo plano para criar um efeito de transparência..."

Como você pode ver, para produzir uma imagem interessante, atualmente, é necessário mais de um programa. Muitos artistas utilizam uma variedade de programas para criar imagens. A utilização de vários programas foi a minha inspiração para escrever *Photoshop e Illustrator — dicas e segredos.* Enquanto que muitos livros no mercado são sobre programas específicos, somente este é destinado a problemas e segredos ao se trabalhar entre programas.

Escolher um título para um livro dessa natureza foi outro problema. O nome *Photoshop, Illustrator, FreeHand, Dimensions, Painter, Bryce, Goo, Soap, PhotoTools, VectorTools, MaskPro,Eye Candy, QuarkXPress, PageMaker e a Sinergia da Web* me parecia um pouco comprido. Conversando com a IDG Books Worldwide, encontramos finalmente um nome mais curto e mais adequado: *Photoshop e Illustrator — dicas e segredos*. Apesar de o título mencionar Illustrator e Photoshop, você verá que os dois programas se combinam entre si e com outros programas.

Ao escrever este livro, entrei em contato com vários artistas cujas imagens agora ilustram estas páginas. Descobri que muitos deles inicialmente utilizam o Illustrator e o Photoshop, e em seguida vão para outros programas para criarem efeitos desconhecidos. Sem o suporte e as técnicas engenhosas desses artistas, este livro não seria possível. Suas percepções são inestimáveis e as imagens no decorrer deste livro proporcionam passo a passo uma idéia de como criar uma imagem semelhante à deles.

QUEM DEVE LER ESTE LIVRO

Este livro é destinado a artistas, projetistas gráficos ou a qualquer pessoa que goste de brincar com imagens, além de curiosos. Do ilustrador básico ao profissional avançado, este livro abrange todos os níveis na criação de imagens.

LIVRO PARA SER LIDO EM UM CAFÉ OU GALERIA DE ARTE?

Com essas incríveis imagens coloridas, o livro seria maravilhoso para ser lido em um café. Provavelmente, você irá usá-lo como ferramenta de aprendizagem e referência. Este livro está dividido em duas partes. A Parte I é chamada "Segredos de produtos". Os segredos que você encontrará na primeira parte estão relacionados a questões e resultados no trabalho entre programas. Este livro mostrará as melhores formas de se obter o efeito desejado, desde tipos de arquivo até a utilização de partes de uma imagem. Para a Web este livro tem tudo, se você estiver trabalhando em 2D ou 3D. Você aprenderá os segredos do software de 3D, software de pintura, layout de página e muitos outros programas.

A Parte II, chamada de "Segredos de estúdio", vem repleta de imagens surpreendentes, cheias de arte e técnicas dos próprios artistas que vão maravilhar a mente e a alma. Algumas imagens aparecem como artes, mostrando passo a passo como foram criadas. Os temas simplesmente artísticos abrangem, textos e texturas, realismo, anúncios e logotipos, efeitos 3D e retoques finais.

CD-ROM OU RUÍDO DE DISCAGEM

No verso da quarta capa do livro , você encontrará um CD-ROM cheio de informações reservadas. Na realidade, repleto de galerias de arte do livro, software de demonstração e dispositivos exclusivos GRÁTIS! Por último, mas não menos importantes, estão os filtros exclusivos fornecidos pela Extensis Corporation. Os filtros que você obtém junto com este livro são: o PhotoShadow, o PhotoGlow, o Phototips e o Intellihance Lite. Além dos filtros exclusivos, você obterá versões de demonstração de vários produtos terceirizados da gama de demonstrações de produtos da Extensis, que inclui o Alien Skin's Eye Candy, o Painter 5 e outros.

LEIA ESTE LIVRO, SENÃO...

...você se confudirá criando artes medíocres. Sempre procurei um livro que abordasse temas sobre vários programas. Agora, a procura chegou ao fim. Este livro certamente será um sucesso em festas, eventos sociais e um ótimo presente para o artista que existe em todos nós. Se você quiser contribuir para a próxima edição, envie suas sugestões e idéias para Jen@bezier.com. Prepare-se para uma viagem que irá iluminar sua alma artística.

AGRADECIMENTOS

Gostaria de agradecer a todos os artistas que contribuíram para este livro (para conhecer a lista de artistas, verifique o índice no final deste livro). Se você tiver interesse em alguma arte ou desejar usá-la no seu próximo projeto, escreva, envie um e-mail ou um fax para o artista. A arte que você verá é amplamente diversificada e de alguma forma utiliza o Photoshop e o Illustrator no seu processo criativo.

Agradecimentos especiais para Mike Roney, cujo estímulo e ambição deram origem a este livro maravilhoso. Os conhecimentos de Mike sobre os produtos ajudaram a modelar este livro em um guia fantástico. Também gostaria de agradecer a Katharine Dvorak, Stephan Grünwedel, Marcia Baker, Tom Debolski, Andy Schueller e ao resto da equipe de produção da IDG Books Worldwide.

O CD-ROM é mais que um acessório. Agradeço pela ajuda de Mark Mehall, Sioux Fleming e Diana Smedley, todos da Extensis. Agradeço também a Kevin Hurst, Craig Barns e ao resto da equipe da Extensis.

Muito obrigada aos meus pais, Carolyn e James Garling. Sem eles, este livro não seria possível. Com o estímulo e o apoio deles, aprendi, que posso fazer tudo que for possível. Gostaria de agradecer também ao meu marido, Ted. Seu incentivo e o seu amor foram essenciais para que concluísse este livro. E um agradecimento especial a Gage Alspach, que fez com que terminasse o livro no prazo.

SUMÁRIO

INTRODUÇÃO IV

PREFÁCIO VII

AGRADECIMENTOS IX

PARTE I - SEGREDOS DE PRODUTOS 1

CAPÍTULO 1 - PHOTOSHOP PARA TÉCNICAS DO ILLUSTRATOR 3

Posicionada ou analisada, EPS ou TIFF — Qual é a melhor para você? 4

Tipos de arquivo 4

Resolução

Como transportar imagens para o Illustrator 6

Arrastar e soltar 6

Copiar e colar 7

Como utilizar partes de arquivos do Photoshop 7

Clipping Paths 8

Como utilizar a cor através da imagem do Photoshop 8

Caminhos e seleções por meio do Photoshop 9

Como utilizar filtros originais do Photoshop e do Illustrator 10
Como aplicar filtros do Illustrator 10
Como utilizar filtros do Photoshop no Illustrator 18
Como utilizar o Illustrator com arquivos do Photoshop 18

CAPÍTULO 2 - ILLUSTRATOR PARA TÉCNICAS DO PHOTOSHOP 21

Como utilizar arquivos do Illustrator no Photoshop 22
Tipos de arquivos 22
Resolução 22
Como transportar arquivos para o Photoshop 23
Arrastar e soltar 24
Copiar e colar 25
Como utilizar partes através do Illustrator 25
Camuflagens 25
Tipo do Illustrator 27
Como utilizar caminhos por meio do Illustrator 30
Como aplicar efeitos no Photoshop 34
Como ajustar sua imagem 35
Como aplicar os filtros do Photoshop 44
Como adicionar sombras 46
Os dez melhores filtros do Photoshop para serem aplicados a uma imagem 47
1. Filtro Clouds 47
2. Filtro Spatter 47
3. Filtro Crystallize 47
4. Filtro Mezzotint 48
5. Filtro Pontillize 48
6. Filtro Water Paper 48
7. Filtro Glowing Edges 48
8. Filtro Tiles 48
9. Filtro Wind 49
10. Filtro Texturizer 49

CAPÍTULO 3 - PHOTOSHOP PARA FREEHAND E VICE-VERSA 51

Como escolher o melhor formato para um arquivo 51
Tipos de arquivo 52
Resolução 52
Como transportar imagens para o Freehand 53
Arrastar e soltar 54
Copiar e colar 54
Freehand para técnicas do Photoshop 55
Como abrir os arquivos do Freehand no Photoshop 56
Tipos de arquivo 56
Como utilizar partes do Photoshop e partes do Freehand 57

Clipping Paths 57
Como utilizar a cor da imagem do Photoshop 58
Como utilizar caminhos e seleções do Photoshop 58
Colar dentro 59
Como trabalhar com tipologia no Freehand 60
Como utilizar caminhos do Freehand no Photoshop 61
Como utilizar as transformações e filtros do Freehand e do Photoshop 62
Como acessar filtros do Photoshop no Freehand 62
Como alterar uma imagem que foi importada 62
Como aplicar transformações do Freehand em uma imagem do Photoshop 63
Como aplicar filtros do Photoshop a uma imagem do Freehand 63
Os dez melhores efeitos do Photoshop e do Freehand
para serem aplicados a uma imagem 64
1. Colar dentro 64
2. Colorir uma imagem em escala de cinzas 64
3. Alterar a luminosidade/contraste 64
4. Criar uma imagem transparente 64
5. Manchar uma imagem 65
6. Vários recortes 65
7. Transformar uma imagem que foi importada 65
8. Aplicar uma sombra com o Photoshop 65
9. Criar uma textura de segundo plano na imagem do Freehand 65
10. Ajustar níveis e cores de uma imagem do Freehand 66

CAPÍTULO 4 - PIXELS PARA VETORES E VICE-VERSA 67

Como alterar pixels para vetores e vetores para pixels 68
Como iniciar no Illustrator e finalizar no Photoshop 68
Como escanear no Photoshop e rastrear no Freehand 69
Como iniciar no Photoshop e finalizar no Illustrator 70
Como aprender truques de troca 71
Como criar sombras soltas com base em pixel no Illustrator 72
Como otimizar os pixels em vetores 73
Como trabalhar com o Dimensions e o Photoshop 76
Os dez melhores segredos para trabalhar entre pixels e vetores 77
1. Como copiar caminhos do Illustrator e colar no Photoshop 77
2. Como adicionar texto com o Illustrator 77
3. Como escanear o esboço no Photoshop 77
4. Como copiar um texto do Illustrator para o Photoshop 78
5. Como utilizar partes do Photoshop no Illustrator 78
6. Como utilizar o Streamline para converter imagens compostas
por pixels em imagens vetorizadas 79
7. Não se esqueça do "outro" programa de vetor ... Dimensions 79
8. Como utilizar o Dimensions com o Illustrator e o Photoshop 80
9. Como criar formatos no Illustrator para serem "camuflados" no Photoshop 80
10. Como utilizar o Photoshop para suavizar as linhas do Illustrator 81

CAPÍTULO 5 - PHOTOSHOP E ILLUSTRATOR COM DISPOSITIVOS TERCEIRIZADOS **83**
Extensis Corporation 83
Phototools 83
MaskPro 91
Intellihance 93
Portfolio 96
Vectortools 97
MetaCreations Corporations 106
Kai's Power Tools 3 107
KPT Vector Effects 115
Software da Alien Skin 119
Eye Candy 3.01 119
Stylist 125
Os dez melhores efeitos de dispositivos terceirizados para Photoshop e Illustrator 126
1. PhotoText 126
2. PhotoShadow 126
3. PhotoEmboss 126
4. VectorShape 126
5. VectorColor 126
6. KPT Spheroid Designer 126
7. KPT Pixel f/x 126
8. KPT 3D Transform 127
9. Fur 127
10. HSB Noise 127

CAPÍTULO 6 - PHOTOSHOP E ILLUSTRATOR COM OUTROS APLICATIVOS **129**
Como trabalhar com produtos da MetaCreations 129
KPT Photo Soap 130
Bryce 2 131
Kai's Power Goo 133
Painter 135
Como trabalhar com o QuarKXpress e o Pagemaker 136
QuarKXpress 137
PageMaker 138
Como trabalhar com programas de 3D 139
Extreme 3D 140
Adobe Dimensions 140
Como trabalhar com a Web 141

PARTE II - SEGREDOS DE ESTÚDIO 147

CAPÍTULO 7 - COMO RASTREAR FOTOS E UTILIZAR ESBOÇOS FEITOS À MÃO 149
Como rastrear imagens 149
Como rastrear imagens de esboços 153
Icarus 153
Como utilizar esboços à tinta com o Photoshop e o Illustrator 154
TV World 154
Como utilizar o Illustrator para finalizar a imagem 155
Africa Shirt 155
Como rastrear no Freehand 155
Wrecking Ball, Wrestler, Lounge Lizard 156
Como utilizar o Adobe Streamline 157
Como alterar as imagens vetorizadas no Photoshop 160

CAPÍTULO 8 - LOGOTIPOS, TIPOLOGIA E IMAGENS 163
Logotipos 163
Mueller Beer 163
Borg 164
Efeitos de tipologia 165
Digi Hong Kong 165
Decade Piece 167
Family PC, KidsGuide, Restaurants 167
Commom Desktop Environment 167
Cartões de visita 172
Digital Drama 172
Desenhos para cardápios 175
Capa do cardápio do Bullseye 175
Letreiro 175
Macworld Expo 176
Imagens 176
Column 177
D[AI]sy 179

CAPÍTULO 9 - REALISMO E BELAS-ARTES 183
Edifícios e paisagens 183
Wheeling 184
Shiny Turkey 3 184
Random Veg 185
Nokia 185
Bridge 186
Pessoas 187
The Ride 187

Shoji 189
Balance 191
Objetos 191
Duracell 191
Bag 192
Car Interior 192
Teste Tubes 193
Arte de galeria 196
Bjorkland 196
Cannon 197
Lumina 197
Curtain of Confusion 198

Java Happy 200
Camel Magic 201
Volcanic Dali 201
Hera's Suprise 203

CAPÍTULO 10 - PHOTOSHOP E ILLUSTRATOR NO LAYOUT 205
Capas de revistas 205
Creative Black Book 205
Revista Computer Artist 211
Revista Adobe 214
Capas de filmes VCR 216
Organix 216
Cartas de negócios 218
Rotten Egg 218
Panfletos de vendas a varejo 222
Gold Book 222
Capa Basics 223
Top Ten Tips 224
Cartões e tabelas 225
Cartão veterinário 225
Tabela Whalers 225
Anúncios 226
Capa para Better Homes and Gardens Junior Cookbook 226
Diversos anúncios 226

CAPÍTULO 11 - COMO TRABALHAR COM EFEITOS EM 3D E TEXTURAS 229
Como criar efeitos em 3D 229
Como criar perspectivas 229
Alliance 235
Train 241
Town 241

Sonic Schoolhouse 243
Gears 244
Como criar texturas 247
Indian Summer 248
Como utilizar o Bryce 2 com o Photoshop 250
Como utilizar dispositivos do Photoshop e do KPT 3.0 250
Como criar segundos planos 252
Rose Big 252
Spiney 253

CAPÍTULO 12 - RETOQUES FINAIS 255
Como acrescentar segundos planos retocados e texturas 255
Nothern Clipper 255
Argon Zark! (Páginas 43 e 44) 261
Como utilizar luz e acrescentar efeitos no Photoshop 271
Como acrescentar efeitos de luz 271
Como acrescentar textura 271
Blasting Chip 272

PARTE III - APÊNDICES 275

APÊNDICE - SOBRE O CD-ROM 277

ÍNDICE DE ARTISTAS 279

ÍNDICE 291

INSTRUÇÕES PARA INSTALAÇÃO DO CD-ROM 306

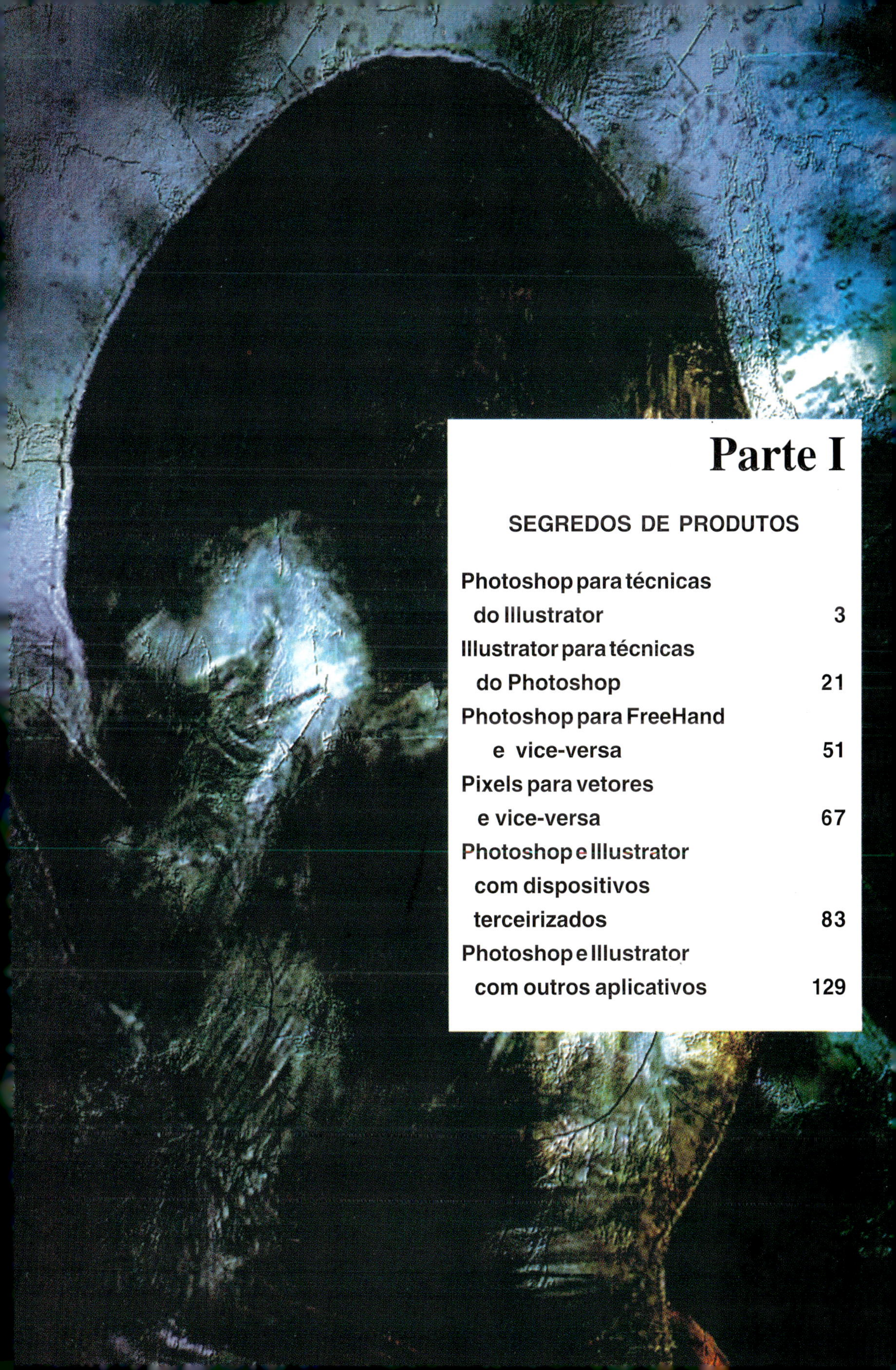

Parte I

SEGREDOS DE PRODUTOS

Photoshop para técnicas do Illustrator 3

Illustrator para técnicas do Photoshop 21

Photoshop para FreeHand e vice-versa 51

Pixels para vetores e vice-versa 67

Photoshop e Illustrator com dispositivos terceirizados 83

Photoshop e Illustrator com outros aplicativos 129

THE NEW
RēVIEW
THE NEW
RēVIEW

CAPÍTULO 1

PHOTOSHOP PARA TÉCNICAS DO ILLUSTRATOR

O que vemos depende principalmente do que estamos procurando.

Joe Jones

Atualmente, é necessário mais de um único aplicativo para se concluir um projeto. Com a facilidade e a compatibilidade na transferência de arquivos entre programas, os artistas estão utilizando cada vez mais vários programas para completar um projeto. O maior vínculo entre programas é o Adobe Photoshop. A sua versatilidade permite que os usuários aprimorem suas imagens as salvem num formato para utilizarem em outros aplicativos. Os fornecedores de dispositivos terceirizados—como a Extensis Corporation, os produtos da KPT e a Alien Ski n— ampliaram incrivelmente a habilidade de edição do Photoshop e Illustrator.

Uma das razões pela qual se deve deslocar uma imagem do Photoshop para o Illustrator, seria rastrear a imagem, a fim de criar uma arte com base em vetor. Muitos artistas primeiro fazem um esboço da idéia e depois a escaneam no Photoshop. Nele, esse esboço é limpo e salvo, sendo posicionado ou analisado no Illustrator para o rastreamento. Após rastrear a imagem no Illustrator, você pode adicionar cor, texto e efeitos.

Outra razão para transportar uma imagem do Photoshop para o Illustrator seria adicionar uma tipologia. Apesar de o Photoshop possuir um recurso para tal, o mesmo se torna um pouco limitado pois não é possível editá-la. Geralmente a tipologia no Photoshop tem uma aparência menos precisa se comparada a do Illustrator, que imprime uniformemente. Para concluir o layout e a tipologia, é comum posicionar ou analisar uma imagem no Illustrator visto que o mesmo desempenha um melhor trabalho. O Photoshop pode criar uma tipologia desconhecida e imprimi-la sem problemas, porém não poderá editá-la.

POSICIONADA OU ANALISADA, EPS OU TIFF — QUAL É A MELHOR PARA VOCÊ?

A única forma de analisar uma imagem do Photoshop no Illustrator é abrindo um arquivo como uma imagem analisada ou posicioná-lo em um documento. Há sempre a dúvida se é melhor posicionar ou analisar uma imagem do Photoshop no Illustrator. Após decidir, é necessário escolher o formato do arquivo do Photoshop que melhor vai funcionar na sua imagem final.

Com todas as opções de um arquivo do Photoshop, como você saberá qual delas é a melhor? O menu File permite localizar ou transportar uma imagem do Photoshop. Essa imagem pode ser qualquer tipo de arquivo salvo no Photoshop. Uma imagem analisada lê, interpreta e exibe um arquivo EPS. Você não pode analisar nenhum outro formato de arquivo do Photoshop. É necessário abrir outro formato de arquivo do Photoshop. Você também pode abrir um arquivo do Photoshop, em vez de posicionar ou importar a imagem. É claro que nem todos os formatos apresentam uma impressão com a qualidade desejada. Além disso, a imagem posicionada terá um X na caixa de seleção e exibirá a visualização, a imagem analisada não.**(1.1)**

Para analisar um imagem escolha File➢ Open; para localizar uma imagem, escolha File➢ Place.

TIPOS DE ARQUIVO

O Adobe Illustrator aceita todos os formatos de arquivo do Photoshop. É claro que nem todos apresentam o mesmo resultado final. Normalmente, você optaria por utilizar um arquivo TIFF ou EPS para posicionar ou analisar no Illustrator. O TIFF pode ser incorporado ou vinculado ao arquivo do Illustrator. O EPS teria que acompanhar o arquivo até a etapa de impressão. É possível incorporar ou vincular o arquivo EPS. A vantagem de um arquivo EPS é o formato para salvar em DCS*DCS* é o acrônimo para *Desktop Color Separations* (Separações de Cores para Área de Trabalho). O formato DCS salva as quatro ilustrações individualmente, assim como um quinto arquivo somente para visualização. As quatro ilustrações incluem o cian, magenta, amarelo e preto. O quinto arquivo salvo é uma combinação de todas as ilustrações apenas para visualização. Esse é o método preferido para se utilizar arquivos de alta resolução do Photoshop. A desvantagem é o tamanho do arquivo que é maior que o TIFF.

Analisada

1.1A

Posicionada

1.1B

Se preferir a imagem posicionada, o arquivo é considerado vinculado. Isso significa que o TIFF e o EPS originais devem acompanhar o arquivo final para a saída. O arquivo posicionado só pode ser alterado (escalonado, girado, refletido ou repartido). Não é possível aplicar nenhum dos filtros do Photoshop ou Gallery Effects na imagem posicionada.

Um arquivo analisado incorpora o arquivo no formato do Illustrator, assim o original não precisa acompanhar o arquivo até a saída. Muitas pessoas preferem um arquivo analisado devido a essa incorporação. Outra boa razão para se utilizar o arquivo analisado seria a possibilidade de aplicar qualquer filtro do Photoshop ou do Gallery Effects à imagem analisada, assim como qualquer alteração.

Imagem analisada

1.2A

Imagem arrastada e solta

1.2B

RESOLUÇÃO

Ao utilizar qualquer arquivo do Photoshop, é importante considerar a resolução do mesmo. No Illustrator, não é necessário se preocupar com a resolução de imagens com base em vetor. Porém, ao iniciar o posicionamento e a análise de imagens do Photoshop, a resolução dessas imagens deve ser considerada. O recurso dos produtos da Adobe de arrastar e soltar podem ser bastante úteis. Quando você arrasta uma imagem do Photoshop para o Illustrator, a resolução fica limitada à tela ou a 72 dpi (pontos por polegada). A Figura 1.2 mostra a diferença entre uma imagem analisada e a mesma imagem submetida ao recurso Arrastar e Soltar **(1.2)**.

Um arquivo do Illustrator possui resolução independente. Isso significa que ele será impresso de acordo com a resolução da sua impressora. É necessário, definir a resolução dos arquivos do Photoshop antes da impressão.

Se estiver utilizando uma imagem do Photoshop no Illustrator, certifique-se de que a resolução do arquivo do Photoshop será impressa com a qualidade desejada. Para obter uma imagem impressa de qualidade, é necessário determinar os valores da tela de linha que a sua impressora pode suportar. Você define esses valores. Um valor baixo para a tela de linha irá resultar em uma qualidade de impressão menos precisa, pois os pontos são posicionados com uma distância maior entre si. Um valor alto para a tela de linha cria uma impressão de qualidade mais uniforme, devido a maior proximidade entre os pontos. A resolução da imagem do Photoshop pode ser determinada pela tela de linha na qual você irá imprimir. Uma boa sugestão é dobrar o valor da tela de linha, a fim de obter a resolução de imagem em pontos por polegada. Dessa forma, desde o início é possível escanear a foto na resolução adequada antes de colocar a imagem no Illustrator. Embora o Illustrator seja de resolução independente, se você colocar uma imagem do Photoshop de baixa qualidade no arquivo do Illustrator, a imagem do Photoshop será impressa como uma imagem de baixa qualidade.

Um erro bastante comum é escanear tudo em alta resolução sem se importar em como o arquivo será impresso. Isso resultará em uma imagem mais escura e com um colorido mais intenso, pois muitos pixels estarão sendo utilizados desnecessariamente.

COMO TRANSPORTAR IMAGENS PARA O ILLUSTRATOR

Existem várias maneiras de transportar um arquivo do Photoshop para o Illustrator. A maneira mais comum é abrindo o arquivo. Os usuários mais experientes do Photoshop e do Illustrator geralmente transportam um arquivo para o Illustrator copiando e colando. Copiar e colar irá preservar a resolução ou dpi do arquivo do Photoshop. Desde o Illustrator 6.0 e do Photoshop 3.0.4 é possível arrastar e soltar arquivos entre programas.

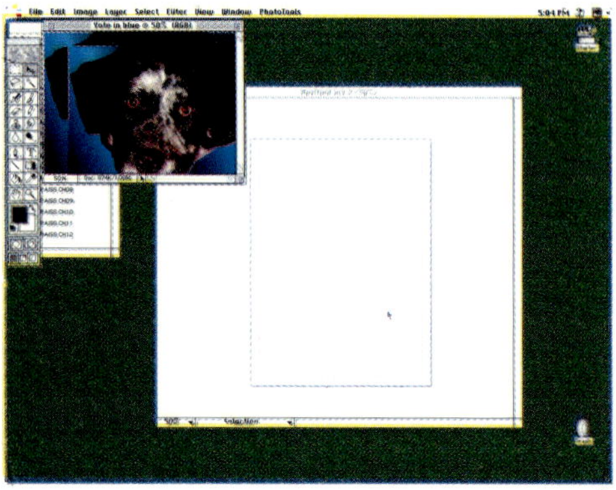

1.3

ARRASTAR E SOLTAR

Arrastar e soltar um arquivo é a maneira mais fácil para copiá-lo de uma página para outra e de um programa para outro. O recurso Arrastar e Soltar funciona entre os programas da Adobe como o Photoshop, o Illustrator e o PageMaker. O conceito é simples: para arrastar e soltar uma imagem ou vetor, selecione a(s) parte(s) que deseja arrastar, e em seguida mantenha pressionado o botão do mouse na imagem e arraste-a para o documento do Illustrator ou Photoshop **(1.3)**. A diferença entre arrastar e soltar e copiar e colar é que ao copiar uma imagem ela precisa ir para a prancheta. Essa função apresenta um desempenho mais lento, isso ocorre porque uma cópia permanece na prancheta até que você copie algo. A única desvantagem do recurso Arrastar e Soltar consiste na mudança da resolução para tela ou a 72 dpi, quando você arrasta uma seção de uma imagem do Photoshop e solta no Illustrator ou no PageMaker.

Imagem EPS

1.4A

Imagem EPS com corte clipping

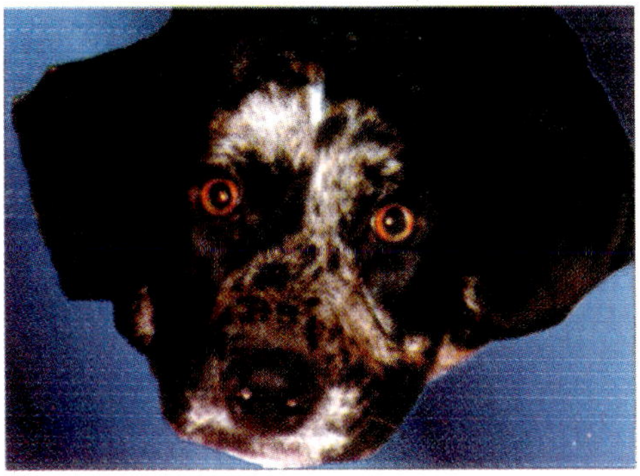

1.4B

COPIAR E COLAR

Provavelmente, copiar e colar seja a maneira mais comum para transportar uma seleção de uma página para outra ou de um programa para outro. O recurso Copiar e Colar funciona na maioria dos programas de software, senão em todos. Considere Copiar e Colar como a maneira universal de copiar imagens para outras áreas. Para copiar uma parte ou partes de uma imagem do Photoshop para o Illustrator, selecione a(s) parte(s) que deseja copiar e, em seguida, selecione Copy no menu Edit. No Illustrator selecione Paste no menu Edit, para colar o objeto que você acabou de copiar. Ao contrário do recurso arrastar e soltar, ao copiar uma imagem composta por pixels do Photoshop a resolução da imagem será mantida.

COMO UTILIZAR PARTES DE ARQUIVOS DO PHOTOSHOP

Existe algo mais que pode ser utilizado além das imagens do Photoshop. Você também pode utilizar qualquer caminho desenhado no Photoshop. Ao utilizar as ferramentas de seleção, é possível selecionar a seção de uma imagem e usar somente essa seção.

CLIPPING PATHS

O *clipping path* é um caminho de desenho no Photoshop que recorta a imagem dentro da trilha sem realmente recortar o arquivo. Isso significa que a imagem só será vista dentro dos limites da trilha. O *clipping path* é uma forma de ocultar as partes que você não quer exibir mostrando somente as partes desejadas. Você pode salvar um clipping path no Photoshop. A maioria das pessoas utiliza um clipping path para o QuarkXPress o PageMaker, porém poucas pessoas sabem que é possível utilizá-lo e salvá-lo como um arquivo EPS no Illustrator. A Figura 1.4 mostra uma imagem analisada, com e sem aplicar um clipping path **(1.4)**.

1.5

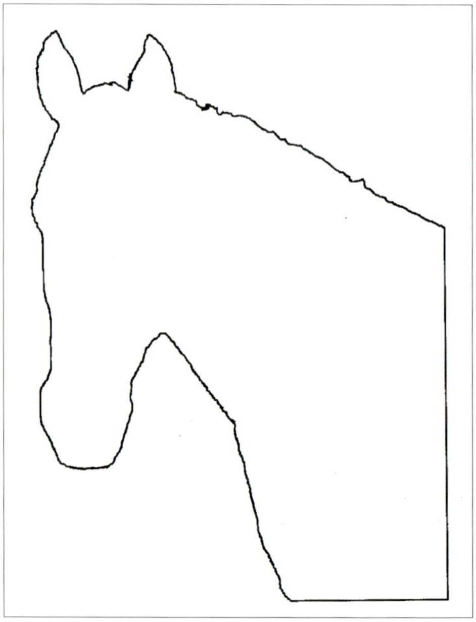

COMO UTILIZAR A COR ATRAVÉS DA IMAGEM DO PHOTOSHOP

É possível selecionar a cor através da imagem posicionada ou analisada do Photoshop no Illustrator. A ferramenta eyedropper no Illustrator pode captar os atributos de cor de qualquer imagem posicionada ou analisada **(1.5)**. Esse recurso pode não soar muito bem, mas oferece ao artista a capacidade de encontrar a correspondência entre cores na imagem rasterizada.

1.6

CAMINHOS E SELEÇÕES POR MEIO DO PHOTOSHOP

Qualquer caminho vetorizado desenhado no Photoshop pode ser utilizado no Illustrator ao copiá-lo e colá-lo. O recurso Arrastar e Soltar não funciona como um caminho, por isso será necessário copiar e colar. A vantagem de se utilizar um caminho é a de poder obter um contorno de uma imagem que você deseje desenhar no Illustrator. Se você estiver tentando desenhar a cabeça de um cavalo perfeitamente, selecione o segundo plano, selecione Inverse e, em seguida, deixe a seleção ser criada como um caminho no Photoshop. Então, copie e cole esse caminho no Illustrator. Isso faz com que não seja necessário rastrear um caminho no Photoshop ou no Illustrator **(1.6)**. De certa forma, esse procedimento é mais rápido do que escanear e rasterizar uma foto. Você já possui o contorno, agora preencha a arte vetorizada com mesclas, gradientes ou desenhos.

Original

1.7A

Ajuste de cores aplicado

1.7B

As seleções podem ser facilmente copiadas e coladas no Illustrator. Em vez de utilizar a imagem inteira, é possível selecionar somente a seção desejada e arrastar e soltar a imagem no Illustrator. Ao arrastar e soltar, você obtém somente a seleção e não a caixa com imagem inteira. Ao utilizar um clipping path, você obtém a imagem inteira, mas somente uma seção fica oculta. O tamanho do arquivo será maior quando salvar com um clipping path, porque ele salva a imagem inteira em vez de salvar somente a seção que você deseja ver.

Original

1.8A

COMO UTILIZAR FILTROS ORIGINAIS DO PHOTOSHOP E DO ILLUSTRATOR

O Illustrator possui um conjunto padrão de dispositivos ou filtros. Esses filtros podem ser aplicados nas imagens vetorizadas, assim como nas rasterizadas. Muitos filtros do Illustrator podem ser aplicados nos objetos rasterizados, porém nem todos. A maioria dos filtros do Photoshop pode ser aplicados em bitmaps no Illustrator, como descreve a seção a seguir.

Cores invertidas

1.8B

COMO APLICAR FILTROS DO ILLUSTRATOR

Uma área pouco conhecida e raramente utilizada do Illustrator é a utilização de filtros originais do Illustrator em objetos rasterizados. Uma imagem posicionada ou analisada pode possuir alguns filtros aplicados diretamente na imagem. A maioria dos filtros de cor podem ser facilmente aplicados na imagem rasterizada. É possível ajustar cores (Adjust Colors), converter em CMYK (Convert to CMYK), converter em escala de cinzas (Convert to Grayscale), converter em RGB (Convert to RGB), inverter cores (Invert Colors), mesclar cores principais (Merge Spot Colors) ou saturar (Saturate)/desaturar (Desaturate) a imagem rasterizada no menu Color Filter. Também é possível criar um mosaico do objeto (Create Object Mosaic) ou criar marcas de adorno (Create Trim Marks).

1.9

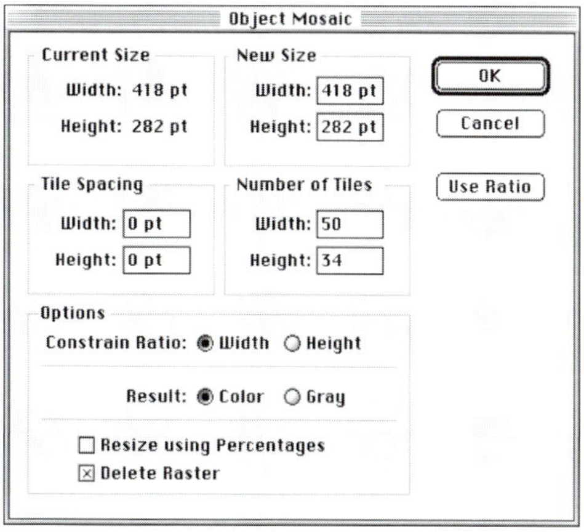
Object Mosaic
Current Size
Width: 418 pt
Height: 282 pt
New Size
Width: 418 pt
Height: 282 pt
OK
Cancel
Tile Spacing
Width: 0 pt
Height: 0 pt
Number of Tiles
Width: 50
Height: 34
Use Ratio
Options
Constrain Ratio: Width Height
Result: Color Gray
Resize using Percentages
Delete Raster

1.10

1.11

1.12

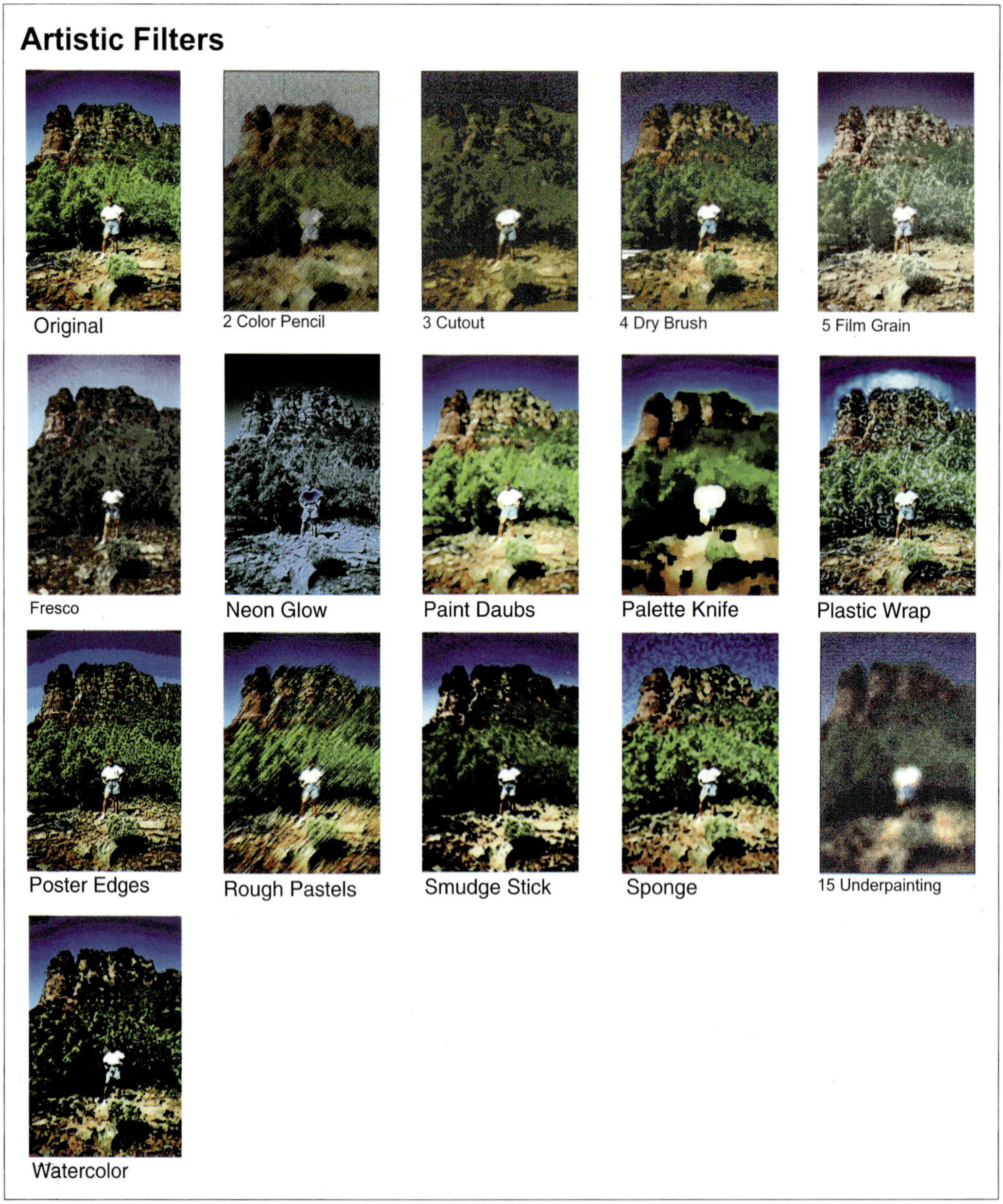
Artistic Filters
Original
2 Color Pencil
3 Cutout
4 Dry Brush
5 Film Grain
Fresco
Neon Glow
Paint Daubs
Palette Knife
Plastic Wrap
Poster Edges
Rough Pastels
Smudge Stick
Sponge
15 Underpainting
Watercolor

1.13A

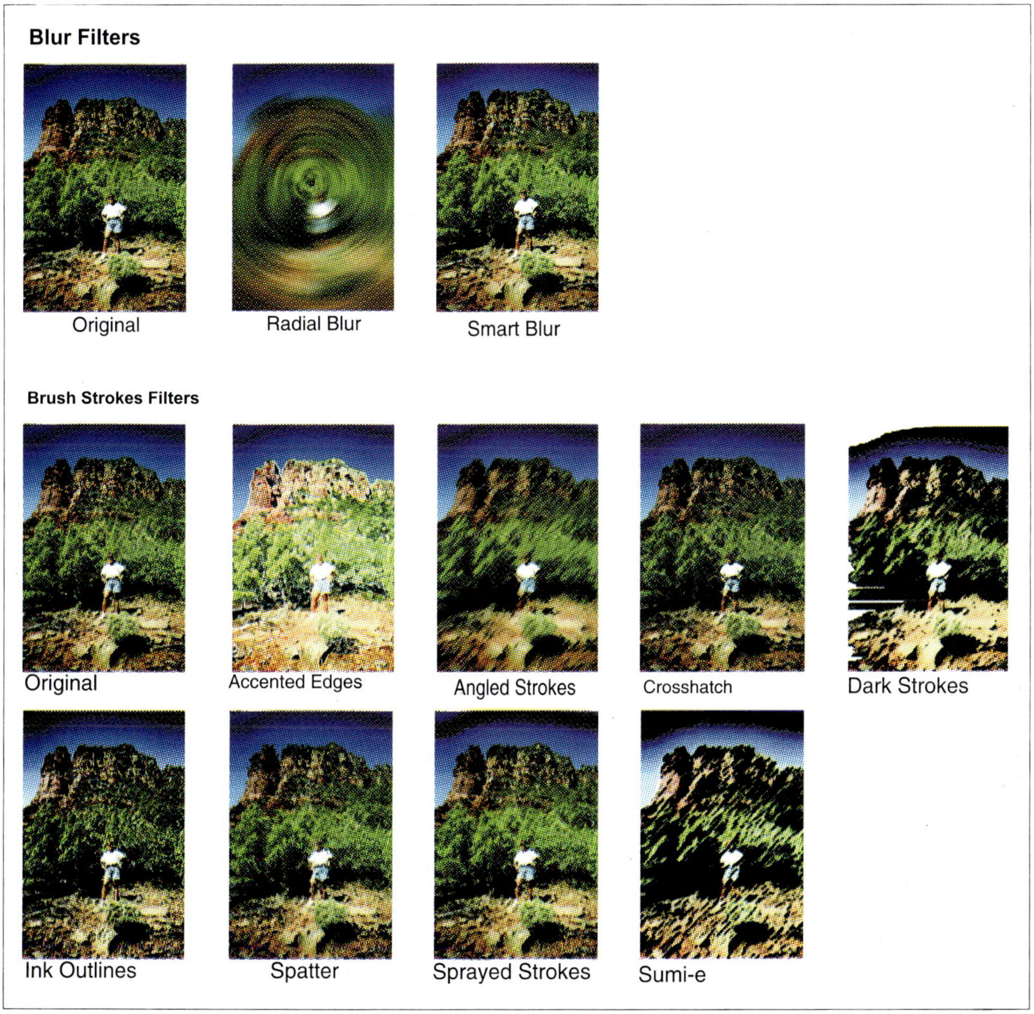

1.13B

Os filtros de cor são bastante úteis para torcer a imagem sem ter que voltar ao Photoshop. Você pode ajustar facilmente as cores para adicionar ou tirar o cian, o magenta, o amarelo ou o preto **(1.7)**. Talvez a sua foto esteja um pouco apagada; utilize Saturate para colocar mais cor na retícula. Se precisar mostrar um negativo da retícula, escolha Filter ➢ Colors ➢ Invert **(1.8)**.

O filtro Object Mosaic é a única forma de tornar a imagem rasterizada em uma imagem vetorizada com o Illustrator. O filtro Object Mosaic funciona com qualquer imagem posicionada. O Object Mosaic cria pequenos quadrados de cores para recriar a imagem rasterizada. Quanto mais quadrados especificar, mais detalhes serão obtidos. A armadilha (sempre há uma armadilha!) consiste na quantidade de quadrados que serão utilizados. Quanto mais quadrados forem utilizados, mais tempo irá demorar para criar a versão do mosaico do objeto da sua imagem.

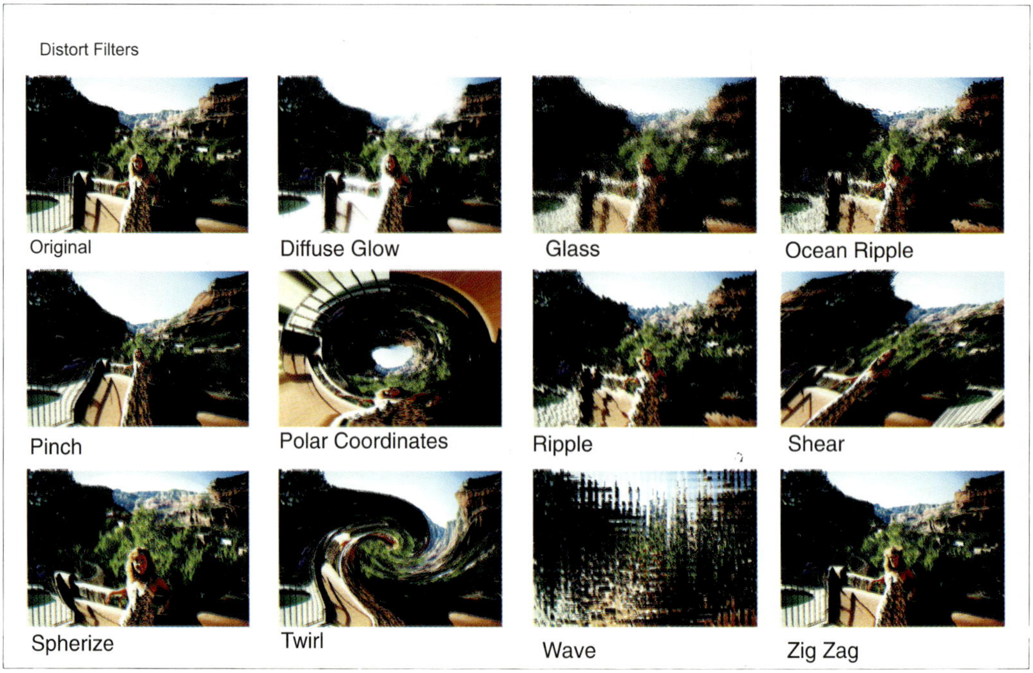
Distort Filters
Original
Diffuse Glow
Glass
Ocean Ripple
Pinch
Polar Coordinates
Ripple
Shear
Spherize
Twirl
Wave
Zig Zag

1.13C

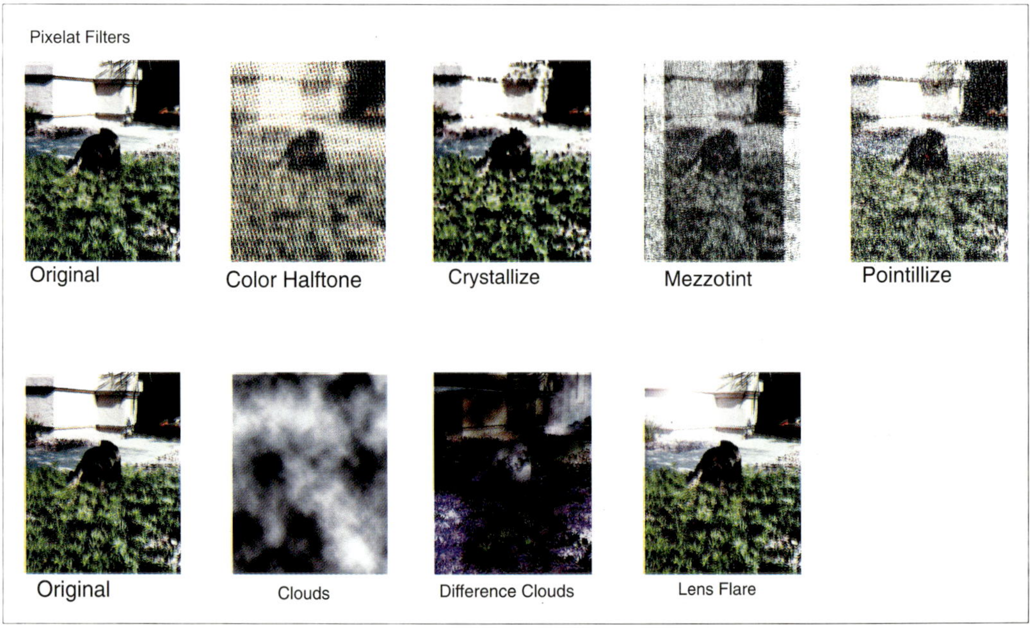
Pixelat Filters
Original
Color Halftone
Crystallize
Mezzotint
Pointillize
Original
Clouds
Difference Clouds
Lens Flare

1.13D

1.13E

Para criar um mosaico do objeto, siga as etapas:

ETAPA 1 Selecione a imagem posi cionada e escolha Filter ➢ Create ➢ Object Mosaic **(1.9)**.

ETAPA 2 Na caixa de diálogo Object Mosaic **(1.10)**, ajuste as definições de sua preferência.

ETAPA 3 Pressione OK e verá sua imagem rasterizada se transformar em pequenos quadrados coloridos **(1.11)**.

ETAPA 4 Aplique Transform para obter resultados espetaculares com cada um dos quadrados **(1.12)**.

Stilyze Filters

Original

Exclude

Glowing Edges

Solarize

Tiles

Wind

Texturizer

Craquelure

Grain

Mosaic Tiles

Patchwork

Stained Glass

Texturizer

1.13F

1.14

COMO UTILIZAR FILTROS DO PHOTOSHOP NO ILLUSTRATOR

Uma área do Photoshop que você talvez não saiba que pode utilizar é filtros do Photoshop. Você pode copiar filtros do Photoshop para a pasta Illustrator . Plug-Ins. As imagens analisadas no Photoshop agora podem ter filtros do Photoshop aplicados a elas dentro do Illustrator. Desde o Illustrator 6.0 que é possível utilizar os filtros originais do Photoshop diretamente no Illustrator. Copie ou crie um nome falso para os filtros e coloque-os na pasta Illustrator Plug-Ins (você deve sair do Illustrator e reiniciá-lo para ativar esses filtros). A maneira mais fácil de fazer isso em um Macintosh é duplicar ou criar um nome falso para a pasta Photoshop Plug-Ins e colocá-la na pasta Illustrator Plug-Ins. Em um sistema do Windows, copie ou crie um atalho para a pasta. Dessa forma, você não terá que advinhar qual filtro irá funcionar. Aqueles que funcionarão no Illustrator estarão disponíveis no menu Filter no Illustrator. Com esses filtros no Illustrator, não é necessário ficar indo do Photoshop para o Illustrator e vice-versa para obter esses efeitos. Os filtros que podem ser acessados estão ilustrados nas páginas a seguir **(1.13 A - F)**.

COMO UTILIZAR O ILLUSTRATOR COM ARQUIVOS DO PHOTOSHOP

As principais razões pelas quais os artistas utilizam o Illustrator com arquivos do Photoshop são: criar um esboço e aprimorá-lo no Photoshop ou adicionar tipologia no Illustrator para as artes rasterizadas. Uma imagem rasterizada pelo Photoshop que precisa de tipologia deve ser feita no Illustrator ou em outro programa com base em vetor. Assim, é possível editar novamente essa tipologia. A tipologia também apresenta uma impressão melhor no Illustrator; isso ocorre porque o arquivo é impresso em um formulário do Postscript. A tipologia do Photoshop é impressa em pixels.

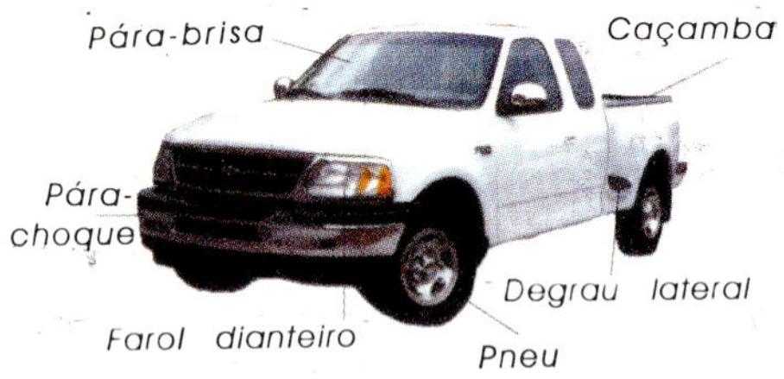

1.15

1.16

1.17

É possível criar alguns efeitos bastante interessantes na tipologia da imagem rasterizada no Illustrator, como esta camiseta que Pat Cheal desenhou com motivo eqüestre **(1.14)**. A impressão das separações para essa arte de impressão de tela em camisetas pretas, pode ser um pouco complicada e geralmente requer que a impressora produza várias opções de fotos da arte. Pat descobriu um método que permite imprimir separações das cores principais em uma etapa facilmente ao utilizar o Adobe Illustrator. O segredo é não ter partes impressas em preto no desenho, o que elimina outra separação. O desenho solicita a parte preta da camiseta para mostrar as outras cores de tinta. Pat utilizou a ferramenta Pen para criar figuras sólidas na cor branca atrás dos esboços (esboços em lápis escanea dos convertidos da escala de cinzas para bitmaps pontilhados, salvos como arquivos EPS com brancos em transparência). Em seguida, para imprimir a separação em branco, ela utilizou o comando inverso na configuração de página para transformar os pontos pretos em pontos brancos, limpando o segundo plano.

É possível utilizar o Photoshop para criar imagens e posteriormente adicionar rótulos no Illustrator **(1.15)**. Outra possibilidade é criar uma arte para a capa utilizando o Illustrator para o texto e a arte, e o Photoshop para amenizar e adicionar luz e sombra. Você pode criar artigos de revista que incorporam o Photoshop e também o Illustrator (para obter mais idéias sobre texto, consulte o Capítulo 8 e o Capítulo 10). As etapas a seguir mostram como criar uma arte para a capa de um artigo ao incorporar o Photoshop e o Illustrator.

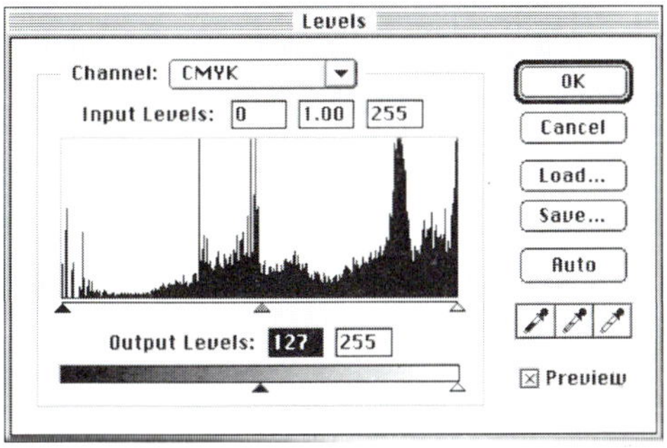

1.18

ETAPA 1 Abra a imagem original no Photoshop **(1.16)**.

ETAPA 2 Selecione a área onde deseja iniciar o texto com a seleção retangular **(1.17)** e escolha Levels no submenu Adjust do menu Imagem.

ETAPA 3 Arraste o cursor preto do Output levels (na parte inferior da caixa de diálogo) em direção à direita. Com a caixa de visualização selecionada, é possível ver o nível de claridade da imagem **(1.18)**. Essa é área sobre a qual será colocada a tipologia, certifique-se de que a claridade esteja adequada para que você possa ler o texto.

ETAPA 4 Salve o arquivo e abra-o no Illustrator como uma imagem analisada.

ETAPA 5 Ao utilizar a ferramenta Type, arraste um retângulo sobre a área mais clara.

ETAPA 6 Digite as informações para o artigo **(1.19)**.

É um processo bastante freqüente ir do Photoshop para o Illustrator, mas nem tanto quanto ir do Illustrator para o Photoshop. O Illustrator complementa o Photoshop na área de texto onde o Photoshop é deficiente. Uma ilustração feita no Illustrator pode ser aprimorada ao utilizar o Photoshop e, em seguida, ser trazida de volta para o Illustrator para a tipologia. Para obter mais informações para passar de pixels para vetores e vice-versa, consulte o Capítulo 5.

1.19

CAPÍTULO 2

ILLUSTRATOR PARA TÉCNICAS DO PHOTOSHOP

Quando estiver em dúvida, o faça simetricamente.

Robert Forsbach

No capítulo 1, abordamos as técnicas para transportar uma imagem do Photoshop para o Illustrator. Porém, o transporte mais comum é feito do Illustrator para o Photoshop. O Illustrator fornece o esboço e o Photoshop finaliza a imagem com luz, textura e sombra. O Illustrator cria o esqueleto da imagem e o Photoshop dá o toque de realismo.

A tecnica de arte produzida no Illustrator se beneficia das capacidades do Photoshop ao suavizar as arestas e adicionar texturas, ao usar os filtros e ajustes do Photoshop. O Photoshop pode adicionar textura e profundidade, que no Illustrator não existem. Por exemplo, o*Trojan* de Robert Frosbach **(2.1)** mostra a utilização da textura do Photoshop nas nuvens. As nuvens tiram proveito da habilidade do Photoshop suavizando a mescla do Illustrator. *Bugs* **(2.2)** mostra como é possível utilizar os efeitos de transferência do Photoshop para conseguir o efeito de movimento das moléculas. Ao adicionar Noise para acrescentar textura, as extremidades das cordas torcidas são aprimoradas.

Além disso, o texto e os logotipos podem ser levados para o próximo nível no Photoshop. Com os filtros originais do Photoshop é possível acrescentar profundidade, alto-relevo, textura e muito mais. O Illustrator, muitas vezes, é usado para transportar ao Photoshop um texto com tipos e tamanhos diferentes. A Figura 2.3 mostra tipos e tamanhos diferentes que foram criados no Illustrator e requintados no Photoshop **(2.3)**. O Photoshop foi utilizado para adicionar efeitos de textura, chanfro e iluminação. Apesar do Photoshop apresentar várias utilidades, o texto não é o seu ponto forte. É possível criar um texto no Photoshop, porém você fica limitado a um tamanho e tipologia por entrada de texto. Isso permite que o artista utilize outros programas, como o Illustrator para criar efeitos de texto e o Photoshop para adicionar profundidade, sombra e textura.

COMO UTILIZAR ARQUIVOS DO ILLUSTRATOR NO PHOTOSHOP

É mais fácil transportar arquivos do Illustrator para o Photoshop do que imagens do Photoshop para o Illustrator. Primeiro, você não tem que pensar em tantas opções. Há somente três para salvar um arquivo do Illustrator: o Acrobat PDF, o Illustrator e o Illustrator EPS. Segundo, a resolução da imagem rasterizada dependerá do arquivo do Photoshop para o qual a imagem será transportada; isso ocorre porque o Illustrator e baseado em vetor. Você pode arrastar e soltar, copiar e colar ou apenas abrir o arquivo do Illustrator no Photoshop.

2.1

TIPOS DE ARQUIVOS

O Photoshop pode abrir qualquer tipo de documento do Illustrator. Você pode salvar um arquivo como o Acrobat PDF, o Illustrator ou o Illustrator EPS e o Photoshop será capaz de abri-lo. Quando abrir um arquivo do Illustrator no Photoshop, aparecerá a caixa de diálogo Rasterize Generic EPS Format. Nessa caixa de diálogo, você escolhe o tamanho, a resolução e a forma do arquivo genérico EPS que você está abrindo.

DICA

Ao utilizar uma tipologia do Illustrator, se certifique de passar o corretor ortográfico em todo o texto que será transportado para o Photoshop. Uma vez que o texto está no Photoshop, o mesmo não poderá ser editado para corrigir qualquer erro tipográfico.

RESOLUÇÃO

Se você estiver abrindo um arquivo do Illustrator no Photoshop, aparecerá a caixa de diálogo Rasterize Generic EPS Format **(2.4)**. Nessa caixa, você pode definir o tamanho da imagem, assim como a resolução e a forma. Também é possível escolher a imagem anti-aliased e reservadas as proporçoes. Em termos de resolução, significa que você a define na caixa de diálogo Rasterize. Quando houver transferência do Photoshop para o Illustrator, é necessário definir a resolução certa para imprimir o documento no Illustrator. Quando for do Illustrator para o Photoshop, você pode definir antes de transportar para o Photoshop.

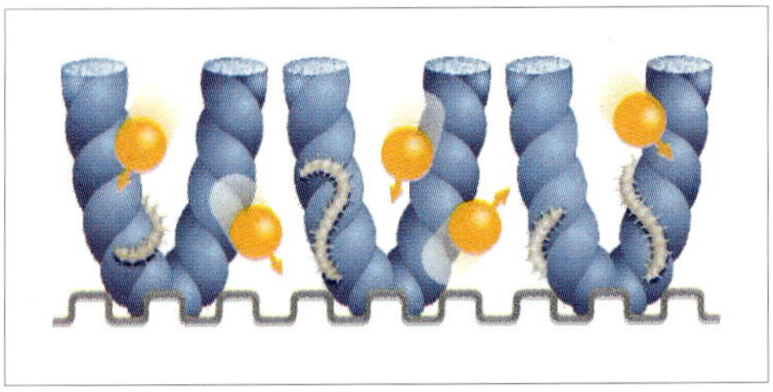

2.2

2.3

O Illustrator tem base em vetor e os arquivos são impressos na resolução do dispositivo de saída. No caso de um arquivo simples do Illustrator, a resolução é determinada pela impressora do Postscript que fará a impressão. Isso significa que se você imprime um teste em uma impressora de 600 dpi, o arquivo será impresso em 600 dpi. Esse mesmo arquivo, quando enviado para uma impressora de alta finalização com dpi de 2540, será impresso em 2540 dpi. O Illustrator imprime na resolução da impressora selecionada. Porém, no Photoshop, um arquivo rasterizado do Illustrator se adaptara à resolução escolhida.

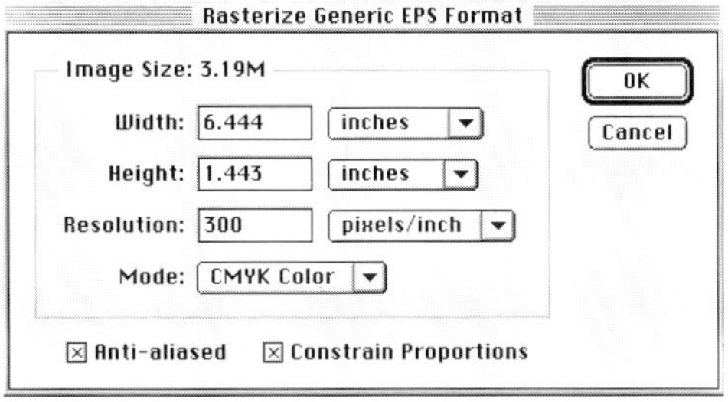

2.4

Botão Anti-alias selecionado

2.5A

Botão Anti-alias não selecionado

2.5B

COMO TRANSPORTAR ARQUIVOS PARA O PHOTOSHOP

Há três maneiras para transportar um arquivo do Illustrator para o Photoshop. A mais comum é copiar as seleções do Illustrator e colá-las no Photoshop. Com o Illustrator 6.0 e o Photoshop 4.0, é possível copiar e colar entre programas. Quando arrasta e cola um arquivo do Illustrator no Photoshop você não fica limitado a uma imagem de 72 dpi, o que ocorre ao arrastar um arquivo do Photoshop e colá-lo no Illustrator.

A última maneira para transportar um arquivo do Illustrator para o Photoshop é abrindo um arquivo do Illustrator no Photoshop. Para fazê-lo, vá até o menu Photoshop File, escolha Open e selecione o arquivo do Illustrator. A caixa de diálogo Rasterize aparecerá. Nela, escolha a largura e a altura da imagem que está abrindo. Escolha também a resolução para o arquivo. As outras opções são a Anti-alias e a Constrain Proportions. Geralmente, a caixa de seleção Anti-alias é selecionada para minimizar arestas nas linhas.

ARRASTAR E SOLTAR

Também é possível arrastar e soltar, somente uma seleção específica, ao invés da imagem inteira. Dessa forma, você pode adicionar partes a uma imagem do Photoshop facilmente.

Para poder ver facilmente ambos os documentos, é melhor ajustar o tamanho das janelas. Assim, você poderá se certificar de que centralizou as seleções do Illustrator no documento do Photoshop. A Figura 2.6 utiliza somente o pássaro e a faixa da imagem do Illustrator *Bird Banner* **(2.6, 2.7)**. O pássaro e a faixa da imagem do Illustrator foram arrastados e soltos no Photoshop. Desde o Photoshop 4.0, todas as imagens arrastadas, coladas e soltas são automaticamente colocadas nas suas próprias camadas.

2.6

DICA

Ao abrir uma arte com linhas em preto e branco, talvez você deseje desmarcar o botão Anti-aliasing. Isso irá abrir o arquivo sem adicionar o pixel cinza suavizando a borda dentada. Dessa forma, obtém-se uma arte simples com linhas em preto e branco para ser aberta no Photoshop. Consulte a Figura 2.5 para ver a diferença entre um arquivo anti-aliased e outro que não foi anti-aliased **(2.5)**. Muitos artistas não escolhem o Anti-aliased, apesar das arestas ficarem mais suaves. É mais fácil selecionar as áreas em preto e branco sem o pixel anti-aliasing no meio.

Esse maravilhoso recurso do 4.0 torna a alteração de objetos colados mais simples. O pássaro na Figura 2.7 foi facilmente girado e as partes indesejadas foram selecionadas e excluídas. A imagem arrastada e solta do Illustrator foi colada na sua própria camada transparente. Quando excluir uma seção dessa camada, a camada inferior aparecerá.

2.7

DICA

Se você arrastar uma imagem PICT da sua seleção e soltá-la na área de trabalho, ela aparecerá como uma figura de recorte. Quando estiver fazendo essa figura de recorte, o Illustrator exibirá três mensagens. São elas: Converting dragged items to EPS (AICB) format (Convertendo itens arrastados em formato EPS(AICB)), Converting dragged items to EPS format (Convertendo itens arrastados em formato EPS) e Rendering to PICT format (Processando para o formato PICT) (o acrônimo *AICB* significa *Adobe Illustrator Clip Board*). Você pode utilizar esse procedimento com uma figura de recorte em qualquer programa que aceite imagens PICT.

2.8

COPIAR E COLAR

Provavelmente Copiar e Colar seja a maneira mais minuciosa de se transportar uma imagem de um programa para outro ou de um documento para outro. Tornou-se quase que automático utilizar ⌘/Ctrl+C e ⌘/Ctrl+P para copiar e colar. Em apenas algumas etapas é possível copiar uma imagem inteira ou somente uma parte da imagem. Primeiro selecione a(s) parte(s) que deseja copiar no Illustrator e escolha Editar ➢ Copy. No Photoshop, escolha Edit ➢ Paste. A(s) parte(s) copiada(s) no Illustrator serão importadas na resolução do arquivo do Photoshop em que serão coladas.

COMO UTILIZAR PARTES ATRAVÉS DO ILLUSTRATOR

É possível utilizar imagens no Photoshop com base em mais de um vetor através do Illustrator. A tipologia por exemplo, é um elemento comum que os artistas copiam do Illustrator para o Photoshop. Você pode utilizar no Photoshop uma imagem vetorizada ou somente uma seção. Se você criou camuflagens interessantes, essas também podem ser utilizadas no Photoshop.

Ao colar um elemento copiado do Illustrator, aparecerá uma caixa de diálogo perguntando se você deseja colar como caminhos ou pixels. Se escolher a opção caminhos, obterá somente a linha externa do elemento. Se escolher pixels, obterá a imagem completamente processada.

CAMUFLAGENS

Uma *camuflagem* é um elemento do Illustrator e do Photoshop. O recurso camuflar no Illustrator cria um corte acima da imagem selecionada. É relativamente fácil criar camuflagens. Além de ser uma ótima maneira de se cortar partes da arte vetorizada ou da arte rasterizada que você não deseja exibir.

Siga as etapas abaixo para criar uma camuflagem no Illustrator:

ETAPA 1 Crie uma imagem vetorizada ou uma imagem rasterizada da qual você deseje cortar uma seção **(2.8)**.

ETAPA 2 Crie uma camuflagem ou um formato de corte ao movimentar o formato da camuflagem na parte superior da imagem rasterizada ou vetorizada onde deseja fazer o corte **(2.9)**. O traço ou a cor dessa camuflagem não importa, porque assim que a imagem for criada o traço e a parte interna do objeto que estiverem mais acima se tornarão nulos. Certifique-se de que o objeto a ser cortado está na camada superior. Criei o tipo TWIRL e o converti em linhas externas ao escolher Type➢ Create Outlines.

ETAPA 3 Selecione todas as partes do tipo e crie um caminho composto ao escolher Object ➢ Compound Path ➢ Make. Esse procedimento ativa todas as partes do tipo em linhas externas para que se tornem uma camuflagem. Você também pode considerá-lo como uma camuflagem múltipla, já que você utiliza vários objetos para criar a camuflagem.

ETAPA 4 Selecione todas as partes e escolha Object➢ Masks ➢ Make **(2.10)**.

Após criar a camuflagem, você pode selecionar tudo, copiá-la e colá-la no Photoshop como pixel. Colei a camuflagem em um documento já existente, para poder aprimorar ambas as imagens. Ao utilizar a opção Adjust Layers do Photoshop, ajustei a camada do segundo plano para alternar a luminosidade e os matizes das cores. Em seguida, utilizei o filtro Pontilize no segundo plano para adicionar um pouco de textura. Na camada de camuflagem/texto, adicionei um pouco de sombra para aumentar a intensidade das cores**(2.11)**.

2.9

Se você deseja criar um grupo de cortes em uma imagem no Illustrator, é possível fazê-lo com camuflagens múltiplas. As camuflagens múltiplas também podem ser criadas no Illustrator da mesma forma que as camuflagens comuns, porém com uma etapa adicional. Após criar os formatos iniciais das camuflagens, é necessário selecionar todas as camuflagens e certificar-se de que estejam na parte superior da imagem que você está camuflando. Em seguida, enquanto as camuflagens ainda estiverem selecionadas, transforme-as em um caminho composto.

2.10

Siga as etapas a seguir para criar uma camuflagem múltipla no Illustrator:

ETAPA 1 Crie o objeto inicial que deseja camuflar **(2.12)**.

ETAPA 2 Crie os vários objetos, que estão sendo utilizados para cortar o formato inicial **(2.13)**.

ETAPA 3 Selecione todos os objetos a serem utilizados para cortes e escolha Object ➢ Compound Path ➢ Make.

ETAPA 4 Selecione os objetos cortados e o formato desejado para camuflar e escolha Object ➢ Masks ➢ Make **(2.14)**.

2.11

DICA

Converti o tipo em curvas para não ter problemas, ao enviar as fontes corretas para a impressora. Ao utilizar o tipo dessa maneira, é necessário transformar todas as partes do tipo em um caminho composto, assim elas poderão ser manuseadas como um objeto. Para transformar as partes das linhas externas do tipo em um caminho composto, selecione todas as partes do tipo e escolha Object ➢ Compound Path ➢ Make. Dessa forma, a camuflagem utilizará toda a tipologia, em vez de somente a última letra. Na realidade, as linhas externas do tipo são um grupo de caminhos como se você tivesse desenhado com a ferramenta Pen. Já que deseja utilizar vários formatos como uma camuflagem, transforme todos os formatos, em um caminho composto. As camuflagens múltiplas necessitam de um caminho composto para que o Illustrator possa camuflar todos os formatos adequadamente.

2.12

Esse procedimento cria com facilidade uma camuflagem múltipla em um objeto. Também é possível criar uma camuflagem múltipla sem criar um caminho composto, porém, é um procedimento mais longo, que cria um arquivo maior.

TIPO DO ILLUSTRATOR

Provavelmente, o mais divertido do Photoshop seja criar efeitos interessantes com a tipologia. Apesar do Photoshop 4 não ter melhorado muito a ferramenta de tipologia, ainda há uma saída. No Photoshop só é possível utilizar um tipo e um tamanho de tipo por

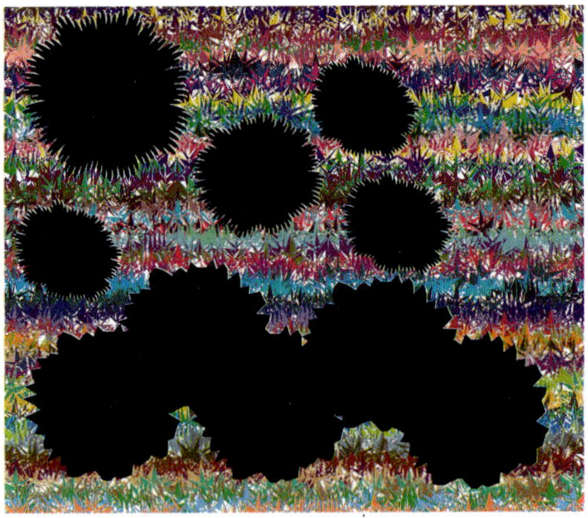

2.13

entrada. Muitos usuários vão para o Illustrator para trazer tipos para o Photoshop. A importação é feita através do recurso copiar e colar ou arrastar e soltar, ou se todo o documento for usado, ao abrir o documento.

No Illustrator, também é possível atribuir uma cor diferente para cada letra da tipologia. Cada letra pode ser de um tipo e tamanho diferente. As possibilidades são infinitas. Após criar a sua tipologia, copie e cole ou arraste e solte a tipologia no Photoshop para dar um toque especial. A Figura 2.15 mostra a utilização de diferentes tipos, tamanhos e desenhos ou cores do Illustrator. A figura foi transportada para o Photoshop para adicionar textura e luminosidade **(2.15)**.

Para criar o tipo texturizado, como mostra a Figura 2.15, siga as etapas abaixo:

ETAPA 1 No Illustrator, crie uma tipologia com a ferramenta Type. Atribua tipos diferentes para cada letra da tipologia e varie a escala horizontal **(2.16)**.

ETAPA 2 Altere a tipologia para linhas externas ao escolher Type ➢ Create Outlines.

ETAPA 3 Atribua uma cor ou desenho diferente para cada letra **(2.17)**.

2.14

ETAPA 4 Selecione todas as letras e escolha Edit ➢ Copy.

ETAPA 5 No Photoshop, crie um novo documento com em média 6 polegadas de largura x 4 polegadas de altura com resolução de 266. Altere a imagem para cor RGB e coloque um

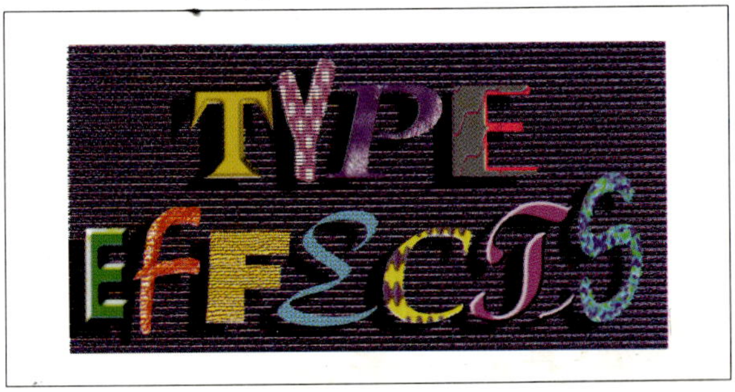

2.15

2.16

2.17

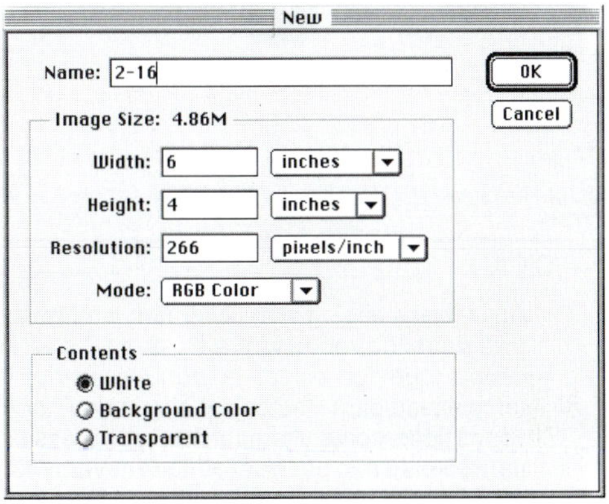

2.18

segundo plano branco **(2.18)**.

ETAPA 6 Escolha Edit ➢ Paste. Você pode colar como pixel ou como caminhos. A tipologia aparecerá na sua própria camada. Centralize a tipologia. Também é possível aumentar a tipologia ao escolher Layer ➢ Transform ➢ Scale **(2.19)**.

ETAPA 7 Selecione uma letra que utiliza a ferramenta laço. No menu Filter, escolha um filtro para aplicar a essa letra. Escolhi PhotoTools PhotoEmboss da Extensis para a primeira letra. Para a letra seguinte, escolhi o filtro Eye Candy Fur da Alien Skien. Para a letra *U*, utilizei o Pixelate ➢ Mezzotint do Photoshop.

Para a letra *G*, utilizei o Texture Explorer da KPT 3.0. Finalmente, para a letra *H* utilizei o PhotoTools Slope Bevel da Extensis **(2.20)**.

ETAPA 8 A próxima etapa para finalizar essa imagem é adicionar um pouco de sombra. Selecionei a tipologia na camada de tipo e criei uma nova camada entre o segundo plano (branco) e a tipologia. Em seguida, criei uma sombra para criar uma aparência 3D na tipologia **(2.21)**.

2.19

ETAPA 9 Para tornar o segundo plano mais interessante, preenchi a camada do segundo plano com preto, e em seguida apliquei o filtro Texturizer do Photoshop com desenho de tijolo. Depois, coloquei uma escala maior no desenho e apliquei o filtro Noise para adicionar mais textura **(2.22)**.

2.20

2.21

A capacidade de se criar uma tipologia na vertical é uma novidade no Illustrator 7.0. Na caixa de ferramentas o menu pop-up da ferramenta Type mostra o novo cursor para a tipologia na vertical. A ferramenta para tipologia na vertical, vem com três novos cursores: a ferramenta tipo de ponto na vertical, tipo de área na vertical e tipo de caminho na vertical. Todos esses efeitos de tipologia podem ser copiados e utilizados no Photoshop.

DICA

Ao utilizar a tipologia no Illustrator, lembre-se que a tipologia no Photoshop é transformada em pixels quando você escolhe Paste as Pixels. Isso significa que a tipologia não poderá ser editada depois que for colocada no Photoshop. A Extensis Corporation produz um dispositivo terceirizado para Photoshop chamado *PhotoTools.* Você pode utilizar o PhotoTools para criar vários tipos, cores e tamanhos. Após pressionar o botão OK no PhotoTools, a tipologia se altera para pixels e não pode ser editada novamente. Para obter mais informações sobre o PhotoTools da Extensis, consulte o Capítulo 5: “Photoshop e Illustrator com dispositivos terceirizados”.

COMO UTILIZAR CAMINHOS POR MEIO DO ILLUSTRATOR

Os caminhos e vetores criados no Illustrator podem ser utilizados no Photoshop. É possível criar caminhos no Photoshop com a ferramenta Pen, mas o processo pode ser demorado. No Illustrator estão disponíveis utensílios de desenho como as ferramentas para elipse, retângulo, estrela, polígono, pincel e lápis. Você pode utilizar essas ferramentas para criar caminhos complexos e, em seguida, copiar e colar

2.22

2.23

esses caminhos como pixels ou arrastar e soltá-los no Photoshop. A opção Path no Photoshop permite salvar um caminho para uma seleção sem o transtorno dos canais. Também é possível fazer a seleção de um caminho facilmente ao escolher a opção Make Selection no menu pop-up da paleta Path e vice-versa.

O caminho poderá ser salvo, após ter sido copiado para o Photoshop. Também é possível utilizar uma tipologia vertical com linhas externas como um caminho no Photoshop, no qual você poderá colar uma imagem **(2.23)**. Na tipologia, é possível criar no Illustrator caminhos fantásticos com aparência de espirógrafo com apenas dois comandos.

Siga as etapas abaixo para criar um formato de espirógrafo no Illustrator:

ETAPA 1 Arraste um formato de estrela com a ferramenta Star. Mantenha pressionada a tecla do mouse e adicione mais pontas ao utilizar a seta para cima do seu teclado. Solte o botão do mouse quando a estrela possuir em média 12 pontas **(2.24)**.

2.24

2.25

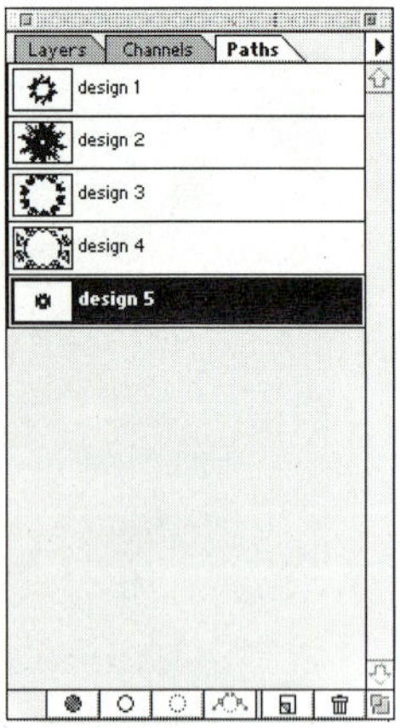

2.26

ETAPA 2 Com o formato de estrela selecionado, escolha o filtro Zig Zag no menu Filter ➢ Distort. É necessário escolher os filtros de distorção do Illustrator que você vir. No Illustrator, primeiro são agrupados os filtros do Illustrator, em seguida os filtros terceirizados do Illustrator e finalmente os filtros do Photoshop.

2.27

ETAPA 3 Verifique a caixa de visualização para ver o que ocorre ao alterar as definições. Defini a opção Points para Smooth. Ajustei o cursor Amount em torno de 35, defini o cursor Ridges para 4 e obtive esse efeito **(2.25)**.

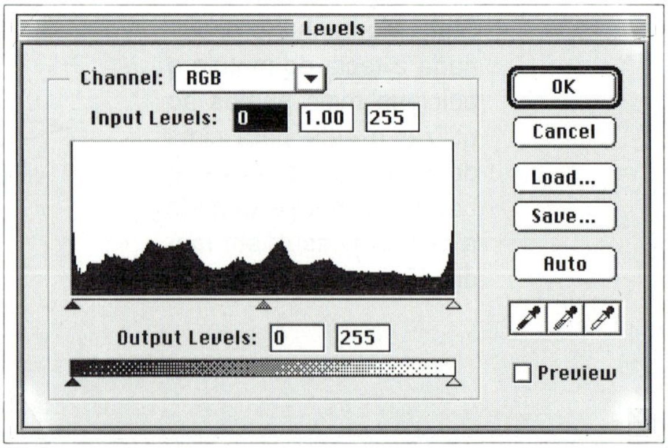

2.28

2.29

É muito mais fácil criar um caminho no Illustrator, que é natural que você deseje desfrutar todos os recursos dessa capacidade. Você pode criar o efeito caleidoscópio ao utilizar os caminhos do Illustrator e as texturas do Photoshop. Ao criar os formatos no Illustrator, você pode acessar os caminhos no Photoshop e aplicar cores e texturas diferentes para criar o seu caleidoscópio. Na Figura 2.27, criei cinco caminhos diferentes no Illustrator e colei-os no Photoshop. Na paleta Paths você vê os diferentes nomes e caminhos criados **(2.26)**. Em seguida, selecionei um caminho de cada vez e criei uma seleção que preenchi com uma textura. Cada desenho foi preenchido com uma textura diferente para criar o efeito de caleidoscópio **(2.27)**.

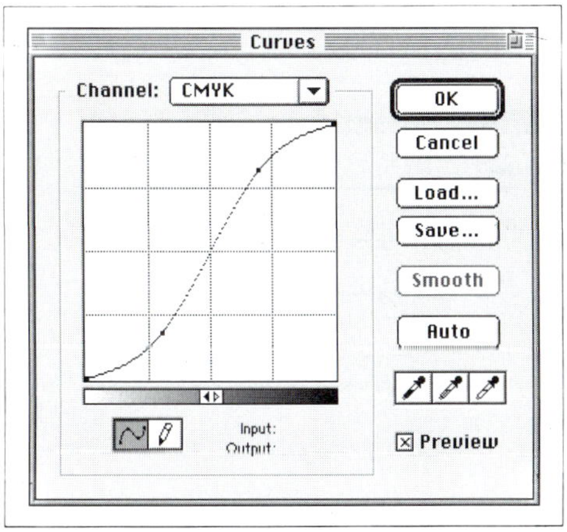

2.30

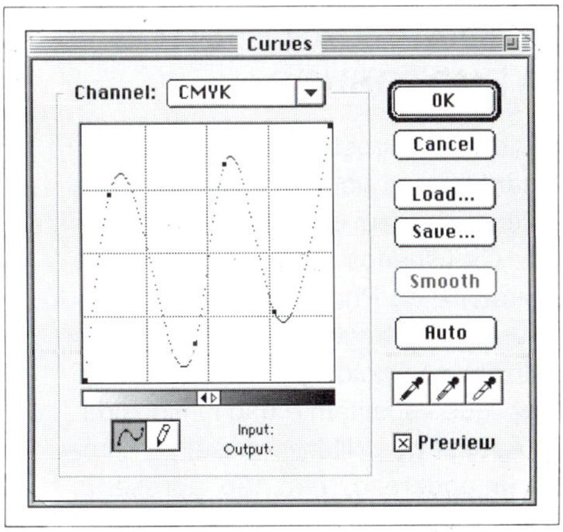

2.31

2.32

DICA

Ao usar a ferramenta para polígono ou estrela no Illustrator, você encontrará um atalho de teclado para facilitar a sua vida. Enquanto arrasta a estrela ou polígono, pressione a seta para cima para acrescentar mais pontas ou lados. (Você deve manter o botão do mouse pressionado.) Se você pressionar a seta para cima, deletará pontas ou lados. Você também pode pressionar a tecla ⌘/Ctrl para determinar o número de pontas com a ferramenta de estrela. Quando obtiver o número de pontas desejado para a estrela, libere primeiro a tecla ⌘/Ctrl e depois o botão do mouse.

COMO APLICAR EFEITOS NO PHOTOSHOP

O Photoshop possui vários filtros interessantes que podem ser aplicados a qualquer imagem ou parte de uma imagem. Os usuários mais experientes do Illustrator e do Photoshop geralmente iniciam uma imagem no Illustrator e a finalizam no Photoshop com efeitos de filtros que espalham e dao luminosidade. Apesar de o Illustrator ser um programa poderoso, ele não apresenta muitos efeitos. Já no Photoshop esses efeitos são infinitos.

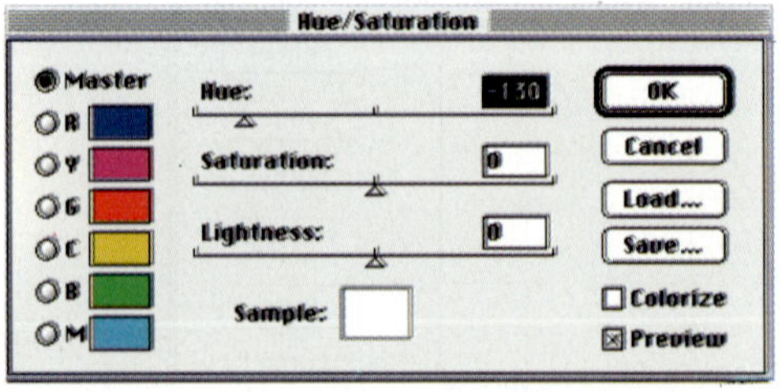

2.33

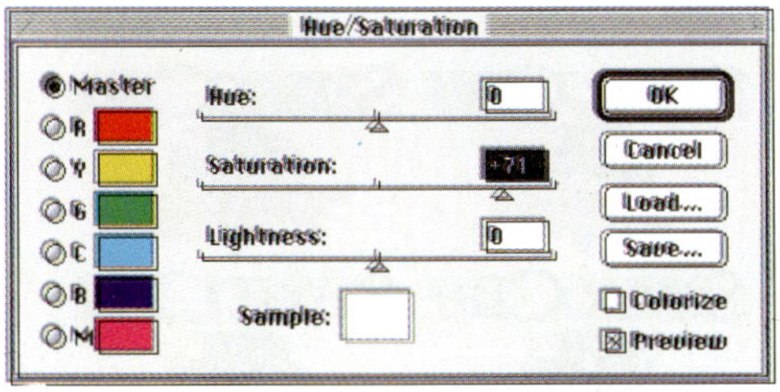

2.34

Todas as imagens na próxima seção foram iniciadas no Illustrator. Os filtros originais do Photoshop se ampliaram a partir da Versão 3, adicionando alguns efeitos artísticos, de esboço e de textura. Os fornecedores de dispositivos terceirizados ampliaram a capacidade do Photoshop em adicionar efeitos surpreendentes a uma imagem inteira ou a uma seleção somente.

COMO AJUSTAR SUA IMAGEM

O Photoshop é utilizado principalmente para ajustar a imagem. Você pode utilizar Levels ou Curves para ressaltar seções da imagem. As cores da imagem podem ser ajustadas com Hue/ Saturation, Color Balance ou Variations. As áreas finais de ajuste podem ser feitas através do submenu Tranformations, no menu Layer.

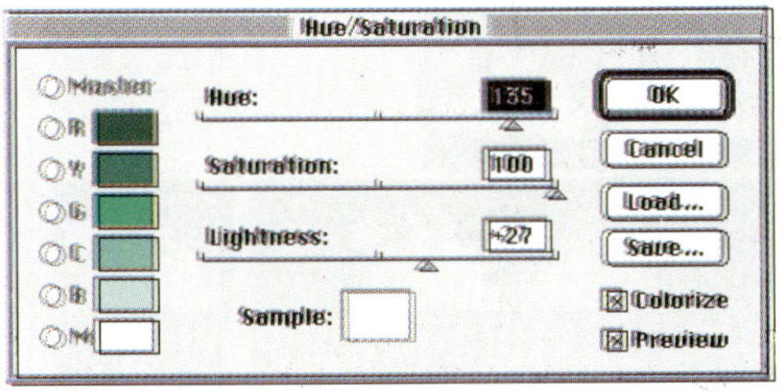

2.35

Níveis e curvas

O menu Levels ajusta realces, tonalidades e sombras da imagem, além de ressaltar a claridade e o contraste. Você pode ajustar as partes escuras, a tonalidade e as variações de luz de toda a imagem ou de uma seleção na caixa de diálogo Levels **(2.28)**. O cursor Output Levels, na parte superior da caixa de diálogo Levels, ajusta a tonalidade de toda a área ao mover o cursor, preto ou branco. Através do eyedropper é possível escolher o tom da imagem: mais escuro, variação média e mais claro. Quando utilizo Levels, minha intenção é alterar apenas os cursores preto e branco, não a variação média. O ajuste da variação média pode causar maiores alterações na cor, como você pode ver na arte de Clarke Tate, *Surf's Up* **(2.29)**.

2.36

Clark criou o surfista no Illustrator e utilizou o Fractal Design Expression para o resto da arte. Em seguida, ele rasterizou a imagem no Photoshop para aplicar manchas e textura com o filtro Pontilize. A figura à esquerda é a original. Na figura à direita os níveis foram ajustados. Para a curva azul da onda escolhi a variação de tonalidade média, que também ajusta as cores da imagem.

2.37

Para ajustar com precisão a tonalidade, utilize o menu Curves. A caixa de diálogo Curves possui o mesmo conceito de tonalização que a caixa de diálogo Levels. São permitidos somente três ajustes de tonalidade em Levels. Por outro lado, em Curves é permitido ajustar 16 variações de tonalidade por cor na imagem. Se a imagem for RGB, você poderá ajustar 48 variações de tonalidades com 256 valores dessa tonalidade. Se a imagem for CMYK, você poderá ajustar até 64 variações de tonalidade com 256 valores. Esse conceito pode parecer fantástico, porém pode ser difícil trabalhar com curvas e compreendê-las.

2.38

Quando desejo obter um ajuste de tonalidade equilibrada, utilizo a curva S**(2.30)**. Essa configuração é uma boa base de início e geralmente obtenho os ajustes esperados com apenas pequenas modificações. Se eu estiver buscando um efeito totalmente diferente, posso utilizar o lápis na caixa de diálogo Curves ou posso eu mesmo criar a curva da onda. Por exemplo, a Figura 2.31 mostra as configurações da caixa de diálogo Curves para a arte *Surf's Up* de Clarke Tate. Na Figura 2.23, a imagem à esquerda é a arte original e na imagem à direita

2.39

houve um grande ajuste na curva **(2.31, 2.32)**. O maior ajuste na curva dessa figura, que foi feita originalmente no Illustrator, criou um efeito de textura no segundo plano.

Muitas imagens do Illustrator podem tirar proveito dos efeitos de textura e luminosidade que os filtros do Photoshop oferecem.

Talvez os filtros sejam a sua primeira opção quando for criar um efeito, porém não descarte a possibilidade de utilizar os padrões de Levels e Curves. Ambos ajustes podem criar efeitos artísticos e assimétricos.

2.40

Matiz/Saturação e equilíbrio de cores

O ajuste de cor geralmente é feito através da caixa de diálogo Hue/Saturation ou Color Balance. A caixa de diálogo Hue/Saturation fornece várias opções. Você pode colorir a imagem toda, para que tenha uma única tonalidade, ou pode ajustar todas as cores. Ao deslocar o cursor Hue você alterna as cores da imagem. Dependendo do local para onde você desloca o cursor, o matiz pode transformar o vermelho em azul.

O logotipo Precision de Joe Jones do Artworks Studio consiste em quatro imagens. O conceito e o desenho original foram iniciados no Illustrator, e em seguida transportados para o Photoshop para efeitos de textura e luminosidade. O desenho superior esquerdo é o original. Irei aplicar aspectos diferentes de matiz/saturação aos outros três. Na parte superior direita da seção do logotipo,

2.41

2.42

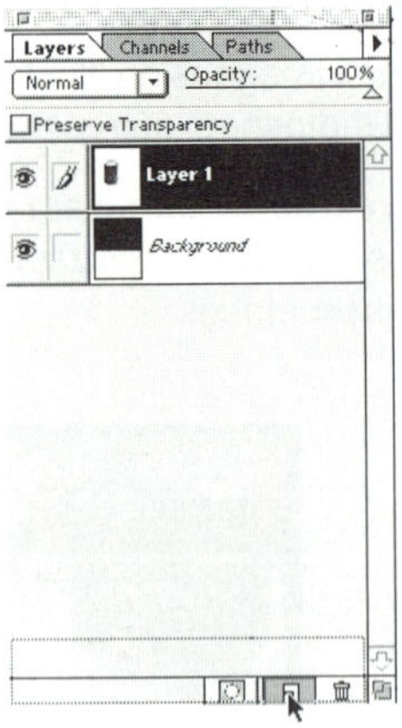

2.43

selecionei uma parte e desloquei o cursor para que o vermelho se transformasse em um matiz do azul. A configuração passou a ser -130 para obter um matiz do azul **(2.33)**. No logotipo inferior esquerdo, o cursor de saturação aumentou para +71, aumentando o fluxo de cor no logotipo **(2.34)**. No logotipo inferior direito o botão Colorize estava selecionado e o matiz foi alterado para verde água. A saturação foi definida para 100 e a luminosidade, aumentada para + 27 para criar um logotipo com uma única tonalidade **(2.35)**. A figura completa mostra todos os quatro logotipos, fornecendo ao cliente a oportunidade de comparar as diferentes versões **(2.36)**.

2.44

Você também pode trabalhar com a caixa de diálogo Color Balance. A caixa de diálogo Color Balance ajusta os níveis de cor da imagem ou seleção.

Existem cursores que produzem efeitos contrários de cor. Com uma imagem CMYK, cian é oposto ao vermelho, assim você pode aumentar o vermelho ou diminuir o cian. O magenta e o verde, e o amarelo e o azul são opostos. Os artistas tradicionais reconhecem esse princípio como sendo o oposto do Círculo de Cores e cores complementares. Na imagem RGB é necessário diminuir a quantidade de vermelho e azul para diminuir a cor magenta na imagem. As outras opções nessa caixa de diálogo servem para alterar sombras, tonalidades médias e realces da imagem. Quando a opção Preserve Luminosity estiver selecionada, a claridade da imagem original será preservada, independente das alterações feitas nas cores.

O logotipo Stone Cliff Vineyard & Winery, de Joe Jones, foi submetido a diversos ajustes na caixa de diálogo Color Balance na Figura 2.37. Essa imagem foi criada primeiro no Illustrator e transportada para o Photoshop, onde foram aplicados os efeitos adicionais **(2.37)**.

O logotipo superior esquerdo é o logotipo original. No logotipo superior direito o equilíbrio de cor foi ajustado para mais vermelho (+62), menos verde (-58) e mais amarelo (-65). Somente as sombras são afetadas ao selecionar o botão Shadows. Desmarquei Preserve Luminosity para alterar a claridade do logotipo. No logotipo inferior esquerdo está agindo somente as variações de tonalidade média. As áreas em vermelho (-37), verde (-69) e azul (+27) estão aumentadas. Dessa vez selecionei Preserve Luminosity. Na última imagem, no canto inferior direito, está agindo somente o Hightlights. O cian (-25), verde (+68) e amarelo (-62) estão aumentados. A opção Preserve Luminosity não está selecionada para que seja criada uma nova claridade.

2.45

2.46

Variações

Utilizei a imagem de Glen Riegel, chamada *Northern Clipper,* para brincar com as opções Variations no submenu Adjust do menu Image. Glen criou um esboço da imagem no Illustrator, e em seguida utilizou o Photoshop para criar o terreno e as texturas.

Blur, Noise e Sharpen

2.47

DICA

Lembre-se de que você pode tentar experimentar esses efeitos em uma cópia do original. Ao contrário de alguns comandos, quando você altera níveis, curvas, matiz/saturação e equilíbrio de cor essas ações não podem serem revertidas. Se escolher os números opostos ao efeito original, esse procedimento não recuperará a cor e os incrementos de tonalidade originais. Uma boa idéia é praticar sempre em uma cópia, para que o original não seja alterado.

2.48

Na caixa de diálogo Variations haverá várias opções **(2.38)**. Semelhante à caixa de diálogo Color Balance, você poderá escolher entre Shadows, Midtones, Hightlights. O botão Saturate altera a caixa de diálogo Variations para endereçar a saturação ou desaturação da seleção**(2.39)**. As cores vivas e esquisitas observadas na área mais saturada indicam que a área já está com saturação máxima.

Na caixa de diálogo básica Variations, é possível adicionar cores para aprimorar a arte original **(2.40)**. Lembre-se, a cor oposta a outra cancela a cor original. Isso significa que se você adicionar mais amarelo e em seguida mais azul, nada acontece. Essas duas cores no círculo de cores se anulam. Eu gosto da configuração Coarse para ter uma idéia de como a imagem ficará. Após decidir as cores e luminosidade, altero a configuração para Fine e ajusto as cores lentamente. A qualquer momento é possível

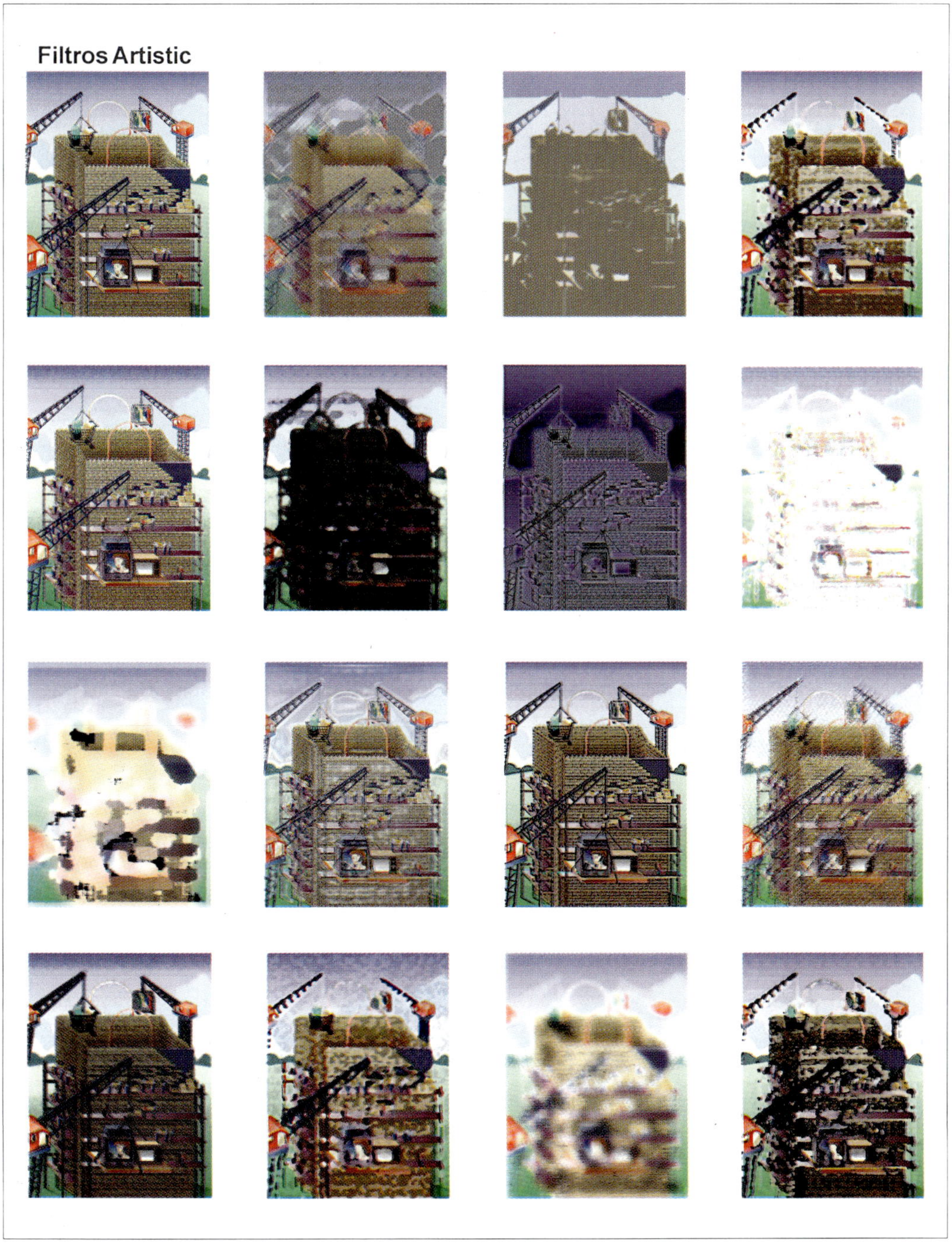

2.49

visualizar o original comparado com as alterações feitas. Você pode redefinir as configurações para as originais ao pressionar a tecla Option e pressionar o botão Reset abaixo do botão OK. Também é possível redefinir as configurações ao clicar duas vezes no Original na parte superior esquerda.

Brush Strokes

2.50

DICA

Se você não criar uma seleção ao redor da seção da imagem, qualquer efeito será aplicado em toda a imagem. O mesmo ocorre com as camadas. Se estiver em uma determinada camada e não criar uma seleção, o efeito agirá em toda a camada.

Uma maneira maravilhosa para ajustar as cores na imagem é utilizando a caixa de diálogo Variation. As configurações variam e você pode ver o resultado na parte superior da caixa de diálogo. Muitos usuários preferem utilizar Variations do que Hue/Saturation ou Color Balance devido à variedade e facilidade de utilização.

Filtros Distort

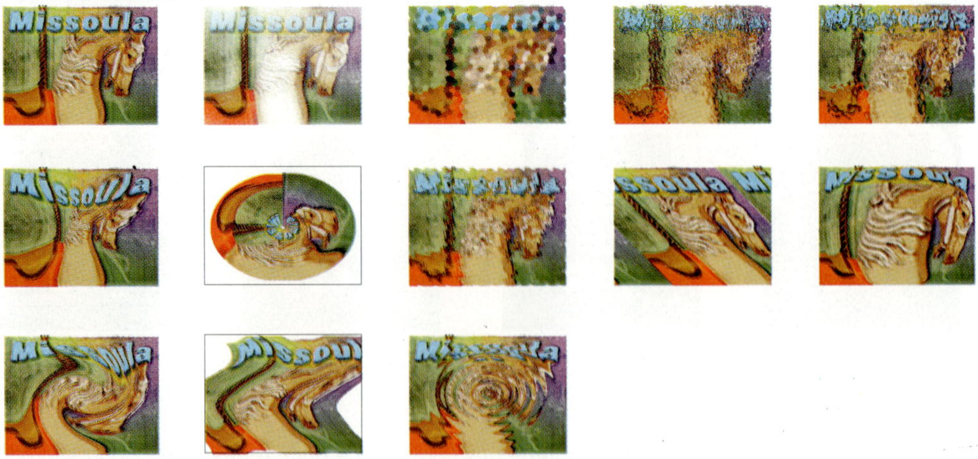

2.51

2.52

Transformações

No Illustrator, é possível aplicar transformações na imagem, como girar, refletir, cortar e escalonar. Você também pode aplicar transformações no Photoshop. O menu de transformação no Photoshop é um pouco mais amplo do que o do Illustrator. Você pode escalonar, girar, inclinar, distorcer, colocar em perspectiva, valor numérico, girar 180°, girar 90° SH (sentido horário), girar 180° SAH (sentido anti-horário), girar na horizontal e girar na vertical. Todas essas transformações podem ser feitas aplicadas na imagem inteira ou somente em uma seleção.

A Figura 2.41 mostra uma utilização fantástica do submenu Transformation.*The Computer* de Eliot Bergman's **(2.41)** foi feito inicialmente no Illustrator. A imagem do Illustrator foi rasterizada no Photoshop. No Photoshop, foram aplicados os efeitos de luz e sombra. Para obter o efeito de reflexo, a caixa do computador foi copiada para outra camada e, em seguida, transformada. Criou-se um reflexo da caixa copiada e a opacidade foi alterada para se obter o efeito de transparência.

Para criar um reflexo em uma imagem do Photoshop, siga as etapas abaixo:

ETAPA 1 Abra a imagem na qual deseja criar um reflexo. Criei uma lata no Adobe Dimensions e exportei a imagem para o Photoshop para adicionar um segundo plano básico**(2.42)**.

ETAPA 2 Arraste a camada da lata para a pequena folha na parte inferior da paleta Layers. Esse procedimento criará uma cópia da camada da lata**(2.43)**.

2.53

2.54

ETAPA 3 Desloque a cópia da camada para baixo da camada original.

ETAPA 4 Escolha Flip Vertical no submenu Transform do menu Layer. Desloque a lata que foi girada para baixo da camada original com a ferramenta Move.

ETAPA 5 Utilize o submenu Trans form para adicionar um pouco de perspectiva à lata copiada. Utilize a opção Skew e a opção Scale para criar uma aparência de reflexo na lata copiada. Altere a opacidade da camada da lata copiada para 45 por cento, assim a cópia ficará transparente **(2.44)**.

ETAPA 6 Acrescente um pouco de luz e sombra para finalizar a ilustração**(2.45)**. Utilizei o filtro Glass que o Alien Skien's Eye Candy oferece.

COMO APLICAR OS FILTROS DO PHOTOSHOP

Os filtros originais do Photoshop fornecem uma grande variedade de efeitos. Existem dois grupos básicos desses filtros: o grupo de edição e o grupo de efeitos.

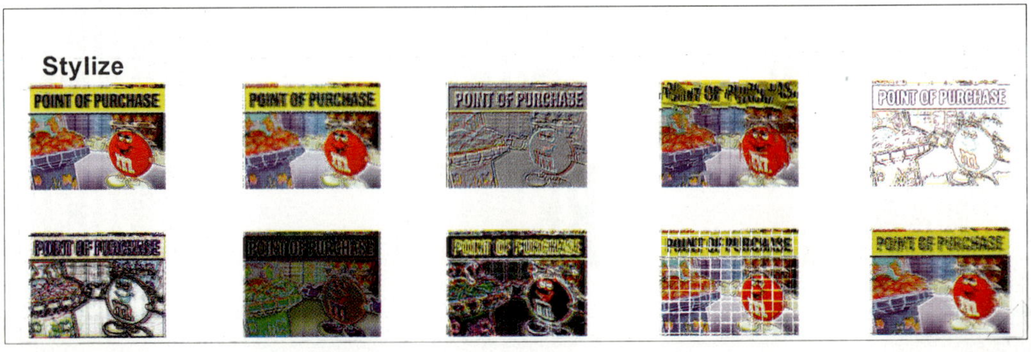

2.55

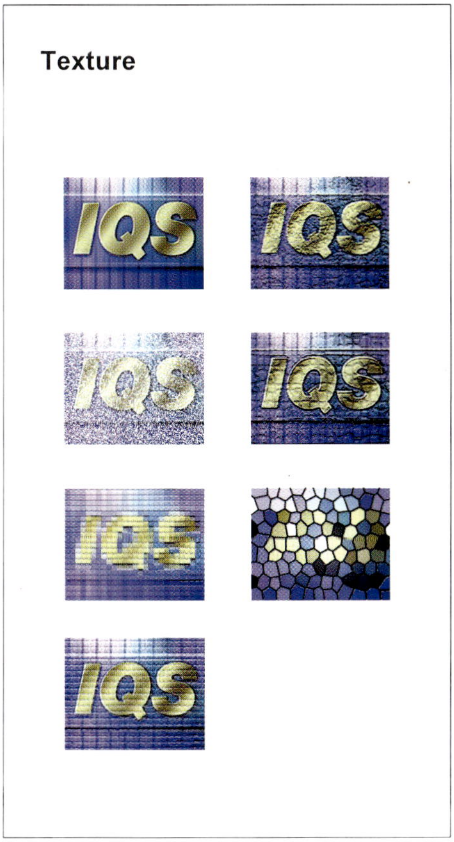

2.56

O grupo de efeitos inclui os filtros Blur, Noise, Sharpen e Fade. Esses efeitos podem ser utilizados ao colorir ou criar efeitos especiais. Em *Workbook Ad* **(2.46)** de Lance Jackson, ele utilizou filtros Blur para criar alguns efeitos interessantes. O tênis no primeiro plano superior foi feito no Illustrator e mantido fora do efeito Blur, para que ele se destacasse um pouco mais. Além disso, são mostrados na Figura 2.47 os diferentes efeitos de Blur, Noise e Sharpen em uma única imagem **(2.47)**.

O grupo de efeitos dos filtros são muito mais divertidos. Sjoerd Smit criou *Hmmm...* no Illustrator e transportou para o Photoshop para acrescentar textura, criar o céu, suavizar as bordas e criar sombras **(2.48)**.

Ao aplicar filtros do Photoshop em partes ou na imagem inteira, você pode criar efeitos bastante artísticos. É possível utilizar o Photoshop para combinar imagens com base em vetor e pixel e, em seguida, aplicar um ou vários efeitos de filtro para concluir sua imagem. O grupo de imagens resumidas a seguir **(2.49 até 2.56)** mostra o que os efeitos de filtro do Photoshop farão com uma imagem.

2.57

2.58

2.59

2.60

Como você pode ver nos desenhos de filtro, nem todos os filtros produzem o efeito que você está procurando. Os filtros Artistic mostram uma série de efeitos diferentes desde lápis de cor até aquarela. Os filtros Brush Strokes produzem diferentes efeitos de pincel na imagem ou seleção. Os filtros Distort podem ser divertidos para irritar parentes ou determinados funcionários. As distorções divertidas são Displace (Deslocar), Pinch (Apertar) e Spherize (Globalizar). Os filtros Pixelate produzem efeitos de pixel. Os filtros Render processam efeitos de nuvens, lentes e luminosidade. Os filtros Sketch são os mais rigorosos. A maioria deles transforma o original em uma versão na escala de cinzas. Todos, exceto o efeito papel de aquarela, alteram a cor da imagem em escala de cinzas. Os filtros Stylize criam muitos efeitos de linhas externas. Finalmente, os filtros Texture criam uma textura para a seleção.

COMO ADICIONAR SOMBRAS

Os artistas utilizam o Photoshop principalmente por causa das sombras, a fim de aprimorar as imagens do Illustrator. O Illustrator pode criar sombras, porém os efeitos não tem uma aparência natural. A sombra criada no Photoshop apresenta uma qualidade suave e natural. Mesmo sem dispositivos terceirizados é possível criar uma sombra, mas não com a mesma facilidade.

Se você copiar e colar o objeto do Illustrator para o Photoshop, esse vai automaticamente para a sua própria camada. Esse procedimento facilita muito na criação de uma sombra. Toda vez que você optar pela opção Paste no Photoshop o objeto será colado em uma nova camada.

Para criar uma sombra siga as etapas:

ETAPA 1 Rasterize a imagem do Illustrator no Photoshop **(2.57)**.

ETAPA 2 Copie todos os elementos que deseja sombrear nas suas próprias camadas. Faça uma duplicata dessa camada ao arrastar a camada original para o ícone Create New Layer (folha de papel). Desative a camada duplicata ao clicar duas vezes no ícone de olho.

ETAPA 3 Volte para a camada original e selecione os elementos nessa camada. Preencha a seleção com a cor da sombra ao escolher Edit ➢ Fill **(2.58)**.

2.61

2.62

ETAPA 4 Desmarque as imagens e aplique a mancha Gaussian. Fiz uma mancha com dez pixels **(2.59)**.

ETAPA 5 Exiba as outras camadas. Selecione a camada de sombra e com a ferramenta Move, mova a sombra para deslocá-la **(2.60)**.

É bem fácil adicionar sombra à uma imagem. Com dispositivos terceirizados para o Photoshop, como o filtro do PhotoTools da Extensis chamado PhotoShadow, você pode obter sombras na primeira etapa. É possível adicionar sombras a textos com a mesma rapidez que adicionar sombras a um objeto. Para adicionar sombra ao texto, siga as mesmas etapas de como adicionar sombra à imagem. Além de adicionar sombras, você também pode acrescentar textura com um dos filtros do Photoshop.

OS DEZ MELHORES FILTROS DO PHOTOSHOP PARA SEREM APLICADOS A UMA IMAGEM

Os dez seguintes efeitos de filtros, do Photoshop são os meus preferidos. Apesar de outros filtros produzirem efeitos fantásticos, descobri que esses dez criam um efeito rápido e interessante com pouco esforço. Em vez de aplicar o efeito à imagem inteira, selecione apenas uma determinada parte, obtendo uma visualização mais impressionante.

2.63

1. FILTRO CLOUDS

O filtro Clouds, no submenu Render, cria efeitos de nuvens maravilhosos para as cores de primeiro e segundo plano. Gostei de utilizar esse filtro para consertar os céus que criei no Illustrator que não estavam satisfatórios **(2.61)**. Se permanecer aplicando o filtro Clouds, obterá diferentes formações de nuvens. Continue aplicando o efeito até obter a formação desejada.

2.64

2. FILTRO SPATTER

O filtro Spatter se encontra no submenu Brush Strokes. Esse filtro cria uma aparência de tinta respingada composta por pixels. O efeito é similar a um efeito de aspereza. Você pode utilizar esse efeito para acrescentar textura.

DICA

Prefiro copiar e colar o texto do Illustrator para o Photoshop. Dessa maneira, o texto vai automaticamente para a sua própria camada. Quando o texto está na sua própria camada, é mais fácil selecionar e adicionar sombras. Também gosto de criar a sombra na sua própria camada, porque se eu mudar de idéia posteriormente, posso alterar a sombra.

---

3. FILTRO CRYSTALLIZE

O filtro Crystallize está no submenu Pixelate. O efeito cristalizar é como se as imagens tivessem congeladas em cristais. Esse efeito é útil para texturizar um segundo plano de mescla/gradiente ou até mesmo um segundo plano que seja muito simples.

4. FILTRO MEZZOTINT

O filtro Mezzotint está no submenu Pixelate. Esse filtro cria um efeito de pontos de pixel com o efeito espalhar, criando na imagem do Illustrator uma aparência de arte requintada nas áreas selecionadas.

5. FILTRO PONTILLIZE

O filtro Pontillize, que está no submenu Pixelate, cria um efeito de pontos. O efeito é como se você tivesse feito o desenho somente com pontos. Considero-o como um efeito quase que Impressionista **(2.63)**.

2.65

6. FILTRO WATER PAPER

O filtro Water Paper é provavelmente um dos meus preferidos. Esse filtro no submenu Sketch cria um efeito de aquarela. O efeito pode ser incrível em uma imagem inteira do Illustrator, fornecendo uma atmosfera puramente artística **(2.64)**.

7. FILTRO GLOWING EDGES

Gosto do filtro Glowing Edges, no submenu Stylize, para criar efeitos em neon. Esse filtro considera a seleção e faz com que as bordas brilhem como neon. O efeito funciona muito bem em textos da arte do Illustrator **(2.65)**.

2.66

8. FILTRO TILES

O filtro Tiles está no submenu Stylize. Esse filtro cria pequenos quadrados com espaço em branco entre eles. Você determina o número de quadrados e a disposição. Esse recurso é diferente do mosaico do objeto do Illustrator, que cria os quadrados aleatoriamente. Os blocos têm uma aparência de papel recortado como se alguém tivesse pego uma tesoura e cortado a imagem do Illustrator.

9. FILTRO WIND

O filtro Wind cria um efeito de vento soprando. Esse efeito é diferente da mancha de movimento, que mancha a imagem para dar o efeito de movimento. Você escolhe o tipo de vento que deseja. Pode ser vento, rajada de vento ou oscilação que criará um efeito inclinado para à direita ou esquerda. O filtro está no submenu Estilizar. O recurso do vento produzirá um efeito de movimento na seleção ou no segundo plano do Illustrator.

10. FILTRO TEXTURIZER

O Texturizer também é um dos meus preferidos. O filtro Texturizer está no submenu Texture no menu Filter. Esse filtro pode criar uma textura com lona, estopa, tijolos ou arenito. Você pode aumentar a gradação ou o relevo, assim como alterar a direção da luz. Sjoerd Smit utilizou o Texturizer com Tijolos para criar um segundo plano para a imagem do Illustrator **(2.66)**. Não existe nenhum filtro como esse no Illustrator. Para obter esse efeito na imagem do Illustrator você terá que rasterizá-la no Photoshop.

CAPÍTULO 3

PHOTOSHOP PARA FREEHAND E VICE-VERSA

A arte é um estado de permanência. Seus sonhos, sua vida passada formam uma coleção no seu subconsciente.

Brian Mcnulty

O Adobe Photoshop continua sendo o vínculo mais popular entre imagens criadas em vários programas. A questão mais comum é se devemos utilizar o FreeHand ou o Photoshop nas artes com base em vetor. Creio que o programa favorito é aquele que começamos e permanecemos sempre a utilizar. Eu prefiro o Illustrator, pois o utilizo desde o Illustrator 1.0. Porém, o FreeHand também é um programa poderoso que cria imagens vetorizadas muito interessantes. Ao combinar o FreeHand com o Photoshop, nada o impede de criar artes fantásticas. Além disso, os fornecedores de dispositivos terceirizados, como a Extensis Corporation, KPT e a Alien Skien ampliaram a capacidade de edição do Photoshop e do FreeHand.

Neste capítulo, você conhecerá os diferentes tipos de arquivo com os quais poderá trabalhar no FreeHand e no Photoshop. Saberá quando é necessário utilizar o Photoshop ou o FreeHand. Existem arquivos melhores de se trabalhar ao importar ou abrir arquivos do Photoshop no FreeHand.

COMO ESCOLHER O MELHOR FORMATO PARA UM ARQUIVO

Uma das razões pela qual importamos uma imagem do Photoshop para o FreeHand seria rastrear e criar facilmente uma arte com base em vetor. Isso pode ser feito para recriar um logotipo com facilidade. Outros artistas esboçam uma idéia, escaneam esse esboço para o Photoshop, e em seguida o rastream no FreeHand. Uma outra razão pela qual transportamos uma imagem do Photoshop para o FreeHand seria adicionar tipologia. Apesar do Photoshop possuir um recurso para a tipologia, esse é limitado, visto que não é possível editá-la.

A tipologia no Photoshop também apresenta uma aparência mais grosseira em comparação com a tipologia do FreeHand, que imprime uniformemente.

O FreeHand pode abrir ou importar qualquer arquivo TIFF, PICT ou EPS. No FreeHand, você pode escolher File ➢ Open para abrir um arquivo na sua própria página. Se você quiser que uma imagem seja aberta em uma página existente, escolha File➢ Import. Ao importar um arquivo, aparecerá um cursor de canto **(3.1)**. Você clica uma vez para que a imagem fique no tamanho original ou clica e arrasta a imagem para o tamanho desejado**(3.2)**. Não entre em pânico se a imagem ficar grosseira e horrorosa;a exibição no Free Hand é grosseira. Porém, a imagem será impressa perfeitamente.

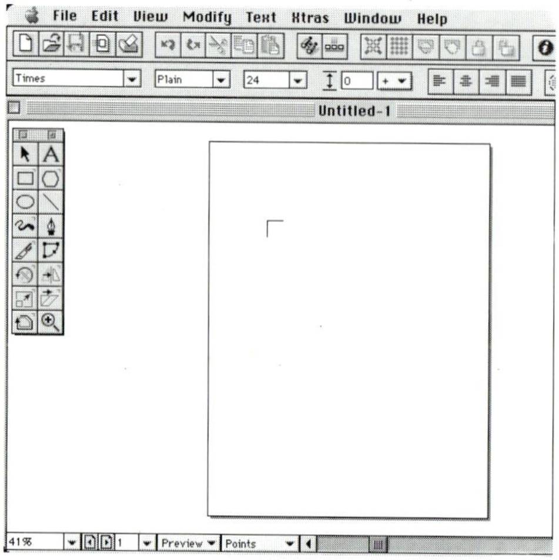

3.1

3.2

TIPOS DE ARQUIVO

Um arquivo TIFF pode ser incorporado ou vinculado ao arquivo do FreeHand. Um arquivo EPS teria que ser enviado junto com o arquivo do FreeHand até a impressão. O arquivo EPS também pode ser incorporado ou vinculado, mas a vantagem do EPS é o formato para salvar DCS, que salva quatro ilustrações coloridas, assim como um quinto arquivo somente para visualização. O método preferido para salvar arquivos de alta resolução do Photoshop é o formato DCS. A desvantagem é que o arquivo é maior que o TIFF.

Para incorporar o EPS ou TIFF no arquivo FreeHand, escolha File ➢ Open (em vez de File ➢ Import). O arquivo incorporado fará parte do arquivo FreeHand. Assim, não é necessário enviar um arquivo EPS ou TIFF com o seu arquivo até a impressão . O problema é que o arquivo do FreeHand será muito maior.

RESOLUÇÃO

Ao abrir ou importar imagens do Photoshop, é importante considerar a resolução. Se você importar um arquivo do Photoshop de baixa resolução para o FreeHand a fim de adicionar legendas, será impressa uma imagem vetorizada e ótimas legendas **(3.3)**.

3.3

Um arquivo do FreeHand será impresso com a resolução da impressora. Os arquivos do Photoshop devem ter a resolução determinada e configurada com o arquivo antes da impressão. Quando estiver utilizando uma imagem do Photoshop no FreeHand, certifique-se de que a resolução do arquivo do Photoshop imprimirá com a qualidade desejada. Primeiro, é necessário descobrir quais os valores da tela de linha com os quais a impressora opera. Em seguida, defina o valor da tela de linha; quanto mais alto o valor, melhor será a impressão. Gosto de dobrar o valor da tela de linha visando obter o número necessário para definir em pontos por polegada. Dessa forma, consigo a resolução certa desde o início, antes de transportar a imagem para o FreeHand.

Uma impressora de 1270 dpi, por exemplo, possui uma tela de linha de 105 lpi. Uma impressora de 2540 dpi possui uma tela de linha de 133 lpi. Deste modo, uma impressora de 1270 dpi precisaria de uma resolução de 210 dpi para uma imagem ficar cem porcento. Uma impressora de 2540 dpi precisaria de uma resolução de 266 dpi para uma imagem ficar cem por cento. É necessário ajustar a resolução da imagem de acordo com o tamanho. Um erro muito comum é manter a imagem em alta resolução, sem considerar como o arquivo será impresso. Esse procedimento resultará em uma imagem mais escura e com o colorido mais intenso. Isso ocorre porque muitos pixels estão sendo utilizados sem necessidade.

3.4

COMO TRANSPORTAR IMAGENS PARA O FREEHAND

Existem várias maneiras de transportar um arquivo do Photoshop para o FreeHand. A maneira mais comum é abrindo ou importando o arquivo. Os usuários mais experientes do Photoshop e do FreeHand geralmente copiam e colam o arquivo no FreeHand. Agora, com o FreeHand 7.0 e o Photoshop 4, é possível arrastar e soltar o arquivo entre programas.

3.5

ARRASTAR E SOLTAR

O recurso arrastar e soltar é a maneira mais rápida de copiar um arquivo de uma página para outra e de um programa para outro. Esse recurso funciona tanto entre programas da Adobe, como o Photoshop, o Illustrator e o PageMaker, quanto no FreeHand. Para arrastar e soltar uma imagem ou vetor, selecione a(s) parte(s) que deseja arrastar, escolha Move, e em seguida pressione o botão do mouse sobre a imagem e a arraste para o documento do FreeHand. A diferença entre esse procedimento e copiar e colar é que ao copiar uma imagem ela vai para a prancheta. Essa função apresenta um desempenho mais lento; isso ocorre porque uma cópia permanece na prancheta até você copiar algo. A desvantagem do recurso arrastar e soltar consiste na mudança da resolução da imagem para tela ou 72 dpi quando você arrasta a seção de uma imagem do Photoshop e a solta no FreeHand **(3.4)**.

3.6

COPIAR E COLAR

Copiar e colar é a maneira mais comum de transportar uma imagem de uma página para outra ou de um programa para outro. O recurso copiar e colar funciona na maioria dos programas de software. Esse recurso é considerado, a maneira universal de se copiar imagens para outra área. Para.copiar uma parte de uma imagem do Photoshop para o FreeHand, selecione a(s) parte(s) que deseja copiar e escolha Edit ➢ Copy. No FreeHand, escolha Edit ➢ Paste. Esse procedimento, copiará o objeto que você acabou de copiar para o documento do FreeHand. Ao contrário do recurso arrastar e soltar, ao copiar uma imagem do Photoshop com base em pixel a resolução da imagem será mantida.

Nota

Para arrastar uma seleção no Photoshop 4, você precisa usar a ferramenta Move para arrastar e soltar entre documentos ou programas. Se você não usar a ferramenta de mover, nada será arrastado e solto. Se você estiver usando o Photoshop 3.0.4, precisará apenas arrastar com a ferramenta Marquee.

3.7

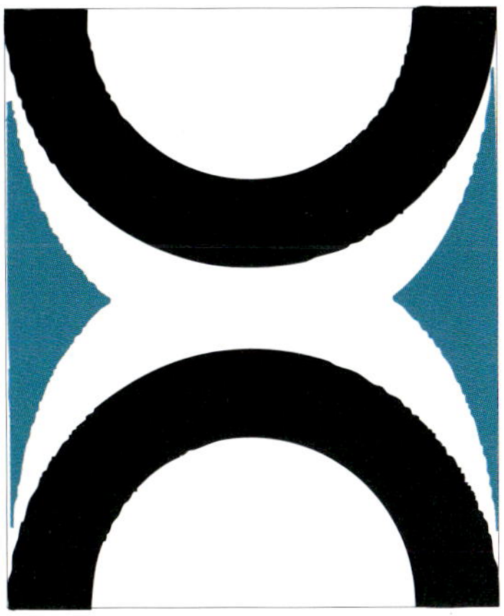

3.8

FREEHAND PARA TÉCNICAS DO PHOTOSHOP

O FreeHand fornece a base para a imagem, e o Photoshop conclui a imagem ao suavizar as bordas e acrescentar luminosidade, sombra e texturas. O FreeHand pode criar o esboço de uma imagem; o Photoshop pode acrescentar um toque realista à imagem.

3.9

A arte produzida no FreeHand se beneficia do Photoshop, que adiciona texturas e suaviza as bordas computadorizadas. O Photoshop pode adicionar textura e profundidade que não existem no FreeHand. O texto, as ilustrações e os logotipos também podem ser levados para o nível seguinte no Photoshop. Com os filtros originais do Photoshop, você pode adicionar profundidade, alto-relevo, textura e muito mais.

3.10

O FreeHand é utilizado para transportar textos para o Photoshop com diferentes tipos e tamanhos **(3.5)**. Apesar de o Photoshop ter muitas utilidades, o texto não é o seu ponto forte. É possível criar um texto no Photoshop, mas você fica limitado a um tamanho e um tipo por entrada de texto. Isso permite que o artista utilize outros programas como o Illustrator para criar efeitos de texto e o Photoshop para adicionar profundidade, sombra e textura.

3.11

COMO ABRIR OS ARQUIVOS DO FREEHAND NO PHOTOSHOP

É mais fácil transportar arquivos do FreeHand para o Photoshop do que vice-versa. No FreeHand, você pode salvar as imagens como um documento do FreeHand, modelo do FreeHand ou um EPS editável. A resolução depende do arquivo do Photoshop original para o qual você está copiando; isso ocorre porque o FreeHand tem base em vetor. É possível arrastar e soltar, copiar e colar ou somente abrir o arquivo no Photoshop.

3.12

TIPOS DE ARQUIVO

Abrir um arquivo do FreeHand no Photoshop é tão fácil quanto escolher File ➢ Open. Antes de abrir o arquivo do FreeHand no Photoshop, se certifique de que o arquivo foi salvo no FreeHand como EPS editável. É necessário salvar desse modo porque o Photoshop não abre um arquivo do FreeHand que tenha sido salvo em outro formato. Ao abrir o arquivo no Photoshop você tem algumas opções. Você pode escolher a resolução, modo de cor, o tamanho do arquivo e o segundo plano. Uma vez no Photoshop, você pode aplicar qualquer filtro ou efeito que desejar.

DICA

Ao trabalhar com a tipologia do FreeHand, verifique a ortografia da tipologia que será transportada para o Photoshop. Depois que a tipologia estiver no Photoshop, essa não poderá ser editada a fim de corrigir qualquer erro tipográfico.

Test Tubes de Sandee Cohen mostra a fantástica utilização de um arquivo do FreeHand que para ser finalizado foi transportado para Photoshop **(3.6)**. Sandee utilizou a opção de mesclagem múltipla do FreeHand para criar as bolhas que formam o arco. Para obter mais informações sobre a arte *Test Tubes* de Sandee Cohen, consulte o Capítulo 9.

COMO UTILIZAR PARTES DO PHOTOSHOP E PARTES DO FREEHAND

Ao criar uma arte, é possível trabalhar entre dois ou mais programas. Você também pode utilizar partes de cada programa, como utilizar caminhos de recorte do Photoshop no FreeHand. Além de pegar um caminho desenhado no FreeHand e utilizá-lo no Photoshop e assim por diante.

CLIPPING PATHS

O clipping path é uma linha desenhada no Photoshop que cria um limite com um caminho ao redor da imagem . Isso significa que a imagem só será vista dentro dos limites do caminho. O clipping path é uma maneira de camuflar as partes indesejadas e visualizar somente as partes desejadas. A maioria das pessoas utiliza o clipping path para o QuarkXPress ou PageMaker, mas poucos sabem que é possível utilizá-lo quando esse tiver sido salvo como um arquivo EPS no Illustrator. Nesta figura, importei uma imagem com e sem um clipping path aplicado **(3.7)**.

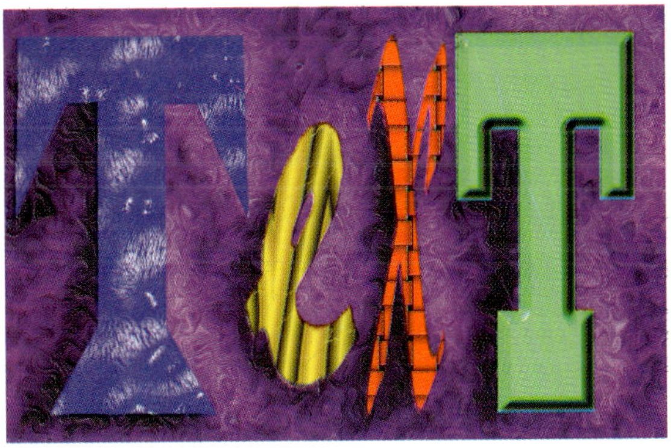

3.13

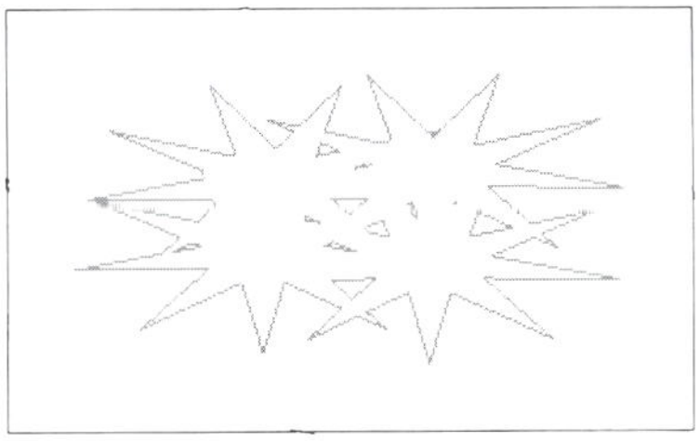
3.14

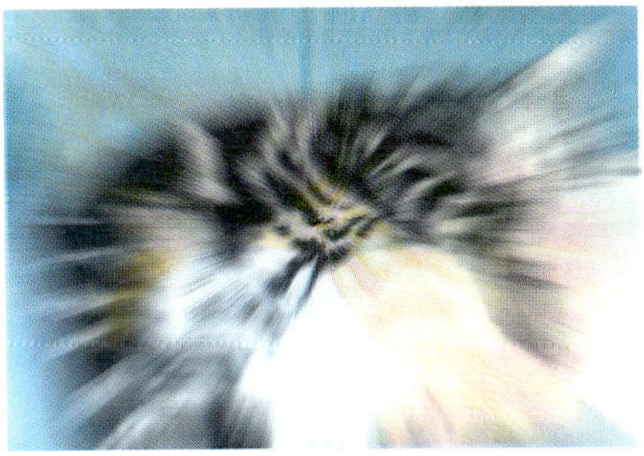
3.15

COMO UTILIZAR A COR DA IMAGEM DO PHOTOSHOP

Você pode selecionar a cor da imagem com base em pixel no Photoshop e usá-la no FreeHand. A ferramenta Eyedropper na janela Xtra Tools no FreeHand pode "sugar" os atributos de cor de qualquer imagem com base em pixel. Esse é um ótimo recurso para o artista igualar uma cor na imagem rasterizada.

3.16

COMO UTILIZAR CAMINHOS E SELEÇÕES DO PHOTOSHOP

Qualquer caminho desenhado no Photoshop pode ser utilizado no FreeHand, é só copiar e colar o caminho no FreeHand. O recurso arrastar e soltar não funciona com um caminho; será necessário copiar e colar. A vantagem de se utilizar um caminho é que você obtém uma linha externa exata da imagem que deseja desenhar no FreeHand. Se estiver tentando rastrear um logotipo, selecione um caminho no Photoshop, copie-o e cole-o no FreeHand. De certo modo, esse procedimento é mais rápido do que escanear e rastrear uma foto. Agora que você já tem a linha externa, é só colorir a arte vetorizada **(3.8)**.

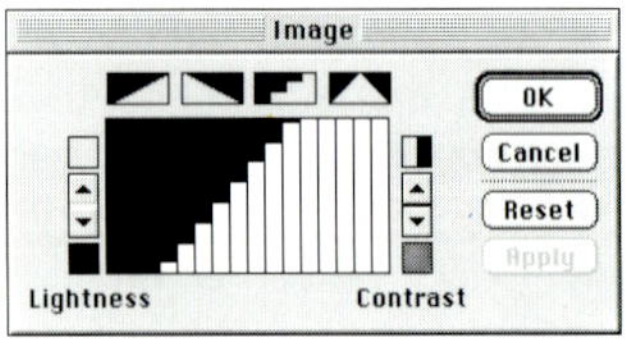

3.17

As seleções podem ser facilmente copiadas e coladas no FreeHand. Em vez de utilizar a imagem inteira, você pode selecionar somente a seção desejada, e em seguida arrastar e soltar a imagem no FreeHand. Ao arrastar e soltar, você obtém somente a seleção e não a caixa com a imagem inteira. Quando utilizar um clipping path, obterá a imagem inteira, porém, somente uma seção estará camuflada. O arquivo ficará maior quando for salvo com um clipping path, pois salva toda a imagem em vez de salvar somente a seção desejada.

3.18

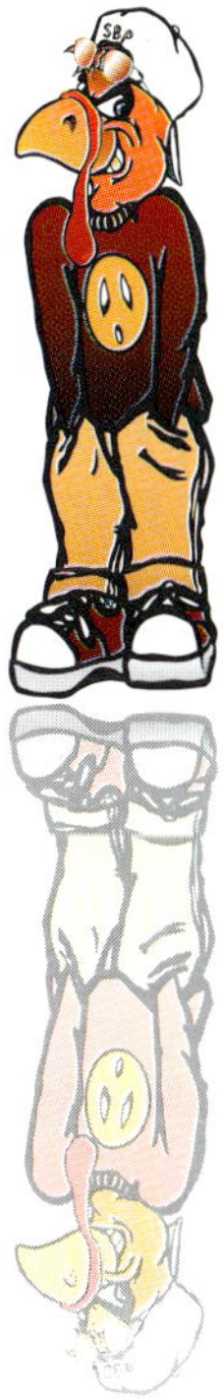

3.19

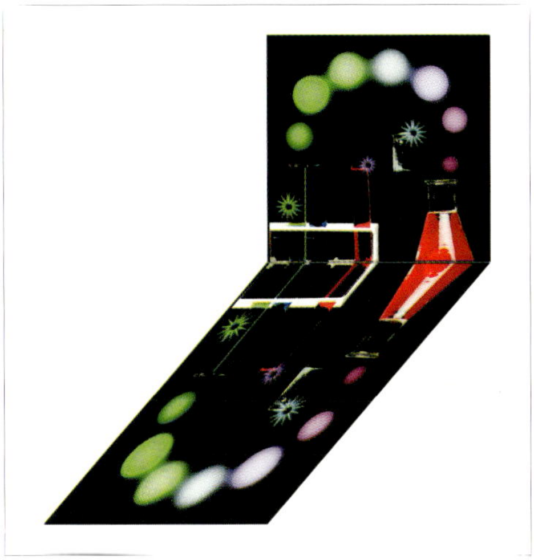

3.20

3.21

COLAR DENTRO

A opção Paste Inside no FreeHand irá criar um recorte ao redor da imagem do Photoshop no FreeHand. É fácil criar um recorte e é ótimo para cortar partes da arte vetorizada ou rasterizada que não deseja ver. As etapas a seguir mostram como utilizar o Paste Inside para criar um corte ao redor da imagem do Photoshop:

ETAPA 1 Importe a imagem composta por pixels **(3.9)**.

ETAPA 2 Crie a "camuflagem" quc dcscja cortar **(3.10)**.

ETAPA 3 Organize o corte criado sobre a imagem composta por pixels onde você deseja exibir a imagem.

ETAPA 4 Selecione a imagem composta por pixels e escolha Edit➢ Cut. Esse procedimento removerá a imagem e irá posicioná-la na prancheta.

ETAPA 5 Selecione a camuflagem criada e escolha Edit➢ Paste Inside. Esse procedimento posicionará a imagem exatamente dentro do corte criado **(3.11)**.

Se você quiser criar várias camuflagens em uma imagem no FreeHand, também é possível utilizar o Paste Inside. Várias camuflagens podem ser produzidas, porém com uma etapa adicional. Após criar o formato inicial ou importar a imagem composta por pixels, crie o formato das camuflagens na parte superior do formato inicial. É necessário selecionar todos os formatos de camuflagem e escolher Modify ➢ Join. Em seguida, corte o formato que foi importado e escolha Edit ➢ Paste Inside **(3.12)**.

3.22

COMO TRABALHAR COM TIPOLOGIA NO FREEHAND

Um dos procedimentos mais divertidos do Photoshop é criar efeitos com a tipologia. Apesar da ferramenta para tipologia não ter melhorado muito no Photoshop 4, ainda há uma saída. No Photoshop, você fica limitado a um tipo e tamanho por entrada de tipo. Muitos usuários utilizam o FreeHand para trazer tipos para o Photoshop. A importação do tipo é feita ao copiar e colar, arrastar e colar ou se todo o documento for utilizado ao abrir o arquivo no Photoshop.

No FreeHand, é possível atribuir uma cor diferente para cada letra da tipologia. Cada letra pode ter um tipo e tamanho. Durante a criação da tipologia, você pode copiá-la e colá-la ou arrastá-la e soltá-la no Photoshop para acrescentar um toque especial. Neste exemplo, apliquei vários tipos, tamanhos e cores à palavra *text* no FreeHand e, em seguida, transportei a imagem para o Photoshop para adicionar textura e sombra **(3.13)**.

3.23

3.24

3.25

COMO UTILIZAR CAMINHOS DO FREEHAND NO PHOTOSHOP

Os caminhos ou vetores, que criou no FreeHand podem ser utilizados no Photoshop. Esses caminhos podem ser criados no Photoshop com a ferramenta Pen, porém esse procedimento pode ser demorado. No FreeHand, você desfruta das vantagens das ferramentas de desenho, como as ferramentas para formato oval, retângulo, polígono, mão-livre e retoque variável. Você pode utilizar essas ferramentas para criar caminhos complexos, e em seguida copiar e colar esses caminhos como pixel ou arrastá-los e soltá-los no Photoshop **(3.14)**.

A paleta Path no Photoshop permite salvar sem a inconveniência dos canais. É possível fazer uma seleção através de um caminho ao escolher a opção Make Selection no menu pop-up da paleta Path. Você também desejará salvar o caminho encontrado no mesmo menu pop-up da paleta Path.

DICA

Ao utilizar uma tipologia do FreeHand, lembre-se que no Photoshop o tipo é transformado em pixels. Isso significa que a tipologia não pode ser editada depois de ter sido transportada para o Photoshop.

COMO UTILIZAR AS TRANSFORMAÇÕES E FILTROS DO FREEHAND E DO PHOTOSHOP

O Photoshop possui muitos efeitos interessantes de filtros que podem ser aplicados em qualquer imagem ou parte de uma imagem. Os usuários mais experientes do FreeHand e do Photoshop geralmente iniciam uma imagem no FreeHand e a concluem no Photoshop, a fim de acrescentar efeitos de filtros, de luminosidade e difusão. Desde o Photoshop 3, a coleção de filtros originais do Photoshop foi ampliada, com o objetivo de acrescentar efeitos mais artísticos, de esboço e de textura. Os fornecedores de dispositivos terceirizados ampliaram a capacidade do Photoshop a fim de acrescentar efeitos interessantes a uma imagem inteira ou a uma seleção da imagem.

3.26

COMO ACESSAR FILTROS DO PHOTOSHOP NO FREEHAND

O FreeHand 7 permite acessar os filtros do Photoshop diretamente de dentro do FreeHand. Copie ou crie um nome falso para os filtros e os coloque na pasta FreeHand Xtras. Saia e reinicie o FreeHand para ativar esses filtros. Os filtros que estarão disponíveis aparecerão no menu Xtras com o rótulo TIFF na frente. A Figura 3.15 mostra uma mancha radial em zoom aplicada à imagem TIFF **(3.15)**.

COMO ALTERAR UMA IMAGEM QUE FOI IMPORTADA

Através do FreeHand, você pode tornar transparente a imagem que foi importada, alterar a luminosidade/contraste e colorir a imagem TIFF ou EPS em escala de cinzas. Para criar uma imagem transparente, importe a imagem e abra o Object Inspector; você pode selecionar uma caixa de seleção chamada *transparent.*

A Figura 3.16 mostra uma imagem importada antes e depois de selecionar a caixa de seleção para transparência **(3.16)**. Para ajustar a luminosidade do objeto e/ou contraste, importe uma imagem e abra o Object Inspector. Clique no botão Edit na parte inferior do painel do Object Inspector. Ajuste a luminosidade e o contraste e, em seguida, clique no botão Apply para ver os efeitos **(3.17)**. Para colorir a imagem em escala de cinzas, importe a imagem primeiro. Crie a cor no painel Color Mixer. Acrescente a nova cor à lista de cores. Arraste a nova cor para cima da imagem em escala de cinzas **(3.18)**.

3.27

COMO APLICAR TRANSFORMAÇÕES DO FREEHAND EM UMA IMAGEM DO PHOTOSHOP

No FreeHand, é possível aplicar transformações à imagem, como girar, refletir, cortar e escalonar **(3.19, 3.20)**. Você também pode aplicar transformações no Photoshop. Você pode escalonar, girar, inclinar, distorcer, colocar em perspectiva, valor numérico, girar 180°, girar 90° SH, girar 90° SAH, girar na horizontal ou girar na vertical. Todas essas transformações podem ser aplicadas à imagem inteira ou somente a uma seleção da imagem.

COMO APLICAR FILTROS DO PHOTOSHOP A UMA IMAGEM DO FREEHAND

Os filtros originais do Photoshop oferecem uma grande variedade de efeitos. Você pode utilizar um ou mais efeitos na imagem. Com as habilidades de seleção do Photoshop, é possível selecionar a imagem inteira ou somente a parte onde deseja criar um efeito. Existem dois grupos básicos de filtros: o grupo de edição e o grupo de efeitos.

O grupo de edição inclui: Blur (Manchar), Noise (Espalhar), Sharpen (Avivar) e Fade (Desbotar). Esses filtros podem ser utilizados na edição e na criação de efeitos especiais. O grupo de efeitos de filtros são muito mais divertidos. Os principais são: Artistic (Artístico), Brush Strokes (Pinceladas), Distort (Distorcer), Pixelate (Pixel), Render (Processar), Sketch (Esboço), Stylize (Aplicar estilo) e Texture (Textura). Os desenhos sobre filtros podem ser encontrados no Capítulo 2. Os mesmos efeitos vistos no Capítulo 2 serão criados com o FreeHand.

OS DEZ MELHORES EFEITOS DO PHOTOSHOP E DO FREEHAND PARA SEREM APLICADOS A UMA IMAGEM

Eu sempre utilizei o Photoshop para acrescentar e aprimorar, o segundo plano das imagens do FreeHand. Os efeitos a seguir são os meus favoritos.

1. COLAR DENTRO

A função Past Inside do FreeHand, permite inserir um objeto ou imagem dentro de outro formato **(3.21)**.

2. COLORIR UMA IMAGEM EM ESCALA DE CINZAS

O FreeHand possui a capacidade de colorir totalmente um TIFF ou EPS em escala de cinzas. Você simplesmente arrasta a cor nova para cima da imagem que foi importada e assim obtém o colorido **(3.22)**.

3. ALTERAR A LUMINOSIDADE/ CONTRASTE

A alteração da luminosidade e contraste da imagem que foi importada geralmente era feita no Photoshop. Você pode alterar a luminosidade e o contraste diretamente do FreeHand. Após importar a imagem, abra o painel Object Inspector. Se você clicar no botão Edit na parte inferior, você poderá ajustar a luminosidade e o contraste da imagem TIFF ou EPS em escala de cinzas **(3.23)**.

3.28

4. CRIAR UMA IMAGEM TRANSPARENTE

Abra o painel Object Inspector para visualizar as opções da imagem que foi importada. Para criar uma transparência no TIFF ou EPS em escala de cinzas, selecione a caixa de transparência no painel Object Inspector **(3.24)**.

5. MANCHAR UMA IMAGEM

Ao utilizar o filtro Blur do Photoshop no FreeHand, você não precisa ficar indo e voltando de programas. Se utilizar uma imagem produzida no FreeHand aperfeiçoada no Photoshop e trazida para o FreeHand para adicionar texto, será possível adicionar o filtro Blur à imagem TIFF. Brian McNulty criou *Our Tum* no FreeHand e no Photoshop **(3.25)**. No FreeHand, Brian rastreou o esboço e concluiu a imagem. Eu adicionei a mancha à imagem.

3.29

6. VÁRIOS RECORTES

Você pode criar efeitos interessantes com vários recortes quando utilizar o tipo convertido em caminhos. Lembre-se: é possível utilizar o Paste Inside ao trabalhar com texto. O texto é mais do que um formato que você precisa copiar para dentro, porém, certifique-se de juntar todos os caminhos que utilizar como recorte **(3.26)**.

7. TRANSFORMAR UMA IMAGEM QUE FOI IMPORTADA

Qualquer imagem que foi importada para o FreeHand pode ser escalonada, girada, refletida ou inclinada. Aqui utilizei uma imagem de Brian McNulty para ilustrar as diferentes visualizações possíveis de uma imagem TIFF transformada **(3.27)**.

8. APLICAR UMA SOMBRA COM O PHOTOSHOP

Você pode aplicar sombras com o FreeHand. Porem, as sombras realistas e suaves do Photoshop apresentam algo mais que as sombras com base em vetor **(3.28)**.

9. CRIAR UMA TEXTURA DE SEGUNDO PLANO NA IMAGEM DO FREEHAND

3.30

Com os filtros originais e terceirizados do Photoshop, são infinitas as possibilidades de criação de segundos planos. Essa é uma ótima forma para dar um toque especial ao arquivo do FreeeHand. *The Wrestler* de Brian McNulty , mostra uma imagem do FreeHand transportada para o Photoshop para adicionar textura de luminosidade ao segundo plano **(3.29)**.

10. AJUSTAR NÍVEIS E CORES DE UMA IMAGEM DO FREEHAND

No submenu Adjust do Photoshop, você pode alterar, virtualmente, qualquer arte vetorizada em uma arte com qualidade de poster. Aqui, utilizei o submenu Adjust para alterar uma imagem de Brian McNulty chamada *Crock* **(3.30)**. Ajustei a imagem com a opção Hue/Saturation (Matiz/Saturação). Ao alterar os matizes, a imagem apresenta uma aparência totalmente diferente.

Hmmm...
Hmmm...
Hmmm...
Hmmm...

CAPÍTULO 4

PIXELS PARA VETORES E VICE-VERSA

Não importa no que você acredita, primeiro acredite em si mesmo!

Sjoerd Smit

De que se trata pixels versus vetores? O Photoshop é um programa com base em pixels que exibe suas imagens ao criar um grupo de pequenos pontos, ou seja, pixels. Ao manchar, avivar, alterar a cor ou acrescentar qualquer efeito, você está alterando as cores dos pixels. Se você marcar uma seleção e em seguida excluí-la, os pixels serão alterados para a cor do segundo plano, no caso do Photoshop,segundo plano é branco. Aparentemente, parece que você excluiu uma parte da imagem, na verdade, você alterou os pixels para a cor branca. O tamanho da imagem permanece o mesmo.

Por outro lado, o Illustrator é um programa com base em vetor. Isso significa que as ilustrações criadas no Illustrator tem base em PostScript. O *PostScript cria* uma expressão matemática das suas linhas e curvas e imprime a imagem na resolução do dispositivo de saída. Existe uma grande diferença entre uma imagem com base em pixels e uma imagem com base em vetor **(4.1)**. Essa diferença torna a edição de linhas no Illustrator bem mais fácil do que no Photoshop. Ao editar uma linha no Photoshop, é necessário apagar a linha original e redesenhar a linha nova em pixels. Para editar uma linha no Illustrator, basta arrastar a sua extremidade para um novo local e a linha será alterada. Então, por que utilizar o Photoshop? Porque você nunca obterá através do Illustrator uma arte com a qualidade fotográfica que o Photoshop oferece. Para ser um designer detalhista, você precisa no mínimo do Photoshop e do Illustrator.

COMO ALTERAR PIXELS PARA VETORES E VETORES PARA PIXELS

Como você pode ver, não é mais aconselhável confiar toda sua arte somente a um programa. Geralmente, os artistas se alternam entre programas com base em pixel e programas com base em vetor. Freqüentemente é necessário utilizar o Photoshop para escanear uma imagem, e em seguida utilizar o Illustrator ou o FreeHand para abrir o arquivo e rastrear a imagem. Após criar uma boa imagem da arte de linha, a imagem pode ser devolvida para o Photoshop a fim de acrescentar cor, profundidade e textura. Quando a imagem estiver completa, poderá ser trazida de volta para o Illustrator a fim de criar legendas no texto para um programa de layout de página, como o QuarkXPress ou o PageMaker.

COMO INICIAR NO ILLUSTRATOR E FINALIZAR NO PHOTOSHOP

O artista Sjoerd Smit criou algumas imagens interessantes utilizando o Illustrator e o Photoshop. Sjoerd utilizou um arquivo do Illustrator com um rosto e uma silhueta de edifícios no segundo plano; primeiro copiou, cortou, colocou em escala e posicionou os olhos da figura, abaixo da imagem **(4.2)**. O globo ocular da figura foi levado para o Photoshop para acrescentar luz e realismo **(4.3)**, e em seguida trazido para o Illustrator. Na imagem original do Illustrator, o globo ocular foi encaixado no formato do olho **(4.4)**. Deste modo, criou-se um toque de realismo, como se o globo ocular estivesse direcionado para você. O segundo plano foi preenchido no Illustrator **(4.5)**.

4.1

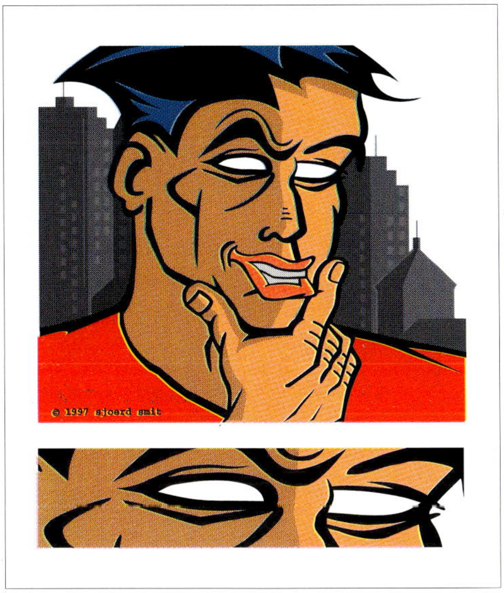

4.2

Em seguida, o arquivo do Illustrator foi devolvido para o Photoshop. Sjoerd utilizou o filtro Neon do Photoshop para manchar a silhueta dos edifícios. Para criar as nuvens, Sjoerd selecionou a cor da nuvem de acordo com as cores do primeiro e segundo plano. Para criar as nuvens atuais, ele escolheu Filter ➢ Render ➢ Clouds. É possível repetir esse filtro ao pressionar ⌘/Ctrl F. Esse procedimento repete o último filtro. Ao repetir o último filtro, são criadas diferentes formações de nuvens.

Em seguida, a imagem foi selecionada, invertida e salva. O KPT Vortex Tiling foi utilizado na seleção salva para arredondar as pontas ao redor da ilustração. As ferramentas de tinta e clonagem do Photoshop limparam o segundo plano. Para criar o segundo plano em tijolos, Sjoerd escolheu Filter ➢ Texture ➢ Texturizer e escolheu uma textura em tijolos. A imagem final mostra um trabalho excelente que converte pixels em vetores e vice-versa **(4.6)**.

COMO ESCANEAR NO PHOTOSHOP E RASTREAR NO FREEHAND

Geralmente, o planejamento de uma imagem ou ilustração se inicia com um esboço. Às vezes, um simples esboço desenhado à mão é o suficiente para iniciar o processo criativo. Um esboço de demonstração é um esboço rápido que mostra a ação de um objeto, além de ser fantástico para iniciar uma imagem.

Brian McNulty, da Shark Byte Productions, ministrou a habilidade de transformar um simples esboço em uma ilustração fantástica **(4.7, 4.8)**. Após o esboço ter sido aprimorado, é escaneado e limpo no Photoshop. O esboço salvo é aberto no Illustrator ou FreeHand para iniciar o processo de rastreamento.

No FreeHand, existe uma grande variedade de ferramentas de acordo com o que você deseja desenhar. Eu aprovo a ferramenta Variable Stroke. Ao utilizar essa ferramenta, é possível obter um rastreamento extremamente preciso do esboço original **(4.9)**. Para dar profundidade às linhas de esboço não uniformes, você pode definir a pressão variável do traço e utilizar um bloco sensível

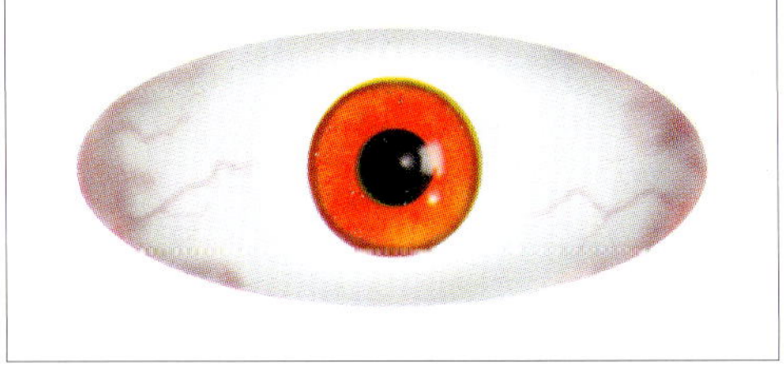

4.3

4.4

à pressão. O bloco sensível à pressão é uma dádiva de Deus para todos os ilustradores. O bloco permite registrar a pressão da sua mão conforme você desenha. No FreeHand, é necessário clicar duas vezes na ferramenta FreeHand para acessá-la e escolher a opção Variable Stroke. No Illustrator, é possível acessar a ferramenta Brush no menu pop-up da ferramenta Pencil. E em seguida, clique duas vezes na ferramenta Brush para definir as diversas opções de pincel.

O esboço é rastreado (polegada por polegada) no FreeHand para obter o máximo de detalhes possível. No Photoshop, são adicionadas a cor, profundidade e texturas para completar a ilustração *Wrecking Ball* **(4.10)**.

COMO INICIAR NO PHOTOSHOP E FINALIZAR NO ILLUSTRATOR

Muitos artistas iniciam uma ilustração no Illustrator, a transportam para o Photoshop, e em seguida a retornam para o Illustrator e acrescentam o texto. Um bom exemplo disso é a arte*Bullseye* de Patricia Cheal. Essa ilustração foi criada no Illustrator, e em seguida levada para o Photoshop a fim de adicionar o segundo plano em madeira. Após suavizar a imagem no Photoshop, essa foi retornada ao Illustrator para acrescentar o texto **(4.11)**.

Apesar do Photoshop ser poderoso, ele não foi feito para fazer alterações em textos. O texto não é um recurso poderoso do Photoshop, pois falta capacidade de edição ao programa uma vez que o texto foi criado. Na caixa de diálogo de tipo, você pode mudar de idéia várias vezes, mas após clicar o botão OK o texto se transforma em pixels (pontos na tela). Após o texto ter sido convertido em pixels, ele não poderá mais ser

4.5

4.6

editado. Isso significa que não é possível realçar as letras e digitar qualquer correção. No Illustrator e em outros programas de layout, você pode facilmente realçar o texto e digitar quaisquer alterações.

O Photoshop não é o melhor programa para acrescentar tipologia, por isso utilizamos o Illustrator. Geralmente, utilizo o Illustrator para acrescentar tipologia a fotos. Quando crio uma ilustração, gosto de iniciar a imagem no Illustrator para minimizar as linhas e preenchê-la com as cores básicas. Com o Photoshop, posso suavizar as bordas, assim como acrescentar profundidade, efeitos de luminosidade e textura. Para completar a imagem, abro o arquivo no Illustrator para adicionar texto, textos explicativos ou uma moldura para a imagem **(4.12)**.

COMO APRENDER TRUQUES DE TROCA

Joe Jones, da Art Works Studio, cria muitas imagens utilizando truques com o Illustrator e o Photoshop. No logotipo que ele criou para Precision Image Printing **(4.13)**, Joe iniciou a imagem no Illustrator como uma arte de linha. Em vez de rasterizar o arquivo no Photoshop, Joe copiou os caminhos, e em seguida os colou no Photoshop como pixels. Ao realizar esse procedimento, ele criou um caminho na paleta Layers. Agora, ele pode salvar o caminho como uma seleção para acessá-lo facilmente na paleta Channels. O logotipo pode ficar em alto-relevo ou ser reentrante ao acessar facilmente os diferentes canais. Nos canais, Joe pode criar mapas de luminosidade e textura para dar profundidade às imagens.

4.7

Brian Warchesik, da Art Work Studio, criou uma imagem interessante chamada *Icarus* **(4.14)**. Ele iniciou a imagem com uma série de esboços a lápis que escaneou para o Photoshop, e em seguida pintou a arte no Photoshop com um bloco sensível à pressão. Brian criou as asas no Illustrator para desfrutar das vantagens das capacidades de vetor e utilizou as capacidades de camadas do Illustrator para manter cada seção separada. Posteriormente, ele copiou e colou os caminhos no Photoshop nos seus próprios canais. Ao acessar um canal, é possível aplicar qualquer efeito de filtro a esse canal e criar efeitos diferentes. Após aplicar um efeito de filtro, como Add Noise, Brian pôde fazer uma seleção na imagem através do canal alterado e obter textura e cor. Finalmente, Brian manipulou os recursos em cada canal para obter a textura e a sutileza das cores.

4.8

COMO CRIAR SOMBRAS SOLTAS COM BASE EM PIXEL NO ILLUSTRATOR

O Illustrator pode criar sombras suaves ou severas ao utilizar a ferramenta Blend. O Photoshop cria uma sombra suave e natural ao utilizar o filtro Blur em um canal. Você também pode transportar essas sombras suaves para o Illustrator a fim de criar uma imagem mais suave e mais natural ainda.

As etapas a seguir mostram como criar uma sombra para um arquivo do Illustrator no Photoshop:

ETAPA 1 Copie o caminho do Illustrator e escolha Paste. Em seguida, escolha Paste as Pixels.

ETAPA 2 Salve a seleção como um canal.

ETAPA 3 Para ir até o canal novo que você criou, clique sobre ele.

ETAPA 4 Certifique-se de que não tem nenhuma seleção ativa ao escolher Select➢ None.

ETAPA 5 Para criar uma sombra suave, escolha Filter➢ Blur ➢ Gaussian Blur.

ETAPA 6 Arraste o cursor ao máximo para criar uma sombra suave**(4.15)**.

ETAPA 7 Clique no canal CMYK para visualizar a cor dos canais.

ETAPA 8 Escolha Select ➢ Load ➢ Selection. Escolha o novo canal.

4.9

4.10

4.11

ETAPA 9 Pressione Option Delete para preencher a seleção com a cor do segundo plano (preto).

ETAPA 10 Se estiver utilizando somente uma sombra em escala de cinzas, altere o modo para Grayscale antes de salvar.

ETAPA 11 Salve o arquivo e, no Illustrator, escolha File ➢ Place.

ETAPA 12 Envie o arquivo do Photoshop para trás ao escolher Object ➢ Arrange ➢ Send to Back. Desloque o arquivo para que fique parecendo com uma sombra do objeto **(4.16)**.

COMO OTIMIZAR OS PIXELS EM VETORES

O Adobe Streamline 4.0 é um dos programas menos falados da Adobe, porém é amplamente utilizado. O Streamline converte uma imagem com base em pixel em uma imagem com base em vetor. Na caixa de diálogo de configuração Color/B&W você pode escolher Limited Colors (Cores Limitadas), Unlimited Colors (Cores Ilimitadas), Use Custom Colors (Utilizar Cores Personalizadas) e Black and

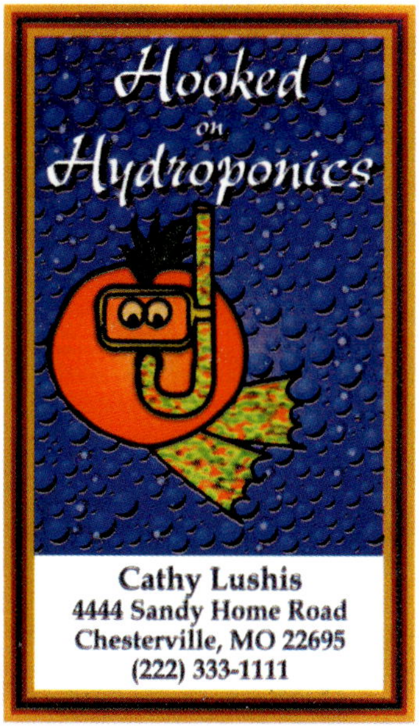

4.12

4.13

White Only (Somente Preto e Branco). As opções Edge Smoothing (Suavizar Bordas), Custom Color Options (Personalizar Opções de Cor) e Color Conversion (Conversão de Cor) servem para limpar a imagem **(4.17)**. Observe que quanto mais complexa e precisa for a conversão, mais demorado será o processo.

Siga as etapas abaixo, para converter uma imagem com base em pixel com o Adobe Streamline 4.0:

ETAPA 1 Abra a imagem do Photoshop no Streamline **(4.18)**.

4.14

ETAPA 2 Na caixa de diálogo Color/B&W, escolha as definições de conversão. Escolhi cores ilimitadas, suavização máxima das bordas e outros caminhos para que a imagem retivesse mais detalhes.

ETAPA 3 Escolha File ➢ Convert ou ⌘/Ctrl+R. Se a imagem for grande ou complexa, esse processo pode ser demorado.

ETAPA 4 Em vez de salvar um arquivo, como um arquivo de arte para transportá-lo para o Illustrator, é mais fácil e mais rápido selecionar tudo (⌘/Ctrl+A), copiar (⌘/Ctrl+C) e colar (⌘/Ctrl+P) no Illustrator.

ETAPA 5 No Illustrator você pode salvar o arquivo e retalhá-lo do jeito que quiser **(4.19)**.

É possível fazer vários ajustes nessa imagem convertida no Illustrator. Ao utilizar alguns recursos de ajuste de cor oferecidos pelo Illustrator, você pode alterar as cores sem selecionar cada parte individualmente e recolori-la. Com os dispositivos da Extensis chamados *VectorTools* para o Illustrator e o FreeHand, é possível colocar as cores aleatoriamente no segundo plano de uma só vez **(4.20)**. Se você não possuir o VectorTools, mesmo assim será possível criar molduras ao redor da arte, só vai demorar mais. Acrescentei quatro molduras com a ferramenta Rectangle e na última moldura utilizei um desenho de caminho para dar a imagem otimizada uma aparência final na impressão **(4.21)**. Esse tipo de imagem é o que chamo de *New Age Portraits.* Fornece uma visualização diferente de retratos de pessoas e animais. Funciona bem na criação de diferentes tipos de retratos e também pode ser útil na criação de texturas e desenhos.

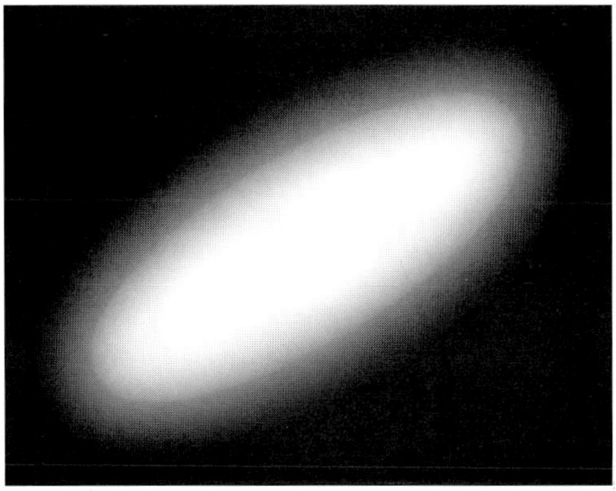

4.15

4.16

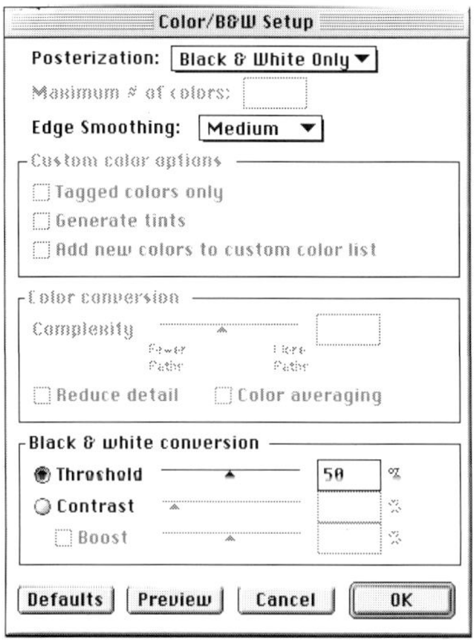

4.17

COMO TRABALHAR COM O DIMENSIONS E O PHOTOSHOP

O Adobe Dimensions é outro ótimo programa em 3D de fácil compreensão com base em vetor . Enquanto muitos programas em 3D se tornaram complexos e difíceis de se utilizar, o Dimensions é um programa fácil de entender mesmo sem o manual (mas se necessário, o manual também é bastante simples). Com o Dimensions, é possível criar novos formatos em 3D apenas clicando com o mouse. Também é possível copiar e colar um arquivo do Illustrator para deslocar ou girar ac redor de um eixo.

4.18

Com o Dimensions, é fácil criar formatos básicos e aplicar cores e propriedades. No Photoshop você pode adicionar o segundo plano e a textura aos formatos criados **(4.22)**. No Illustrator (ou até mesmo no Dimensions), você pode criar uma imagem em 2D. Na Figura 4.23, criei a letra S no Illustrator. Em seguida copiei e colei a letra no Dimensions, onde desloquei-a e girei-a a fim de obter dois resultados totalmente diferentes **(4.23)**. O S girado foi girado em 180º graus; assim é possível ver as partes internas da letra. O S deslocado foi preenchido para incorporar a letra. Em seguida, transportei esses formatos para o Illustrator para acrescentar um gradiente à face das letras e alterar a cor.

4.19

4.20

OS DEZ MELHORES SEGREDOS PARA TRABALHAR ENTRE PIXELS E VETORES.

Os dez segredos sobre os quais você lerá a seguir são os meus preferidos para trabalhar entre o Photoshop e o Illustrator. Descobri que eles aumentam incrivelmente minha produtividade. Você pode economizar horas de frustração.

4.21

1. COMO COPIAR CAMINHOS DO ILLUSTRATOR E COLAR NO PHOTOSHOP

Ao utilizar as fantásticas capacidades de criação de linha Bézier do Illustrator, você pode criar caminhos simples e precisos. Em seguida, escolha Paste as Path para copiar como caminhos no Photoshop. Copie nos próprios canais para que sejam manipulados facilmente **(4.24)**.

2. COMO ADICIONAR TEXTO COM O ILLUSTRATOR

Após criar uma imagem interessante no Photoshop, abra o arquivo no Illustrator para acrescentar à arte o texto, textos explicativos ou uma moldura **(4.25)**.

4.22

3. COMO ESCANEAR O ESBOÇO NO PHOTOSHOP

Os artistas tradicionais ainda preferem o esboço feito à mão como ponto de partida. Escaneie o esboço no Photoshop, limpe-o e pinte-o com a cor desejada. Você pode acrescentar caminhos do Illustrator para ajustar bem as áreas específicas. Outra utilização para o esboço escaneado é transportá-lo do Photoshop para o Illustrator para rastreá-lo e acrescentar cor **(4.26)**.

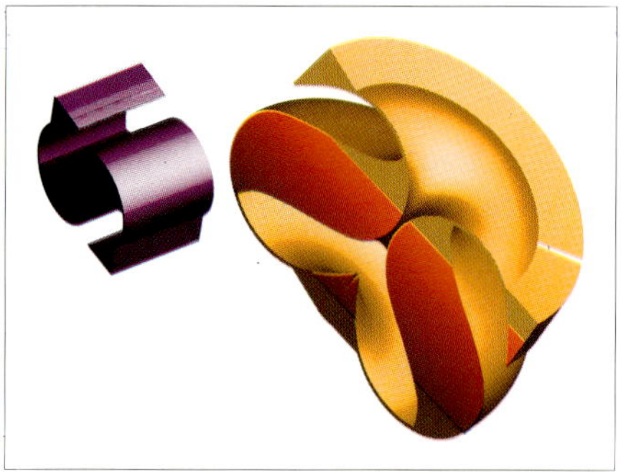

4.23

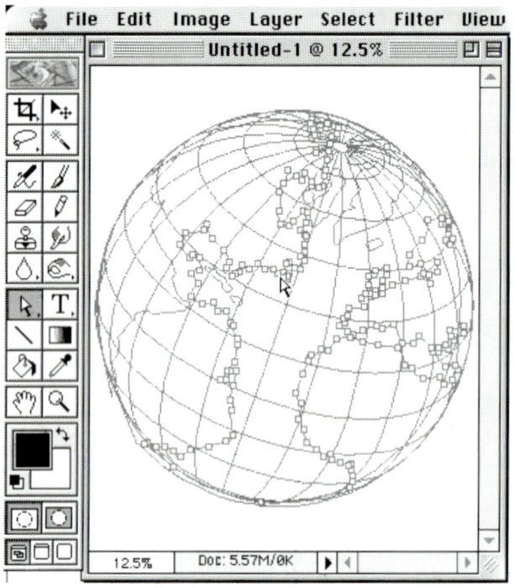

4.24

4. COMO COPIAR UM TEXTO DO ILLUSTRATOR PARA O PHOTOSHOP

As opções são limitadas no Photoshop se você não tiver o PhotoTools da Extensis. Crie o texto no Illustrator e altere-o para linhas externas antes de copiar os caminhos no Photoshop. Esse procedimento permite manipular o formato do texto na paleta de canais a fim de criar efeitos interessantes **(4.27)**.

4.25

5. COMO UTILIZAR PARTES DO PHOTOSHOP NO ILLUSTRATOR

Qualquer seleção criada e copiada no Illustrator exibirá somente a seleção, em vez da imagem inteira. Através desse recurso, não é preciso criar uma camuflagem. O único problema é que ao copiar e colar do Photoshop para o Illustrator você fica limitado a 72 dpi **(4.28)**.

6. COMO UTILIZAR O STREAMLINE PARA CONVERTER IMAGENS COMPOSTAS POR PIXELS EM IMAGENS VETORIZADAS

A Adobe possui muitos programas poderosos. O Adobe Streamline é fantástico para converter uma imagem composta por pixels em uma imagem vetorizada. Com uma imagem vetorizada no Illustrator ou FreeHand, você pode ajustar as linhas, formatos e cores como desejar **(4.29)**.

7. NÃO SE ESQUEÇA DO "OUTRO" PROGRAMA DE VETOR ... DIMENSIONS

O Adobe Dimensions é outro ótimo programa com base em vetor que processa imagens em 3D. Após criar uma imagem em 3D, copie, cole ou importe essa imagem para o Photoshop a fim de suavizar as bordas e criar um segundo plano **(4.30)**.

4.26

2.27

4.28

4.29

8. COMO UTILIZAR O DIMENSIONS COM O ILLUSTRATOR E O PHOTOSHOP

Ao utilizar o Adobe Dimensions, crie uma imagem em 3D. Copie e cole a imagem do Dimension no Illustrator para completar o layout. Conclua a imagem no Photoshop **(4.31)**.

9. COMO CRIAR FORMATOS NO ILLUSTRATOR PARA SEREM "CAMUFLADOS" NO PHOTOSHOP

A capacidade de vètor do Illustrator permite criar efeitos interessantes de caleidoscópio no Photoshop **(4.32)**. Você pode facilmente criar muitos caminhos no Illustrator e utilizá-los no Photoshop como canais. Os canais podem ser ativados como uma seleção e você pode colar texturas ou criar a sua própria textura nas seleções.

4.30

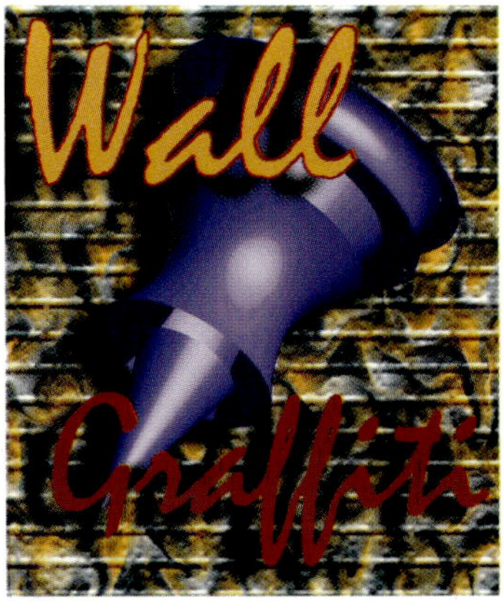

4.31

10. COMO UTILIZAR O PHOTOSHOP PARA SUAVIZAR AS LINHAS DO ILLUSTRATOR

O Photoshop fornece uma gama de filtros que permite suavizar as bordas pontudas de uma imagem do Illustrator **(4.33)**.

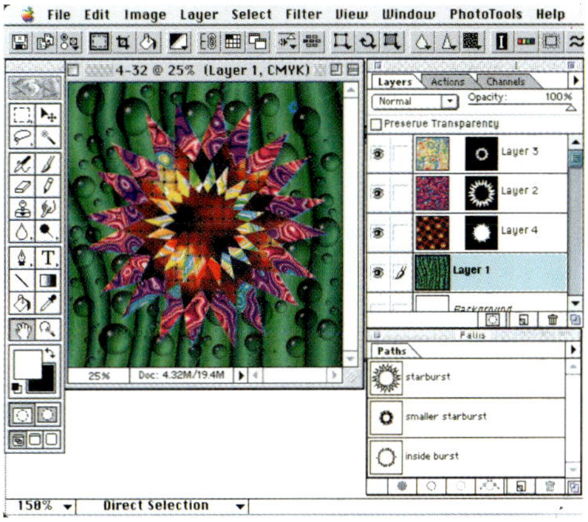

4.32

4.33

CAPÍTULO 5

PHOTOSHOP E ILLUSTRATOR COM DISPOSITIVOS TERCEIRIZADOS

Todo o meu trabalho, desde 3D até o Photoshop, consiste em um elemento criado com o Illustrator. Quase todos os dias do ano utilizo o Illustrator, seja sozinho ou junto com outros programas.

Clarke Tate

O mercado de dispositivos terceirizados está em alta! Um designer profissional possuirá provavelmente, além do Photoshop e do Illustrator, todos os dispositivos terceirizados conhecidos. Vários desses dispositivos que estão no mercado são para o Photoshop e o Illustrator, porém irei ressaltar alguns dos melhores. Apesar de o Photoshop e o Illustrator serem programas fantásticos, tornam-se mais comerciais quando se acrescentam dispositivos. O comércio de dispositivos fornece desde efeitos 3D até texturas.

EXTENSIS CORPORATION

A Extensis Corporation é a líder na criação de dispositivos terceirizados produtivos. Ela desenvolveu dispositivos para o Photoshop, o Illustrator, o FreeHand, o QuarkXPress e o PageMaker. Os dispositivos para o Photoshop incluem o PhotoTools, o Intellihance e o MaskPro. O dispositivo da Extensis para o Illustrator é o VectorTools. Você obterá resultados fantásticos combinando todos os efeitos dos dispositivos do Photoshop com os do Illustrator.

PHOTOTOOLS

O PhotoTools da Extensis é um conjunto de oito dispositivos para o Photoshop. A Extensis manteve os efeitos especiais criados para QXTools, como por exemplo os efeitos de sombra, brilho, chanfro e alto-relevo. Você encontrará tambem muitas informações no PhotoTips. Nas caixas de diálogo do PhotoTools, poderá aplicar mais zoom ou menos zoom, assim como mover a área de visualização.

Intellihance Lite

5.1

O Intellihance Lite é uma versão *mais simples* do dispositivo Intellihance da Extensis. Esse dispositivo funciona em imagens RGB e não possui os controles requintados de sintonia da versão completa. Com o Intellihance Lite, o dispositivo ajusta a imagem para aprimorar e corrigir uma foto que foi mal revelada, revelada demais, ou que estiver manchada. Ao utilizar o Intellihance ou Intellihance Lite, você pode alterar os níveis de luz e sombra para consertar uma foto muito escura ou muito clara. Se a imagem estiver manchada, você

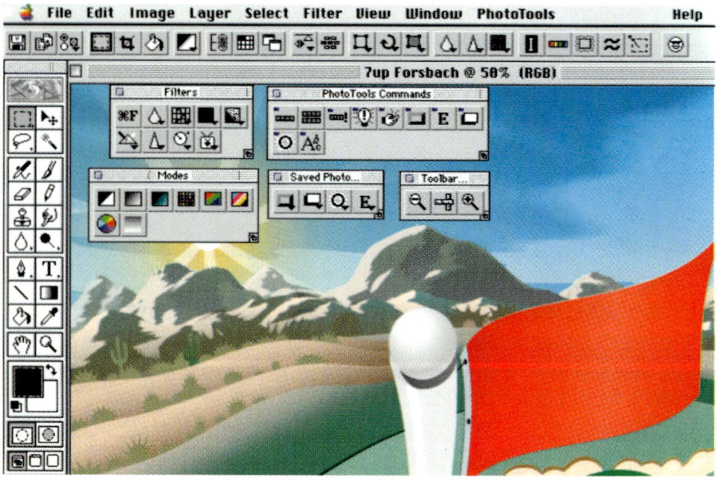

5.2

poderá consertar a seção manchada utilizando o Intellihance ou o Intellihance Lite. Ao escolher o botão Preferences, você pode ajustar a claridade, a saturação, a nitidez, o contraste e eliminar as manchas da imagem. Em cada uma dessas seções existem de três a seis opções de configuração. Na Figura 5.1, metade da parte superior da imagem foi selecionada e aplicado o Intellihance Lite **(5.1)**. Para aplicar o Intellihance Lite, clique no botão *Enhance Image*, e o dispositivo corrigirá quaisquer desigualdades. Esse procedimento é parecido com o Auto Levels do submenu Adjust, utilizado para consertar uma imagem. O Auto Levels ajusta a luz e a sombra sem você controlá-lo. Com o botão Enhance Image do Intellihance Lite o dispositivo corrige o contraste, a luminosidade, a saturação, a nitidez e elimina manchas. Assim, você obtém cinco áreas sendo corrigidas ao mesmo tempo.

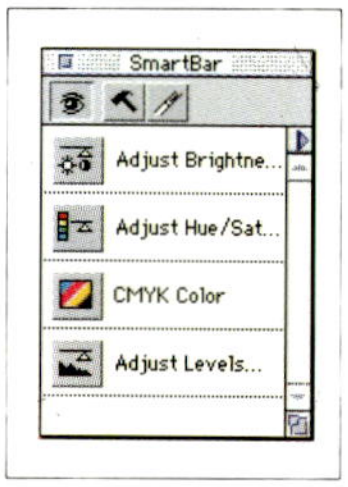

5.3

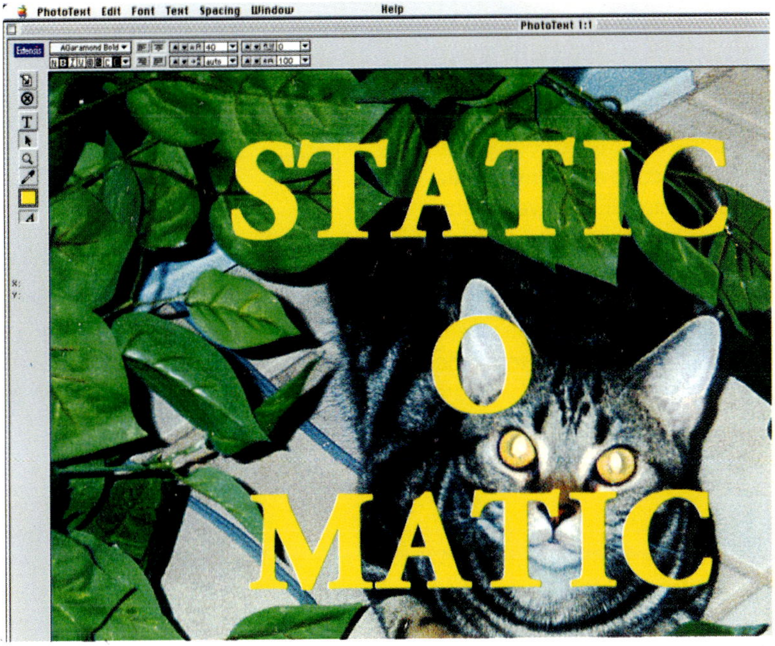

5.4

5.5

PhotoBars

O PhotoBars aumentará os níveis de produtividade. Em vez de ficar procurando nos menus de rolagem, você só precisará pressionar um botão **(5.2)**. É possível configurar botões personalizados, criar as suas próprias barras de ferramentas ou editar barras de ferramentas de acordo com as suas especificações. Você pode editar e personalizar as barras de ferramentas. O recurso SmartBar registra a ação como botões no menu de rolagem do Photoshop, assim é possível criar barras de ferramentas clicando em um botão **(5.3)**. No Photoshop, é necessário puxar para baixo para ajustar. Vá até o menu de rolagem secundário e arraste para baixo até Variations sempre que quiser acessar essa opção. Com o PhotoBars, você pode produzir um botão que acesse com apenas um clique a opção Variations.

PhotoText

O PhotoText é provavelmente o recurso mais procurado do PhotoTools. Esse recurso oferece os controles de texto fornecidos pelo Illustrator, FreeHand, QuarkXPress ou PageMaker. No PhotoText cada letra do texto pode ser de um tipo, tamanho, cor e estar em escalas horizontais diferentes. É possível ajustar o alinhamento, a ranhura, a direção e muito mais **(5.4)**. O PhotoText permite também que você tenha várias linhas de texto. Com a capacidade do Photoshop 4 de colocar em camadas, todo o texto vai automaticamente para a sua própria camada. Todos esses recursos lhe deixarão entusiasmado e você terá o desejo de fazer mais alterações no texto. Porém, mesmo após pressionar o botão de seleção o texto ainda estará em pixels, não podendo ser editado até que seja aceito **(5.5)**.

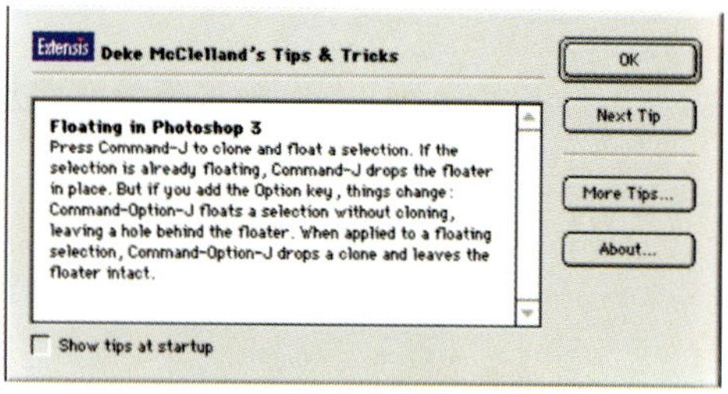

5.6

PhotoTips

O PhotoTips é uma compilação das dicas de percepção do Photoshop 3 e 4 escritas por Deke McClelland (autor da série *Macworld Photoshop Bible* da IDG Books Worldwide). Essas dicas podem ser visualizadas uma de cada vez, ou você pode procurar por uma determinada área.

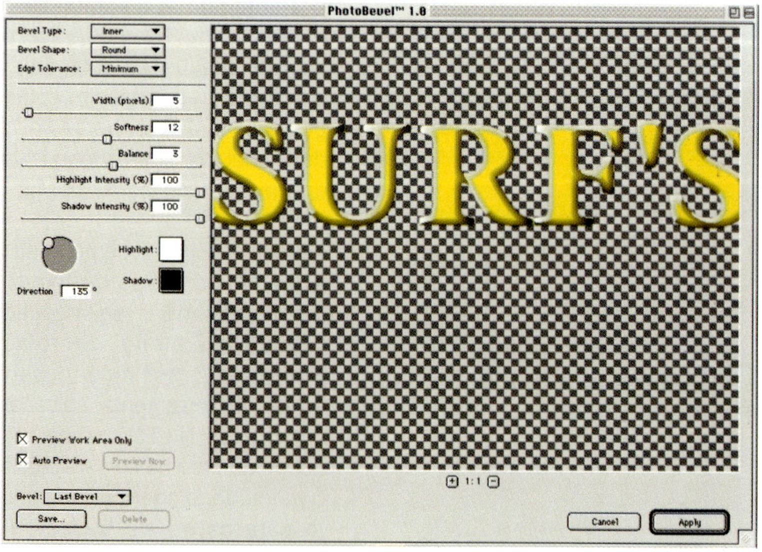

5.7

O PhotoTips é melhor que as opções do Help porque as dicas abrangem mais do que as áreas básicas da ajuda. As que você não encontrar em lugar nenhum também estarão nas funções de ajuda básica do Photoshop. Essas dicas são uma compilação do amplo conhecimento de Deke sobre Photoshop, que vão além das áreas básicas encontradas na área de ajuda do Photoshop. Essas dicas farão com que o seu trabalho no Photoshop seja mais produtivo, além de mostrar procedimentos mais fáceis **(5.6)**.

5.8

PhotoBevel

O PhotoBevel permite criar uma variedade de efeitos de chanfro na seleção. Quando você escolhe PhotoBevel, aparece uma caixa de diálogo que oferece várias opções de chanfros **(5.7)**. Você pode escolher o tipo de chanfro (interno ou externo) e o formato (plano, arredondado, em declive ou com chanfro duplo). A opção Edge Tolerance define a borda máxima, média ou mínima para o chanfro. É possível ajustar a largura do chanfro, além da suavidade, equilíbrio e intensidade do realce e da sombra. O ângulo da sombra pode ser alterado arrastando o cursor ou digitando o ângulo escolhido. A cor do realce ou da sombra é definida como padrão para preto e branco. Porém, você pode escolher qualquer cor para a sombra e o realce **(5.8)**. Com os dispositivos do PhotoTools, é sempre possível salvar ou excluir as configurações.

PhotoEmboss

O dispositivo do PhotoEmboss possui quatro tipos de recursos de alto-relevo: corte, alto-relevo, borda e mancha. Todos mostram efeitos de alto-relevo totalmente diferentes **(5.9)**. As opções de alto-relevo são a quantidade em pixels, contraste, suavidade e intensidade do realce e da sombra **(5.10)**. Assim como nos outros dispositivos, é possivel alterar a cor do realce e da sombra e salvar ou excluir as configurações. O grande recurso ao salvar uma configuração é que você pode arrastá-la para o nome salvo, em vez de iniciar na caixa de diálogo e o efeito ser aplicado.

5.9

PhotoGlow

O PhotoGlow aplica um brilho ao redor da borda da seleção. As duas opções de brilho são bordas e sólido. Isso significa que se há uma letra como *O* e você escolheu sólido, o centro do *O* será preenchido com a cor do brilho. Se você escolheu bordas, será aplicado o efeito de brilho sobre a borda interna e externa do *O* **(5.11 A e B)**. As opções do PhotoGlow incluem largura do traço, brilho e opacidade. A largura do traço é medida em pixels e determina o tamanho do brilho. O brilho define a suavidade ou brilho da borda. A opacidade é a intensidade da cor do brilho. Você pode definir a opacidade para 100 por cento e ver a cor integral ou definir para 50 por cento exibindo menos cor no brilho. A Figura 5.12 mostra a opacidade definida para 100 por cento para que seja aplicado o máximo de brilho **(5.12)**. A cor do brilho pode ser qualquer uma do selecionador de cores do Photoshop. Você pode salvar ou excluir qualquer configuração do PhotoGlow.

5.10

PhotoShadow

O PhotoShadow cria uma sombra em uma única etapa com tanta facilidade que você nunca mais usará os canais na criação de uma seleção suave. Como no PhotoGlow, você pode definir uma sombra para as bordas da seleção ou uma sombra sólida. É possível também deslocar a sombra arrastando os cursores de deslocamento *X* e *Y* a fim de obter um deslocamento numérico. Ou então mantenha pressionada a tecla Option/Alt e arraste a sombra em direção ao local desejado **(5.13)**. O cursor de mancha criará uma sombra manchada muito bonita na borda ou não criará nenhuma sombra. A configuração da opacidade determina como será a transparência da sombra. Você pode escolher qualquer cor para a sombra, assim como salvar ou excluir as configurações da sombra. Uma vantagem do Photoshadow é que não é necessário saber muito sobre o Photoshop para criar uma sombra bonita **(5.14)**. Tudo o que precisa saber é como criar uma seleção para a sombra.

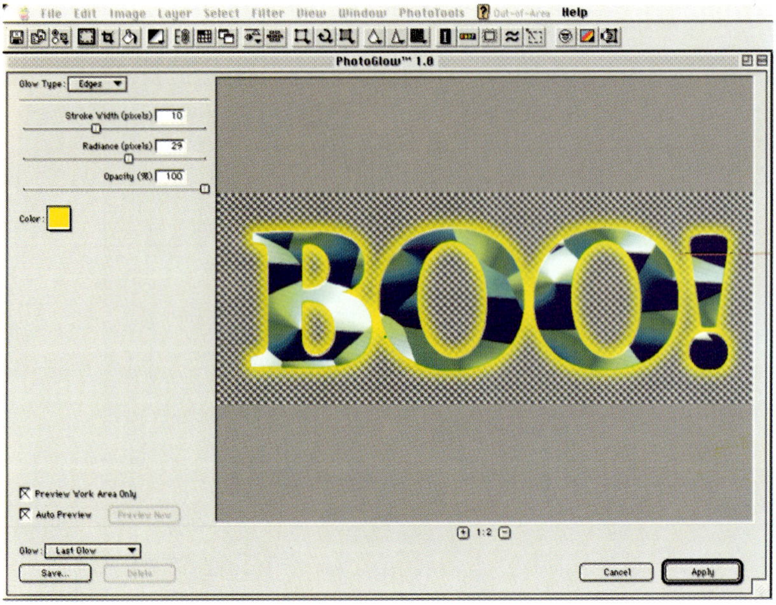
File Edit Image Layer Select Filter View Window PhotoTools Help
PhotoGlow™ 1.0
Glow Type: Edges
Stroke Width (pixels) 10
Radiance (pixels) 29
Opacity (%) 100
Color:
BOO!
Preview Work Area Only
Auto Preview
1:2
Glow: Last Glow
Save...
Cancel
Apply

5.11A

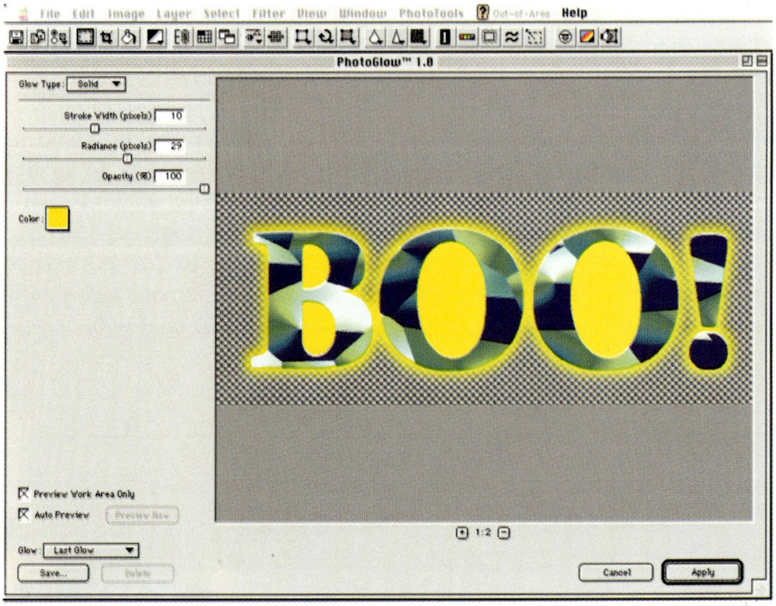
File Edit Image Layer Select Filter View Window PhotoTools Help
PhotoGlow™ 1.0
Glow Type: Solid
Stroke Width (pixels) 10
Radiance (pixels) 29
Opacity (%) 100
Color:
BOO!
Preview Work Area Only
Auto Preview
1:2
Glow: Last Glow
Save...
Cancel
Apply

5.11B

5.12

DICA

Se você criar a sombra na sua própria camada, poderá alterá-la ou excluí-la posteriormente. Crie a seleção e, em seguida, clique no botão da nova camada. Esse procedimento criará a sombra na sua própria camada.

MASKPRO

O MaskPro é um dispositivo praticamente novo da Extensis que ameniza o inconveniente de se camuflar imagens (especialmente imagens com vários segundos planos e com primeiros planos delicados). Criado para ser utilizado com o Photoshop, o MaskPro economiza tempo e frustração ao selecionar uma imagem do segundo plano.

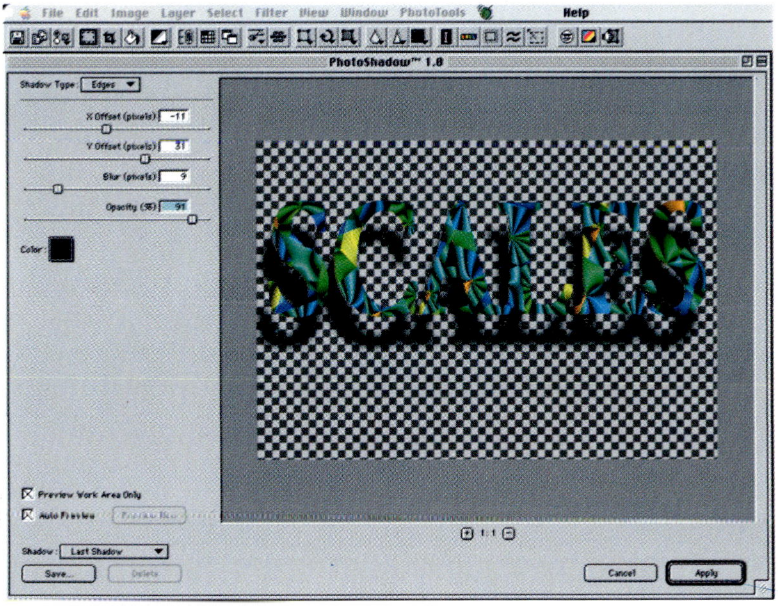

5.13

O ponto principal do MaskPro é que você escolhe as cores que deseja manter, dispensando as cores indesejadas na imagem. Ao utilizar os controles de pincel, é possível suavizar as bordas da imagem do segundo plano. Assim, como você pode fazer ajustes rápidos no pincel, pode também ajustar o limiar. O limiar irá limitar mais ou menos a imagem, dependendo da direção que você arrastar o cursor. Após ter apagado a borda da imagem que deseja manter, você poderá utilizar o preenchimento mágico para apagar o resto do segundo plano **(5.15)**. Agora que não há mais segundo plano, crie um caminho ao escolher a opção Save/Apply no menu File. Provavelmente, uma das vantagens do MaskPro é a caixa de diálogo que apresenta várias opções para desfazer uma ação! Todos sabemos que no Photoshop só é possível desfazer uma ação uma vez, enquanto que no MaskPro uma ação pode ser desfeita várias vezes.

5.14

5.15

Clark Tate utilizou o MaskPro para criar *Surf's Up* **(5.16)**. Após abrir o arquivo no Photoshop, ele utilizou o MaskPro para separar o sol e a arte do segundo plano. Desta forma, Clark pôde criar efeitos de transparência nas camadas ocultas.

INTELLIHANCE

O Intellihance é um grande dispositivo, ponto de referência para o Photoshop. O Illustrator coloca os controles em uma área acessível para os usuários do Photoshop, acabando com o inconveniente do ajuste de imagens **(5.17)**. Você pode utilizar a opção Quick Enhance, abrir Preferences e escolher as configurações no menu pop-up ou pressionar o botão Fine Tune para obter mais opções.

5.16

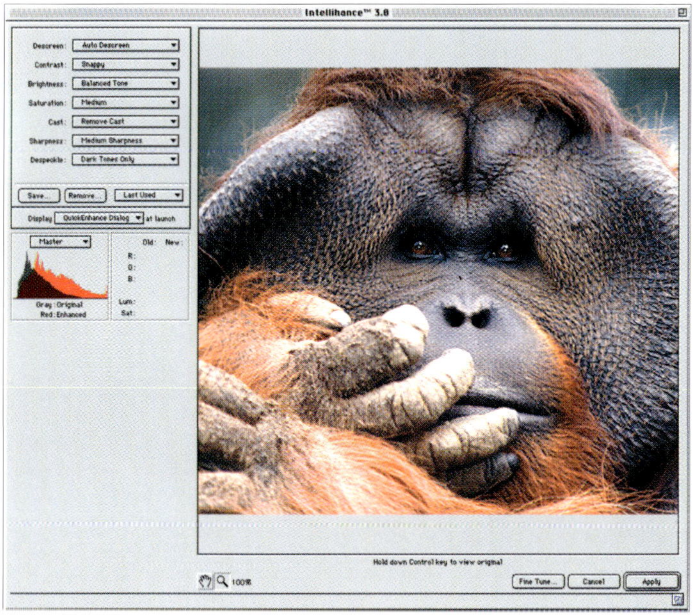

5.17

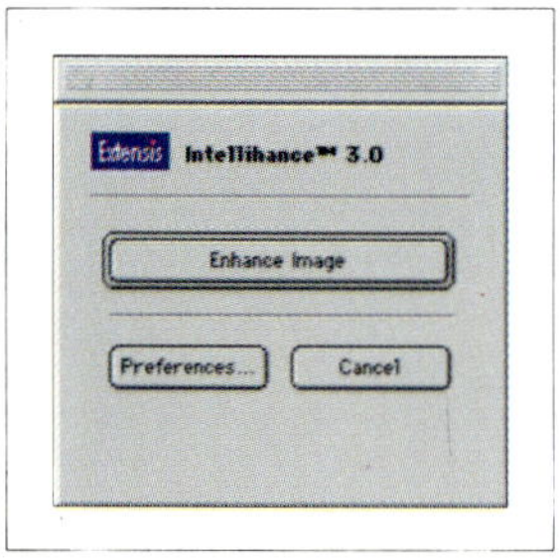

5.18

A caixa de diálogo Quick Enhance (Aprimoração Rápida) oferece três opções: Enhance Image (Aprimorar Imagem), Preferences (Preferências) e Cancel (Cancelar)**(5.18)**. Se você escolher Enhance Image, as configurações de preferência serão aplicadas à seleção. O que é fantástico no Quick Enhance é que as configurações mudarão de uma imagem para outra. Isso faz do Intellihance um dispositivo inteligente. Ele analisa cada imagem de maneira diferente e aplica as configurações necessárias.

A opção Preferences leva você até a interface do Intellihance. Você já viu sete opções como: Descreen (Retirar da Tela), Contrast (Contraste), Brightness (Luminosidade), Saturation (Saturação), Cast (Matiz), Sharpness (Nitidez) e Despeckle (Eliminar Manchas)**(5.19)**. É possível salvar ou remover quaisquer configurações. Nessas sete opções você obtém de três a sete predefinições pop-up para escolher. Ao escolher qualquer pop-up, você pode ver uma visualização na janela de visualização. Para ver a imagem original, pressione a tecla de controle.

A opção Fine Tune se aprofunda mais na interface do Intellihance. Na caixa de diálogo Fine Tune, existem cursores para seis opções, em vez de predefinições padronizadas**(5.20)**. Você pode ajustar o matiz, o tom, a saturação, a nitidez, retirar da tela e eliminar manchas.

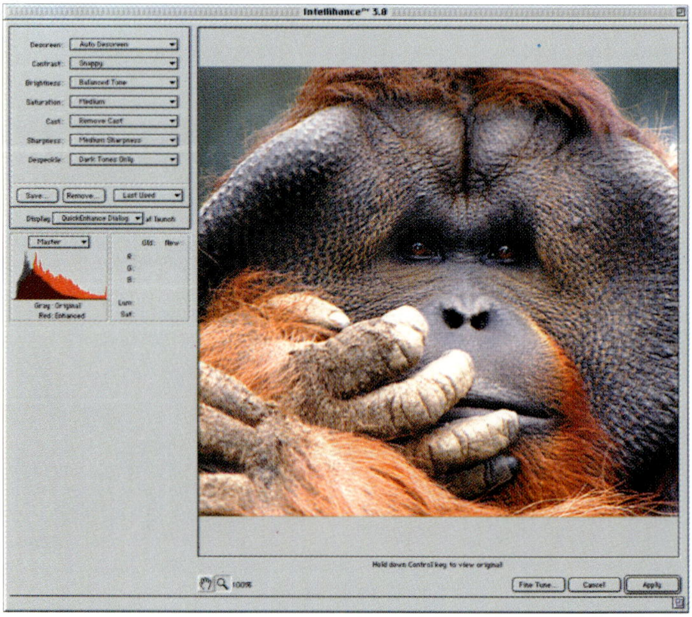

5.19

Cada uma dessas áreas possui cursor e/ou eyedroppers que você pode manipular.

- **Cast** remove o matiz de cor que algumas fotografias podem apresentar. Dependendo do tipo de imagem, você pode ajustar o vermelho, o verde ou o azul e o cian, o magenta, o amarelo e o preto. Os eyedroppers podem também remover o matiz ao clicar na sombra, tonalidade média e realce da sua imagem.
- **Tone** é o mesmo que a luminosidade e o contraste encontrados no Photoshop. Utilize os eyedroppers e os cursores para ajustar o ponto preto, a variação de tonalidade média e o ponto branco de uma imagem.
- **Descreen** remove os efeitos de uma tela de linha que às vezes aparecem ao escanear uma imagem de um livro ou revista. O Descreen mistura uma imagem manchada com a original. Essa opção funciona melhor do que manchar somente, pois retém mais detalhes.
- **Saturation** ajusta a quantidade de cor na imagem. Ao arrastar o cursor para à direita, a imagem obtém mais cor. Ao arrastar o cursor para a esquerda, se retira cor da imagem.

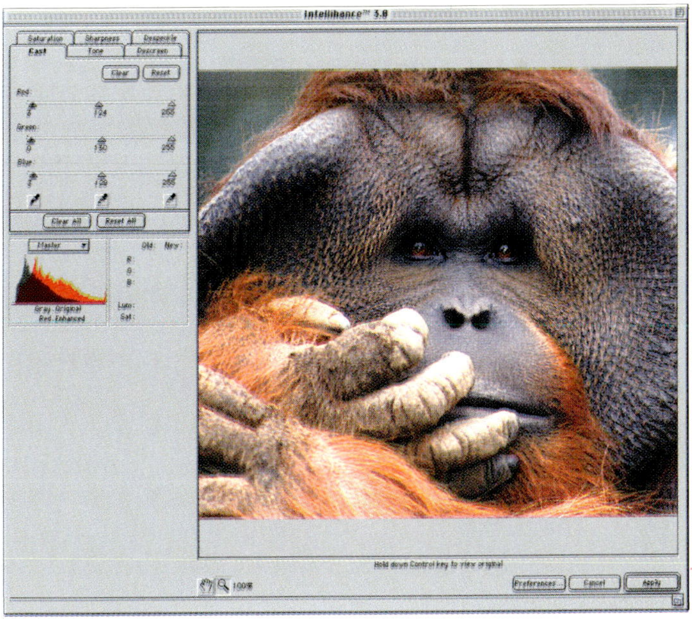

5.20

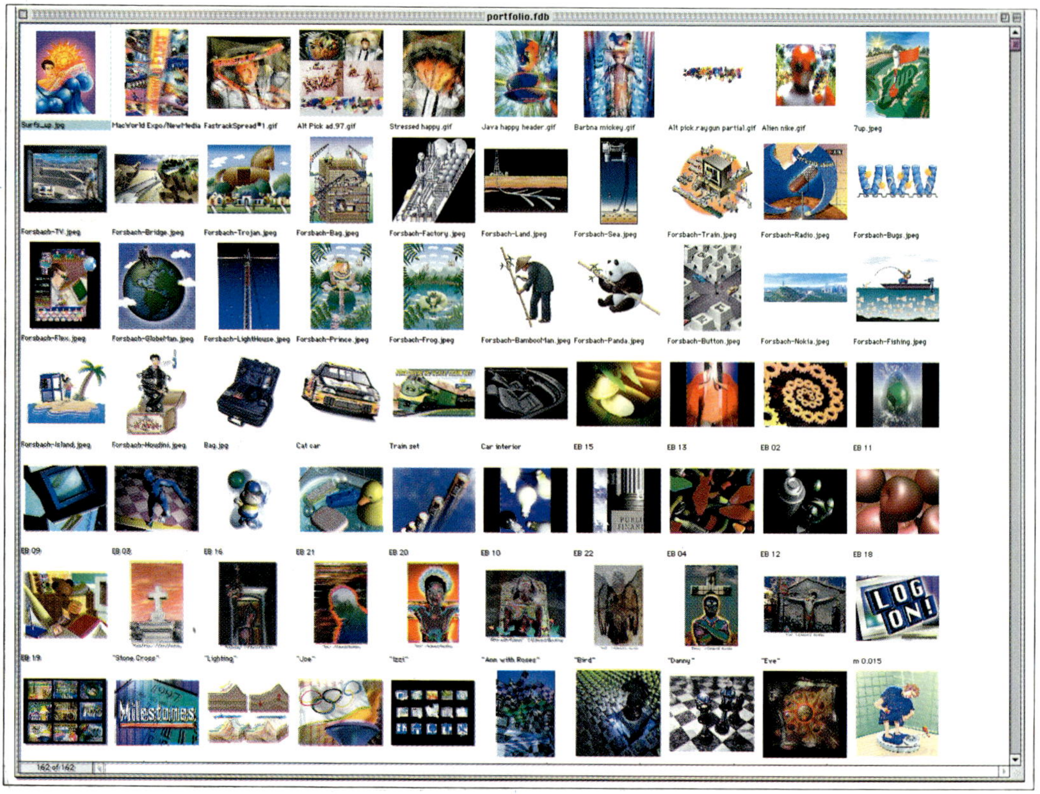

5.21

- **Sharpness** ajusta a resolução do detalhe de uma imagem. O cursor de quantidade ajusta a nitidez. Os controles de definição ajustam a sombra, tonalidade média ou realces. O cursor de limiar ajusta como os pixels que estão lado a lado serão nitidizados. A suavidade removerá pequenas manchas e pintas nas áreas uniformes.

- **Despeckle** remove os pequenos pixels com cores diferentes que estragam uma grande área colorida. A quantidade se refere em quanto a imagem manchada afetará a original. O cursor de limiar diferencia a borda de pixels da difusão. Os limites analisam se os pixels escuros ou claros serão ajustados.

PORTFOLIO

O Portfolio 3.0 da Extensis é um ótimo programa de catálogo que organiza seus arquivos como pequenas imagens **(5.21)**. Esses arquivos são de plataforma cruzada e podem ser acessados ao mesmo tempo por um sistema do Windows ou do Macintosh. Você também pode acessar ao mesmo tempo diversos documentos salvos como Portfolio. No arquivo do Portfolio, é possível salvar arquivos de gráficos, apresentações completas, filmes, sons, arquivos de texto e muito mais. Adoro utilizar o Portfolio para catalogar todos os pequenos arquivos JPEG que recebo de artistas. Posso atribuir palavras-chave para encontrar facilmente determinados tipos de arquivo ou estilo de arte. Além de ser capaz de catalogar a sua arte, o documento do Portfolio é pequeno, fácil de se transferir e pode ser enviado pela Internet para outras pessoas verem.

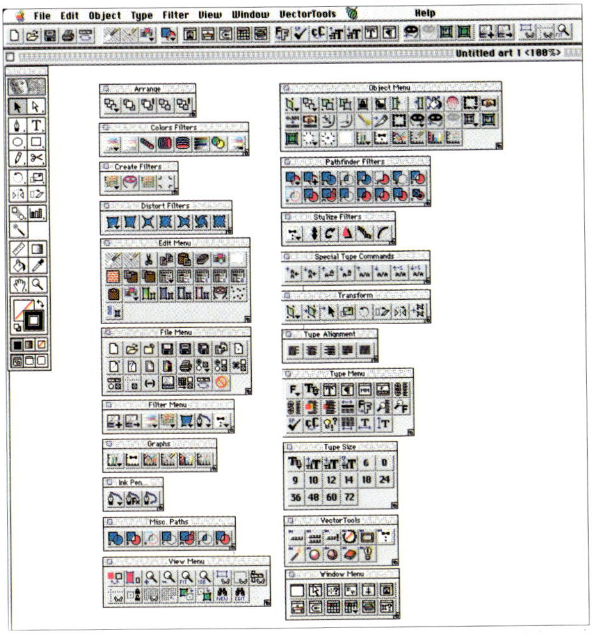

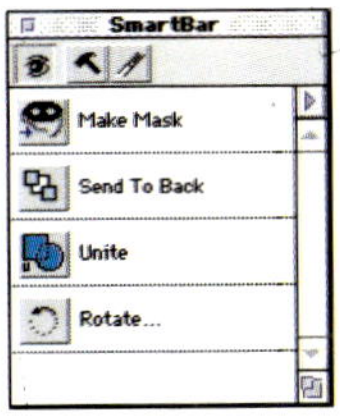

5.23

5.22

VECTORTOOLS

O VectorTools superou a si próprio como um dispositivo para o Illustrator e o FreeHand. Esse produto inestimável possui recursos de produtividade e opções que nunca foram vistas em um programa com base em vetor. Na lista a seguir, descrevo recursos do VectorTools que irão aprimorar o seu trabalho em um programa de vetor com uma eficiência fantástica e resultados produtivos.

VectorBars

O VectorBars oferece 21 barras padrão para serem visualizadas quando você desejar **(5.22)**. O VectorBars pode ser visualizado como uma paleta flutuante ou incorporada, como uma barra de ferramentas. Uma paleta flutuante pode ter o tamanho alterado e ser deslocada facilmente pela página. Uma barra de ferramentas é uma barra incorporada na vertical ou na horizontal, de acordo com a sua preferência. VectorBars são botões tão fáceis de acessar quanto pressionar um botão. Em vez de arrastar para baixo os menus de rolagem, você pressiona um botão. Esses botões irão melhorar a eficiência no Illustrator.

5.25

5.24

SmartBar

O SmartBar cria automaticamente um botão e uma barra de ferramentas ao registrar os itens escolhidos no menu **(5.23)**. Você pode ativar ou desativar o SmartBar. O ícone com o pequeno martelo criará uma nova barra com os botões listados abaixo na paleta Smart Bar. O terceiro botão irá predefinir o SmartBar para uma paleta vazia. Com cada um desses pequenos botões é possível arrastar o botão para qualquer barra de ferramentas existente ou criar sua própria barra de ferramentas.

VectorColor

O VectorColor trouxe a capacidade de alterar cores para vetores (como se faz no Photoshop) e acrescentou algumas novas maneiras de alterar as cores. O VectorColor possui cinco áreas de acesso: Brightness/Contrast (Luminosidade/Contraste), Grayscale (Escala de Cinzas), Randomize (Aleatoriamente), Multitone (Diversos Tons) e Edit Curves (Editar Curvas).

5.26

No Illustrator, se precisasse de uma cor mais viva com mais contraste, você teria que criar uma nova cor e aplicá-la ao caminho. Com o VectorColor, você pode ajustar as cores no tempo real no caminho selecionado. A opção Grayscale altera automaticamente todas as áreas coloridas selecionadas para diferentes porcentagens na escala de cinzas. A opção Randomize substituirá aleatoriamente uma cor por outra. Essa opção pode produzir um efeito fantástico, especialmente em uma mescla expandida. Multitone criará um tom duplo, triplo ou quádruplo. O Edit Curves funciona de forma parecida com esse mesmo procedimento no Photoshop. É possível editar um CMYK, RGB ou diferentes combinações, assim como apenas o cian e o amarelo. No Illustrator, o VectorTools afetará preenchimentos em gradiente, assim como em cores sólidas. A figura a seguir mostra a imagem original acima da imagem enriquecida com cores que foi alterada ao utilizar o VectorColor **(5.24)**.

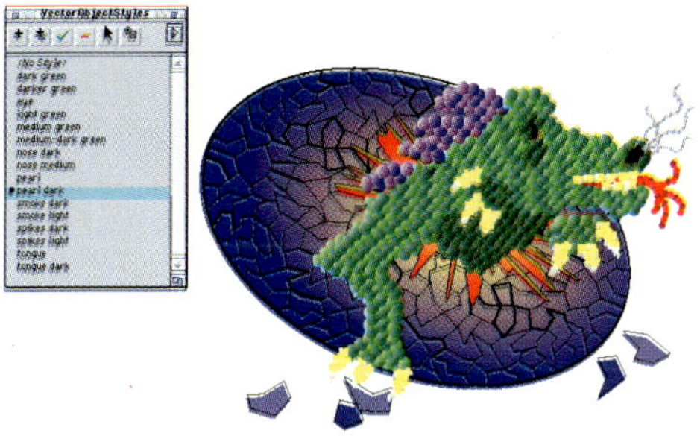

5.27

Extensis Ted Alspach's Tips & Tricks
OK
Next Tip
More Tips...
About...
The Convert Direction Point tool and Anchor Points
Illustrator 7: Press Command-Option to access the Convert Direction Point tool from almost any tool. This tool chanes points from Smooth points to Corner points by clicking on any anchor point, and changes Corner points to Smooth points by clicking and dragging on any point.
Illustrator 6: Press Command-Control to access the Convert Direction Point tool from almost any tool. This
Show tips at startup
About the Author...
Ted Alspach has written several bestselling books, including the Macworld Illustrator Bible (IDG Books), Illustrator Filter Finesse (Random House), Illustrator Studio Secrets (IDG), and Illustrator Effects Magic (Hayden).
To order one of these books, contact
IDG Books at (800) 762-2974 or
Random House at (800) 733-3000 or
Hayden at (800) 545-5914
ILLUSTRATOR FILTER FINESSE
ILLUSTRATOR EFFECTS Magic

5.29

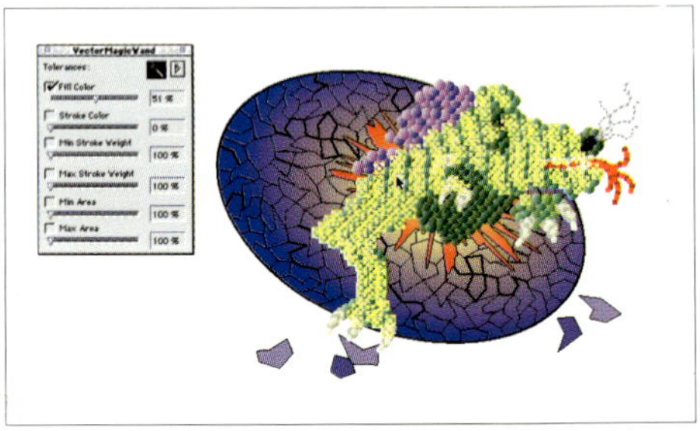
VectorMagicWand
Tolerances:
Fill Color
51 %
Stroke Color
0 %
Min Stroke Weight
100 %
Max Stroke Weight
100 %
Min Area
100 %
Max Area
100 %

5.30

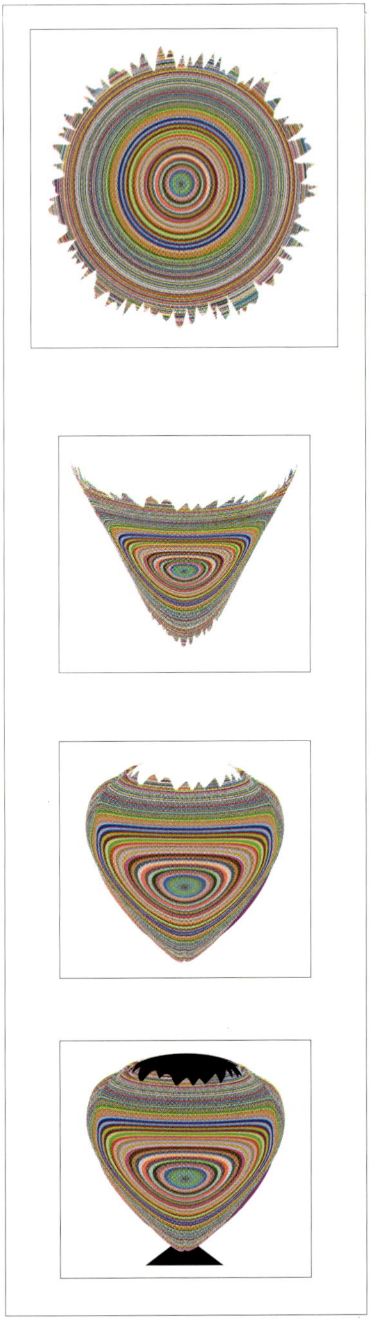

5.28

VectorLibrary

O VectorLibrary é uma excelente maneira para armazenar e recuperar imagens, caminhos ou textos do Illustrator ou do FreeHand **(5.25)**. É muito fácil criar bibliotecas arrastando e soltando imagens, caminhos ou texto para a paleta VectorLibrary. Novas bibliotecas podem ser salvas e recuperadas posteriormente, ou você pode continuar adicionando imagens para a biblioteca original. Você pode optar por visualizar objetos na lista (nome) ou uma visualização miniaturizada. Todas as imagens, caminhos ou texto que adicionar à biblioteca aparecerão como um nome sem título. Essas bibliotecas maravilhosas podem ser exportadas e enviadas para companheiros de trabalho ou amigos.

5.31

VectorNavigator

O VectorNavigator permite visualizar facilmente a arte do Illustrator através de uma paleta flutuante que pode ter o tamanho alterado **(5.26)**. O Photoshop 4 já possuía um dispositivo do Navigator; agora, o Illustrator também.

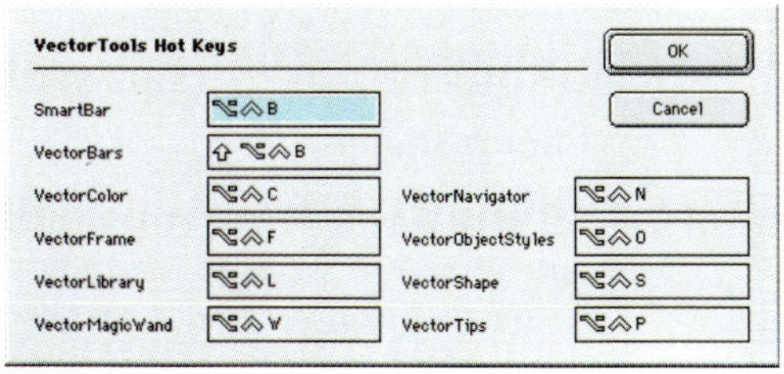

5.32

5.33

O tempo de navegação é diminuído por esse recurso, que não requer constantemente a utilização de mais zoom e menos zoom para ver onde se está na imagem. Quando der mais zoom, você verá ao redor da área que está visualizando uma caixa vermelha. É possível modificar o tamanho da paleta, alterar a visualização e mover facilmente ao redor da imagem ao arrastar a caixa.

VectorObjectStyles

O VectorObjectStyles cria atributos de estilo para objetos do Illustrator **(5.27)**. Um estilo é definido pelos atributos Fill (Preenchimento) e Stroke (Traço). Somente os objetos com base em caminhos podem ter um estilo atribuído. Após um estilo ter sido criado, você pode aplicá-lo facilmente a outros objetos. Outro ótimo recurso se precisar alterar um estilo seria aplicá-lo através da paleta VectorObjectStyles, em vez de selecionar todas a partes uma a uma na imagem do Illustrator.

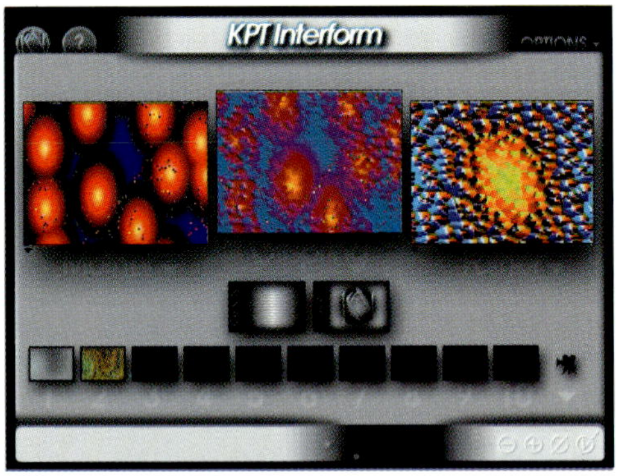

5.34

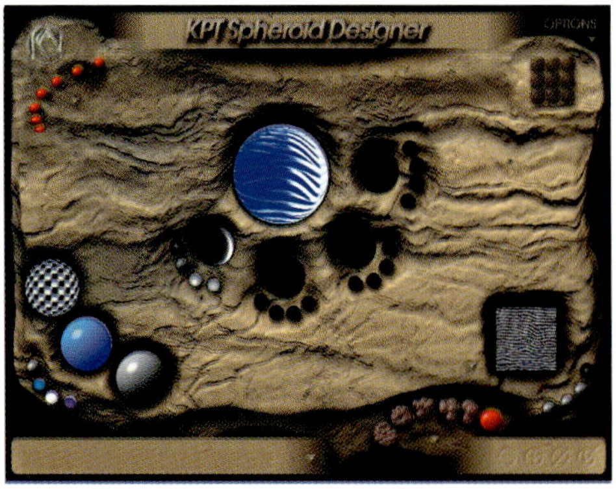

5.35

VectorShape

O VectorShape é um filtro de distorção que projeta a seleção em diferentes formatos **(5.28)**. Você pode projetar o(s) caminho(s) selecionado(s) em uma esfera, cilindro ou cone. É possível também criar uma projeção ondulada, em forma de diamante ou livre. Com qualquer uma dessas distorções, você pode salvar suas configurações e remover configurações indesejadas. Para acessar as configurações, utilize o menu pop-up na paleta VectorShape.

As outras opções na paleta VectorShape servem para criar uma cópia, utilizar uma razão, manter camadas e acrescentar pontos. Na paleta VectorShape, é possível visualizar no modo arte ou sólido. Se estiver visualizando imagens complexas, você encontrará uma visualização rápida no modo de arte. Existe também uma caixa de seleção para mostrar objetos que não foram selecionados e que estão ao redor dos caminhos selecionados. O VectorShape pode criar muitas distorções interessantes, especialmente quando você aplica mais de uma distorção, uma em cima da outra. A tipologia também pode ser distorcida quando for criada com linhas externas.

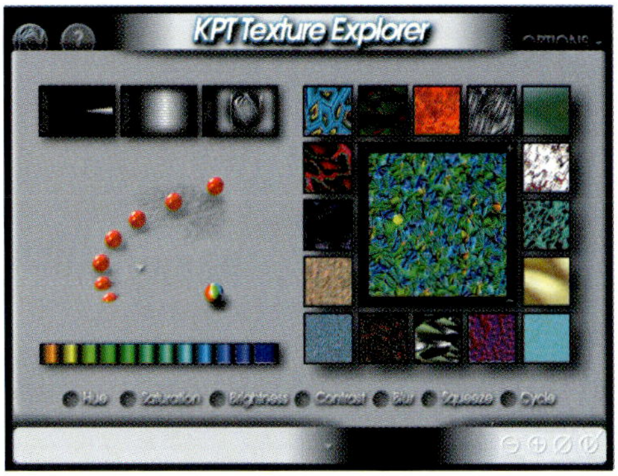

5.36

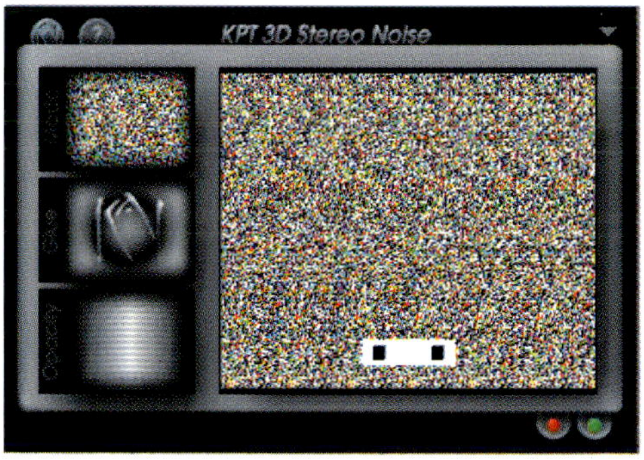

5.37

VectorTips

O VectorTips contém diversas dicas, truques e técnicas que reduzem bastante o tempo do processo **(5.29)**. Ted Alspach dá dicas sobre o Illustrator e Olav Kvern sobre o FreeHand. As dicas fornecidas por Ted e Olav são melhores do que as funções de ajuda, pois muitas não estão documentadas e são avançadas. Esses artistas nos forneceram amplos conhecimentos por meio de dicas de fácil acesso. Além de serem úteis e engenhosas, podem também ser procuradas especificamente.

Essas dicas podem ser exibidas ao iniciar ou serem acessadas através do VectorTools no menu de rolagem.

5.38

VectorMagicWand

Finalmente, o VectorMagicWand fornece aos usuários do Illustrator a conveniência do Magic Wand do Photoshop, porém melhor **(5.30)**. O VectorMagicWand aparece na paleta VectorMagicWand e na barra de ferramentas do Illustrator 7. O menu de rolagem do VectorTools possui um acesso de rolagem para a paleta VectorMagicWand. A paleta VectorMagicWand é onde se encontram diversas opções para a utilização do VectorMagicWand. É possível ajustar as seguintes tolerâncias: Fill Color (Preencher com Cor), Stroke Color (Cor do Traço), Minimum Stroke Weigh (Pressão Mínima do Traço), Maximum Stroke Weigh (Pressão Máxima do Traço), Minimum Area (Área Mínima) e Maximum Area (Área Máxima). Com os cursores disponíveis, você pode ter acessadas várias areas ao mesmo tempo. Quanto maior for a configuração da tolerância, mais caminhos serão selecionados. Quanto menor, menos caminhos serão selecionados.

5.39

5.40

VectorFrame

O VectorFrame cria uma moldura automática na seleção de acordo com o tamanho de saída escolhido **(5.31)**. Com o VectorFrame, você pode aplicar uma moldura a todos os objetos selecionados, a cada objeto individualmente ou a cada grupo. Na paleta VectorFrame, você tem um triângulo pop-up que permite salvar configurações e utilizar predefinições.

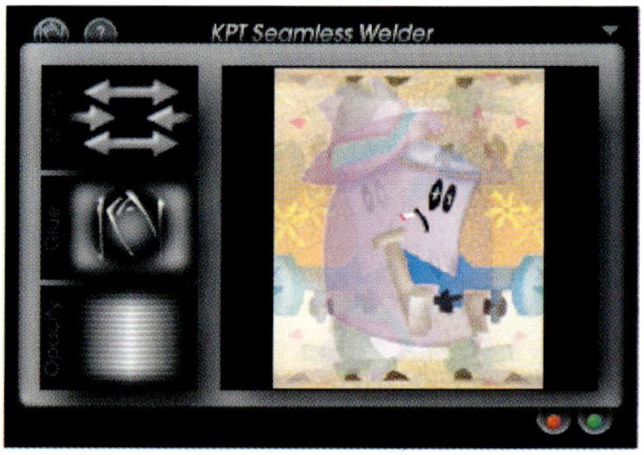

5.41

5.42

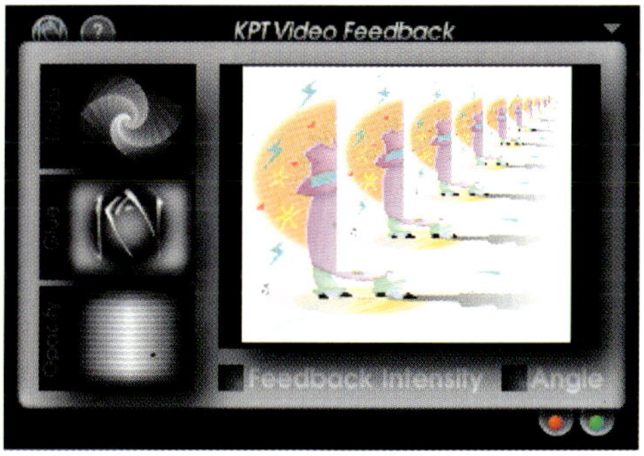

5.43

5.44

HotKeys

HotKeys são comandos de teclado que acessam dispositivos do VectorTools. Para ver o que são as Hot Keys, escolha Hot Keys no menu de rolagem do VectorTools. Você pode deixar as Hot Keys padrão ou alterá-las como quiser. Para obter uma listagem completa de Hot Keys padrão, consulte a figura a seguir **(5.32)**.

VectorTypeStyles

O VectorTypeStyles está disponível apenas no FreeHand. O VectorTypeStyles permite criar um estilo de tipologia determinado e atribuí-lo com um nome de estilo. Agora você pode alterar facilmente qualquer tipologia para que possua esse atributo de estilo. Ao clicar apenas uma vez, você pode alterar rapidamente a tipologia selecionada para determinada fonte, estilo, tamanho, direção e cor.

VectorCaps

O VectorCaps está disponível apenas no FreeHand. O Vector Caps definirá rapidamente se a tipologia selecionada ficará em maiúsculas ou minúsculas. As opções são minúsculas, todas em maiúsculas, maiúsculas de frase, maiúsculas de título e maiúsculas aleatórias.

5.45

5.46

5.47

5.48

5.49

5.50

5.51

METACREATIONS CORPORATIONS

A MetaCreations Corporations é a nova empresa surgida da união da MetaTools com a Fractal Design. A MetaCreations criou vários dispositivos e aplicativos individuais. A Kai Krause é bastante conhecida no meio gráfico como líder de dispositivos como o*Kai's Power Tools 3 for Photoshop* e o *KPT Vector Effects for Illustrator.* Consulte o Capítulo 6 para obter mais informações sobre produtos individuais da MetaCreations.

5.52

KAI'S POWER TOOLS 3

O Kai's Power Tools 3 (KPT 3) contém 18 filtros que permitem criar efeitos em tempo real. O KPT 3 possui muitas predefinições, para você utilizar. Esses filtros demoram muito menos para criar qualquer efeito especial em partes da imagem ou na imagem inteira do Photoshop. Você pode também rasterizar qualquer arquivo do Illustrator no Photoshop e aplicar esses efeitos.

KPT Gradient Designer

O KPT Gradiente Designer é um dos filtros mais usados do conjunto KPT 3. Esse filtro permite projetar gradientes de predefinições ou criar seu próprio gradiente novo **(5.33)**. Existem seis áreas ou opções para serem escolhidas na interface do KPT Gradient Designer. Mode é o tipo de gradiente que deseja criar. Existem 12 opções de modo. Loop é como deseja repetir ou distorcer o gradiente. Repeat é quantas vezes deseja repetir o gradiente; no máximo dez

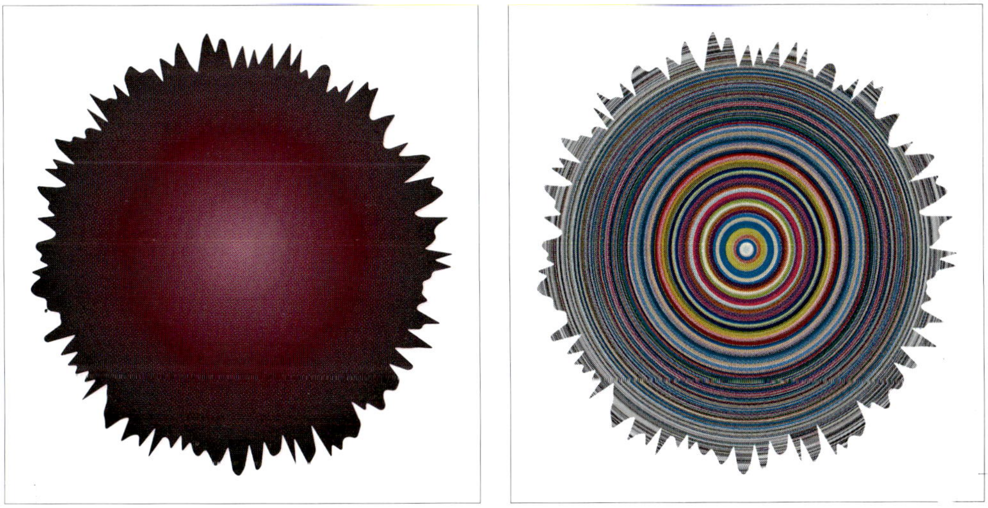

5.53

repetições. Em seguida, você pode escolher a opacidade. Ao arrastar e soltar através do botão Opacity, é possível criar um gradiente transparente ou totalmente opaco. Glue aplica um determinado estilo de gradiente, de normal a processual. Direction é a opção final. Se tiver um gradiente linear, poderá escolher a direção ou ângulo do gradiente. Também é necessário escolher a(s) cor(es) que deseja utilizar no gradiente.

5.54

5.55

5.56

5.57

KPT Interform

A KPT Interform é a combinação de duas texturas **(5.34)**. Você pode combinar essas duas texturas rapidamente e alterar sua aparência e posição. Além de criar segundos planos com texturas fantásticas, você também pode salvar alterações de segundo plano com um diafilme para ser utilizado em filmes.

KPT Spheroid Designer

O KPT Spheroid Designer é a única forma de se criar esferas únicas **(5.35)**. Você pode criar uma ou várias esferas e escolher entre varios estilos. Além disso, é possível escolher a opção para alterar essas predefinições e criar o seu próprio tipo de esfera. Assim como no KPT Interform, você pode criar filmes com o KPT Spheroid Designer.

KPT Texture Explorer

O KPT Texture Explorer está um passo à frente na criação de gradientes. Com o KPT Texture Explorer, você pode criar texturas além da sua imaginação **(5.36)**. Além de poder criar texturas fantásticas, você pode escolher as cores que deseja utilizar na textura. Para visualizar a textura inteira antes de aceitá-la, pressione o logotipo da Kai no canto esquerdo superior.

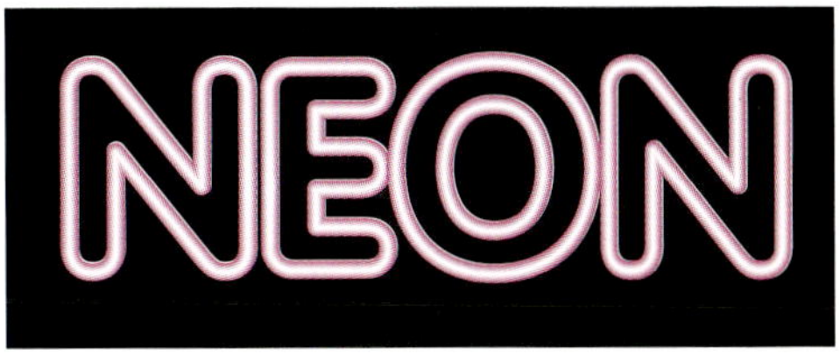

5.58

5.59

KPT 3D Stereo Noise

O KPT Stereo Noise pode ser encontrado em quase todos os shopping centers. Na verdade estes pontos estáticos embaralhados na TV são uma imagem em 3D **(5.37)**. É necessário ficar olhando fixamente para a imagem e de repente ela aparecerá na sua frente. Poucas pessoas conseguem ver a imagem imediatamente. Se você for como eu, para ver a imagem em 3D você precisará de um óculos de 3D e terá que se concentrar em frente da imagem a ser visualizada.

KPT Glass Lens

O KPT Glass Lens é um dos muitos pequenos filtros da interface. Esse pequeno filtro da interface oferece menos opções que os filtros maiores, mas mesmo assim cria efeitos ótimos. O KPT Glass Lens apresenta três opções: Mode (Modo), Glue (Cola) e Opacity (Opacidade). Em Mode, você pode escolher entre suave, normal e luminosidade forte na lente. O filtro cria na seleção um efeito de lente de vidro abaulada **(5.38)**.

5.60

KPT Page Curl

O KPT Page Curl cria um efeito na imagem como se uma página estivesse enrolada. Parece que a página está sendo virada e que você pode ver o que está de baixo dela **(5.39)**. As opções no KPT Page Curl permitem controlar o quanto a página será enrolada e o nível de opacidade que será aplicado nessa parte.

KPT Planar Tiling

O KPT Planar Tiling pode colocar a imagem lado a lado em parquetes ou em perspectiva **(5.40)**. Escolha a opção desejada, e o filtro repetirá a seleção automaticamente e colocará os blocos em parquetes ou em perspectiva.

KPT Seamless Welder

O KPT Seamless Welder cria blocos através da seleção retangular **(5.41)**. Isso cria uma borda suave sem emendas entre os blocos. Você pode escolher entre Seamless Welder, que cria blocos fora das seleções, e Reflective Welder, que cria blocos dentro da seleção.

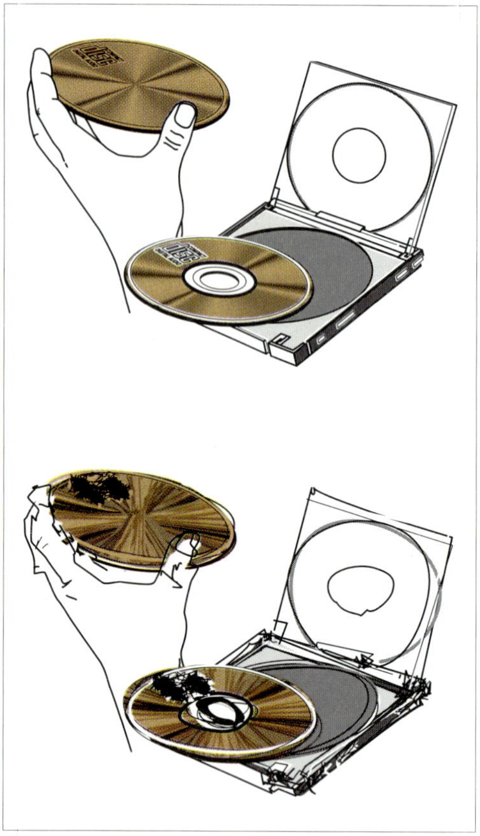

5.61

KPT Twirl

O KPT Twirl é outro dos pequenos filtros da interface que cria um efeito de rodamoinho. Escolha entre o efeito de caleidoscópio ou rodamoinho **(5.42)**. Para criar o rodamoinho e o caleidoscópio, arraste a pequena área de visualização para o efeito desejado. Na caixa de diálogo KPT Twirl você pode ajustar a cola e a opacidade.

KPT Video Feedback

O KPT Video Feedback cria um efeito especial de espiral, de vídeo ou telescópio **(5.43)**. Você pode escolher Video ou Telescope Feedback. O Video criará um efeito de perspectiva retangular e o Telescope criará um efeito de perspectiva circular. Assim como nos filtros menores, você pode ajustar Glue e Opacity. Para ativar o efeito, é necessário arrastar a pequena área de visualização para ver o efeito desejado.

KPT Vortex Tiling

O KPT Vortex Tiling cria um efeito de buraco negro pelo qual a imagem é sugada **(5.44)**. Você pode escolher entre um vórtice normal ou estreito. Um vórtice normal puxa a imagem para o centro, que você especifica. Um vórtice estreito estreita o centro e alarga as seções externas da imagem. Você pode ajustar o Vortex Radius para visualizar uma área maior ou menor da imagem que está sendo sugada por si só.

5.62

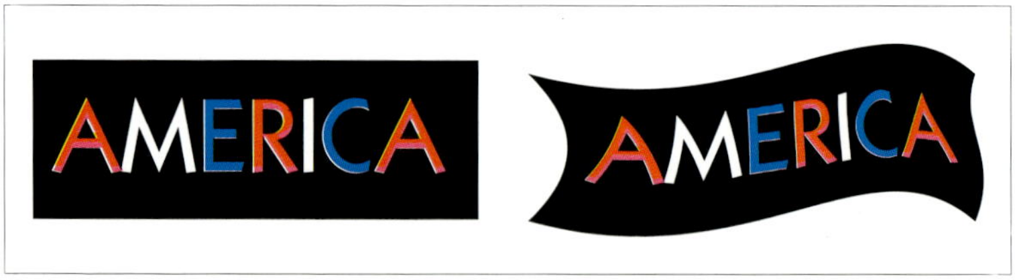

5.63

KPT Edge f/x

Todos os filtros f/x se apresentam como se você estivesse visualizando uma imagem através de um loop da impressora. O KPT Edge f/x retira as bordas da imagem e cria uma versão com linhas externas **(5.45)**. É possível alterar a opacidade e arrastá-la até as lentes para ver como afetará toda a imagem. Existem três opções para a borda: normal, suave e direcional.

5.64

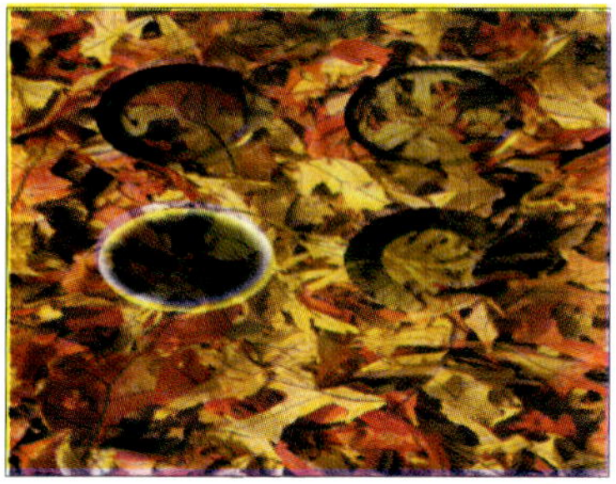

5.65

5.66

5.67

KPT Gaussian f/x

O KPT Gaussian f/x aplica um Gaussian Blur à seleção **(5.46)**. Você pode arrastar lentes para ver os efeitos das configurações na imagem inteira. A intensidade e a opacidade podem ser ajustadas para criar um efeito manchado suave. Existem quatro tipos de Gaussian f/x: Blur (Mancha), Weave (Tecido), Blocks (Blocos) e Diamonds (Diamantes).

KPT Intensity f/x

Se a intensidade for definida para 100, o KPT Intensity f/x irá saturar as cores da imagem ou criará na imagem uma aparência membranosa menos saturada **(5.47)**.

5.68

5.69

KPT Noise f/x

O KPT Noise f/x cria uma difusão em pixels na seleção. Você tem três opções: Hue Protected (Protegido Contra Matiz), Grime Layer (Camada de Resíduo) e Special Color (Cor Especial). A opção Hue Protected reterá os matizes originais da sua imagem e criará uma difusão apenas nas áreas coloridas **(5.48)**. A Grime Layer adicionará uma aparência de resíduos escurecidos à difusão. O Special Color cria um efeito de difusão total na imagem.

KPT Pixel f/x

O KPT Pixel f/x cria uma aparência de pixel pintado **(5.49)**. Existem três opções para você escolher: Diffuse More (Difundir Mais), PixelWeather 1 e PixelWeather 2. Todas as três opções criam uma aparência pintada diferente. Você pode ajustar a intensidade e a opacidade do efeito na imagem.

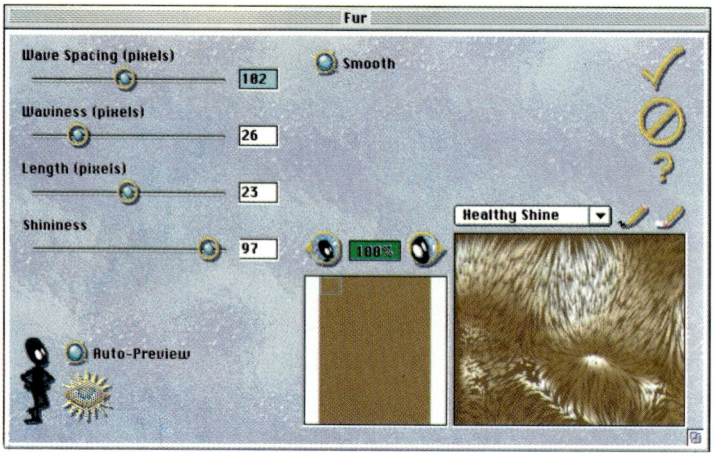

5.70

KPT Smudge f/x

O KPT Smudge f/x cria uma mancha direcionada para os pixels **(5.50)**. A opção Smudge afeta todas as áreas coloridas com uma mescla manchada. A opção Drip afeta somente os pixels mais escuros.

KPT MetaToys f/x

O KPT MetaToys f/x combina os filtros Glass Lens e Twirl em uma lente de previsão. Apesar de o KPT MetaToys f/x não parecer prático, ele parece ser divertido. Você pode visualizar um efeito de rodamoinho ou esferóide através das lentes, mas na realidade afeta a imagem inteira **(5.51)**.

5.71

KPT VECTOR EFFECTS

O KPT Vector Effects, é um dispositivo para o Illustrator e o FreeHand. Esses 13 dispositivos criam efeitos especiais fantásticos. Apesar de alguns desses efeitos poderem ser alcançados sem o Vector Effects, esse procedimento seria mais demorado. Alguns desses efeitos só poderiam ser criados com bastante dificuldade e depois de muitas horas de trabalho.

5.72

KPT 3D Transform

O nome KPT 3D Transform é um nome para enganar bobo. Apesar de poder simular um status em 3D com deslocamento e um eixo *x, y, z* ; o 3D real so é criado ao utilizar um programa de 3D como o Adobe Dimensions. Você pode criar alguns efeitos de deslocamento com o KPT 3D Transform **(5.52)**. Com o(s) caminho(s) selecionado(s) é possível girar os eixos *x, y* e *z*, definir a quantidade de deslocamento, criar um chanfro no deslocamento, ajustar a metalicidade, criar a perspectiva, alterar a fonte de luz e alterar as cores em pontos brancos e pretos.

5.73

KPT ColorTweak

O KPT ColorTweak lhe dá controle, sobre a cor no Illustrator e no FreeHand. Você pode inverter a cor, alterar a escala de cinzas, ajustar a luminosidade ou o contraste, aumentar ou diminuir a saturação, alternar os valores do matiz e acrescentar ou retirar um matiz de cian, magenta, amarelo ou preto. No menu de opções existe uma opção para dispor aleatoriamente que afeta a seleção ao alternar o matiz **(5.53)**.

5.74

KPT Emboss

O KPT Emboss cria um alto-relevo nos caminhos selecionados em uma única etapa fácil e rápida. Você pode criar na seleção um alto-relevo, forte ou suave **(5.54)**. Você pode ajustar o contraste, ângulo e quantidade de relevo com cursores ou clique no botão de um comando digitando um valor numérico.

KPT Flare

O KPT Flare cria um reflexo em forma de estrela no caminho selecionado **(5.55)**. Você pode ter vários brilhos de tamanhos e formatos variados que podem criar um céu estrelado **(5.56)**. O KPT Flare criará uma combinação suave de luz e sombra que seria quase impossível de se criar manualmente.

5.75

KPT Inset

O KPT Inset criará um caminho de deslocamento com mais sutileza do que o caminho de deslocamento do Illustrator. Você também pode visualizar a distância que o caminho está sendo deslocado antes de clicar no botão OK. O caminho suplementar criará um segundo caminho dentro ou fora do original com exatamente o mesmo espaço entre os dois caminhos **(5.57)**.

5.76

KPT Neon

O KPT Neon cria um efeito de luz neon no caminho selecionado ou no texto com linhas externas. O KPT Neon cria tubos em neon que você pode determinar o tamanho e a intensidade **(5.58)**.

Inicie com qualquer tamanho de linha e escolha KPT Neon. Aqui, você escolhe a grossura do neon e a intensidade do realce. Se clicar no comando de Intensity ou Amount, digite um valor numérico.

5.77

KPT Point Editor

O KPT Point Editor permite deslocar pontos e a operar numericamente com o eixo *x* e *y*. Você pode também mover os pontos na caixa de visualização e os valores numéricos irão corresponder às novas posições.

5.78

KPT Resize & Reposition

O KPT Resize & Reposition permite alterar o tamanho e a posição de um objeto selecionado. Você pode digitar os novos valores da largura e altura ou inserir uma porcentagem na escala. Ao alterar os valores de *x* e *y*, você pode deslocar o objeto em uma distância determinada.

KPT ShadowLand

O KPT ShadowLand cria três tipos diferentes de sombra **(5.59)**. A *Zoom shadow* é uma sombra direcionada para trás em uma perspectiva que também pode ser girada. A *Soft shadow* cria um sombra suavizada no caminho selecionado. A *Halo shadow* cria uma borda suave com um halo ao redor no objeto selecionado. Os controles gerais incluem: Scale (Escala), Steps (Etapas), Distance (Distância), Angle (Ângulo), From what color (De qual cor) e To what color (Para qual cor). É possível escalonar a sombra para criar uma em perspectiva. Se você vir um grupo de etapas próprias, poderá aumentar o número no controle Steps, a fim de suavizar a mesclagem da sombra. Qualquer configuração pode ser salva e utilizada posteriormente.

5.79

KPT ShatterBox

O KPT ShatterBox quebra o preenchimento selecionado em uma determinada quantidade de partes. Existem três opções para ShatterBox: Radial Shatter (Quebra Radial), Random Lines (Linhas Aleatórias) e Random Curves (Curvas Aleatórias) **(5.60)**. Você também pode definir um fragmento de deslocamento e ruptura radial que deslocará e distorcerá as partes do formato original. As opções Lighten e Darken permitem que você escolha a porcentagem das partes que serão mais claras e mais escuras. Como a maioria dos efeitos vetorizados, é possível salvar e excluir quaisquer definições criadas.

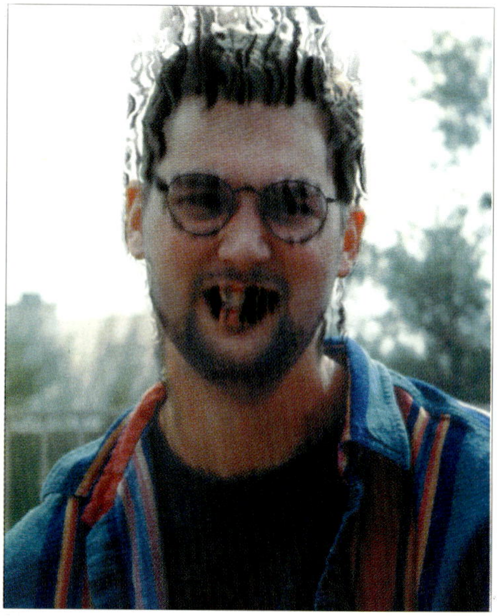

5.80

KPT Sketch

O KPT Sketch cria uma qualidade de esboço para os objetos selecionados. Ao arrastar um simples cursor você faz com que uma imagem adquira a aparência de ter sido desenhada à mão. Para criar uma aparência de esboço, você pode utilizar o Color Stroke, o Pen Stroke ou o Width Stroke. O cursor Stroke permite que você escolha a largura do traço e o cursor Amount que você escolha como será o esboço do seu objeto **(5.61)**.

5.81

KPT Vector Distort

Na realidade, o KPT Vector Distort são sete dispositivos aglomerados em um. Você pode enrolar, esferizar, girar, ampliar, ziguezaguear ou zipezapear um caminho ou tipologia em linhas externas **(5.62)**. A última configuração é Warp Frame, que leva você até o dispositivo seguinte; assim é possível aplicar uma configuração de envelope ao caminho.

KPT Warp Frame

O KPT Warp empurra o objeto selecionado para uma moldura de envelope. Você pode ajustar a moldura para qualquer configuração ou pode utilizar uma das predefinições que acompanham o KPT Warp Frame. Ao visualizar as predefinições, pressione Command-Option-Spacebar e veja a seleção em cada uma das predefinições **(5.63)**. Desta forma, é possível obter uma minivisualização antes de escolher uma moldura. Você sempre poderá ajustar a predefinição para criar sua própria moldura e salvar a nova predefinição.

5.82

SOFTWARE DA ALIEN SKIN

A Alien Skin trouxe dispositivos para o Photoshop e o Illustrator. O dispositivo do Photoshop é chamado Eye Candy 3.01, que é a atualização do produto original Black Box. O dispositivo do Illustrator chamado Stylist permite anexar estilos aos vetores. Os produtos do Photoshop e do Illustrator aumentam a produtividade, assim como criam alguns efeitos muito interessantes.

EYE CANDY 3.01

O Software atualizado da Alien Skin faz parte da linha Black Box dos dispositivos do Photoshop para o Eye Candy 3.01. Ao clicar em um simples botão, esses 21 dispositivos para o Photoshop criam efeitos muito interessantes. Existe uma variedade de efeitos especiais a serem escolhidos e as caixas de diálogo são claras e fáceis de utilizar.

Antimatter

O Antimatter inverte a luminosidade da imagem mantendo os valores de matiz e saturação. Não existe caixa de diálogo; o Antimatter aplica a inversão na seleção automaticamente **(5.64)**.

Carve

O Carve criará um efeito talhado ou de escultura na imagem. Ao utilizar luz e sombra na criação de um chanfro, você produz uma aparência de escultura em 3D **(5.65)**. É possível controlar a largura do chanfro, densidade da sombra, suavidade e formato do chanfro. Existem dez predefinições que podem ser escolhidas ou você pode criar a sua própria.

5.83

Chrome

O Chrome cria um efeito metálico na seleção. Você pode produzir um efeito de cromo, ouro, cobre e muitos outros **(5.66)**. Os controles que podem ser utilizados são: Bands (Grupos), Softness (Suavidade), Variation (Variação) e Contrast (Contraste). Existem 11 predefinições que você pode utilizar. Ajuste os cursores para criar os seus próprios efeitos e salvá-los como novas predefinições.

Cutout

O Cutout cria um buraco na seleção **(5.67)**. Essa ilusão é criada ao preencher o centro com a cor branca e adicionar sombra às bordas, a fim de criar a aparência de um buraco em 3D. Você pode escolher entre Direction, Distance e Blur ou entre as dez predefinições.

Drop Shadow

O Drop Shadow produz uma sombra abaixo da área selecionada **(5.68)**. Esse recurso faz com que a imagem apresente uma aparência em 3D. Você pode escolher a direção, distância da sombra e a cor da sombra, além de poder iniciar ou escolher entre 13 predefinições.

Fire

O Fire cria uma chama ao redor da seleção (como se estivesse botando fogo nas áreas selecionadas) **(5.69)**. Primeiro, crie uma seleção para que esse filtro funcione corretamente. Você pode escolher entre dez predefinições e pode controlar a largura, altura e movimento da chama, e origens aleatórias.

Fur

O Fur cria um efeito de pêlo na imagem **(5.70)**. Você pode escolher entre 11 predefinições e criar a sua própria. Os controles de ajuste são: Wave Spacing (Espaçamento da Ondulação), Waviness (Ondulação) e Hair Legth (Comprimento do Cabelo). Esse recurso é ótimo para ser usado no rosto de uma pessoa. Porém, para obter um efeito hilariante, verifique se selecionou apenas a pele e não o cabelo, os olhos e a boca **(5.71)**.

5.84

Glass

O Glass parece que você colocou um vidro em cima da imagem **(5.72)**. É possível escolher a largura do chanfro, o espaçamento entre as falhas, a grossura das falhas, opacidade, refração, realce da luminosidade e nitidez, e direção da luz. Escolha entre as dez definições ou crie a sua própria.

Glow

O Glow cria uma borda brilhante ao redor da seleção**(5.73)**. Você pode controlar a largura do brilho, a opacidade, a diminuição de opacidade e a cor do brilho. É possível salvar, quaisquer configurações como uma predefinição, assim você pode obtê-las toda vez que abrir o Photoshop.

5.85

HSB Noise

O HSB Noise produz uma difusão em uma seleção ao utilizar Hue, Saturation e Brigthness **(5.74)**. Os controles que você define são Hue Variation (Variação de Matiz), Saturation Variation (Variação de Saturação), Brightness Variation (Variação de Luminosidade) e Opacity (Opacidade). Você pode escolher entre dez predefinições ou criar a sua própria.

5.86

Inner Bevel

O Inner Bevel produz uma aparência de alto-relevo na seleção **(5.75)**. A seleção parece estar acima do resto da imagem. Você controla a largura do chanfro, intensidade da sombra, suavidade e direção da luz. É possível escolher entre dez predefinições ou você pode criar as suas próprias configurações.

Jiggle

O Jiggle cria uma distorção em formato de bolhas na seleção **(5.76)**. Esse efeito dá uma aparência de bolhas, de gelatina ou quebradiça. Você pode controlar o tamanho da bolha, a quantidade de deformações, a torção e o tipo de movimento. Você pode escolher entre dez predefinições.

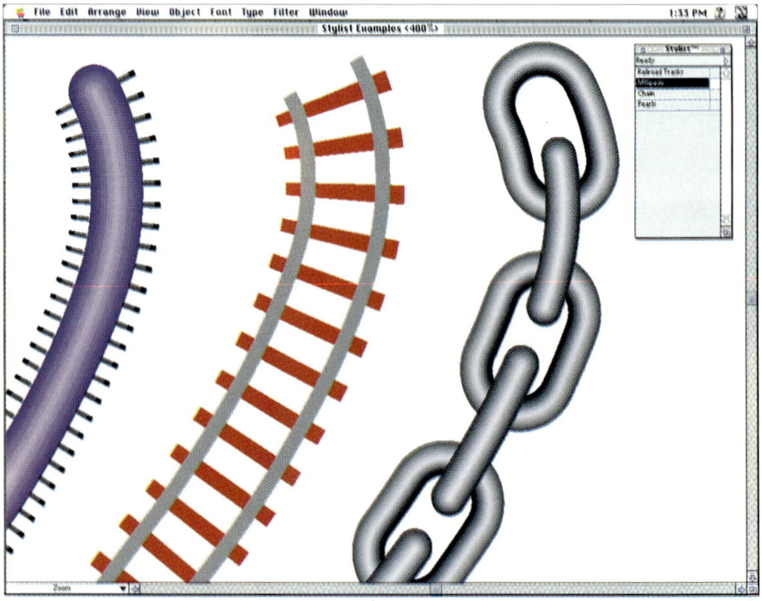

5.87

Motion Trail

O Motion Trail mancha a seleção em uma direção **(5.77)**. Você determina o comprimento do rastro, a opacidade do movimento e a direção do rastro.

Outer Bevel

O Outer Bevel é parecido com o Inner Bevel, só que na parte de fora da seleção (5.78). Você controla a largura e o formato do chanfro, a suavidade, a profundidade da sombra, o equilíbrio e a nitidez do realce, e a direção da luz.

5.88

5.89

Perspective Shadow

O Perspective Shadow produz uma sombra atrás da área selecionada e a sombra aparenta estar no espaço **(5.79)**. Você determina a direção e a distância do ponto de fuga, o comprimento, a opacidade, a mancha e a cor da sombra. Escolha entre dez predefinições ou crie a sua própria.

Smoke

O Smoke é parecido com o filtro Fire após o fogo ter se extinguido. Com o filtro Smoke, é possível criar diversos efeitos de fumaça atrás da seleção **(5.80)**. Você pode determinar a largura e a altura dos filetes, quantidade de quebras, imperfeições da quebra, camuflagem interior, suavidade das bordas, origens aleatórias e as cores internas e externas.

Squint

O Squint cria uma mancha parecida com a sensação de quando você precisa usar óculos **(5.81)**. Você determina o grau necessário para sua vista. Ao contrário do Gaussian Blur, que mancha igualmente, o Squint produz essa visão dupla se for arrastado para longe.

5.90

Star

O Star cria polígonos facilmente **(5.82)**. Você pode criar facilmente um desenho em formato de estrela sem precisar utilizar o Illustrator ou o FreeHand. Você define o número de lados, indentação, escala, alternância entre *X* e *Y*, opacidade, orientação e a cor interna ou externa. A estrela pode apresentar até 50 lados.

Swirl

O Swirl manchará a imagem ao utilizar os vórtices **(5.83)**. Posteriormente, você define a distância entre os vórtices, o comprimento da mancha, a intensidade da torção e a orientação.

5.91

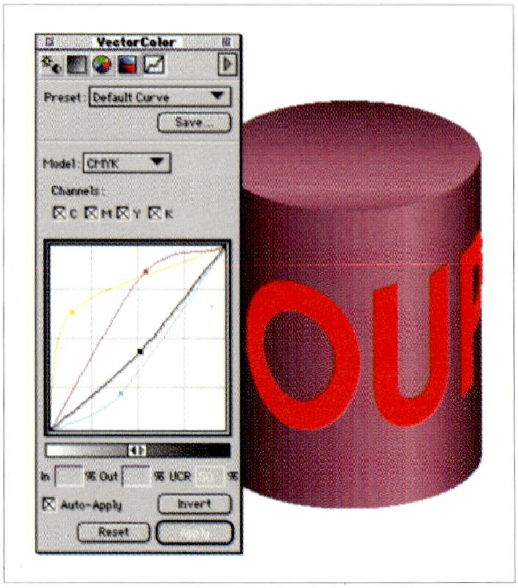

5.92

Water Drops

O Water Drops respinga água em toda a seleção **(5.84)**. Defina o número de gotas, a claridade das bordas, opacidade, refração, cor da gota, origem aleatória, luminosidade e nitidez do realce, e direção da luz. Você pode escolher entre as predefinições ou criar as suas próprias gotas.

Weave

O Weave cria um desenho de tecido na seleção **(5.85)**. Escolha a largura da fita, largura e cor da fresta, profundidade da sombra, detalhe e comprimento da linha. Esse é outro filtro ótimo para aplicar na pele de uma pessoa, produzindo uma aparência horripilante, como se a pele tivesse sido tecida **(5.86)**.

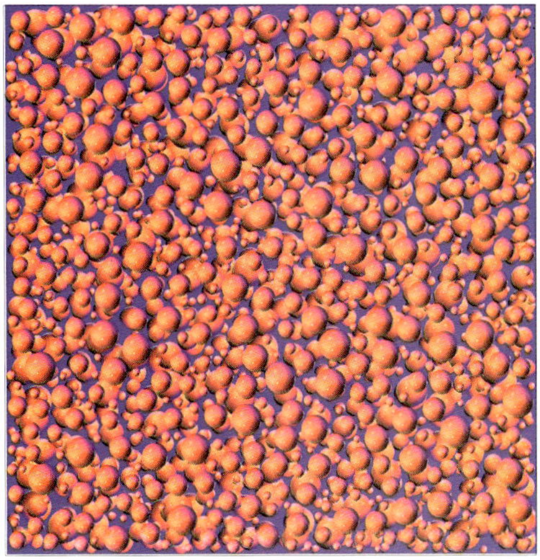

5.93

STYLIST

O Stylist do Software da Alien Skien é um dispositivo do Illustrator. Esse dispositivo utiliza folhas de estilo para organizar as imagens complexas ao organizar a arte em grupos. O Stylist também pode salvar efeitos especiais como estilos, assim eles podem ser facilmente aplicados a um caminho selecionado. O Stylist possui mais de 100 predefinições de efeitos especiais para serem escolhidas. Algumas das predefinições incluem Millipede, Soft Shadow, Chain e Railroad **(5.87)**.

5.94

OS DEZ MELHORES EFEITOS DE DISPOSITIVOS TERCEIRIZADOS PARA PHOTOSHOP E ILLUSTRATOR

1. PHOTOTEXT

O PhotoText da Extensis permite trabalhar com o texto no Photoshop como você nunca trabalhou antes **(5.88)**.

2. PHOTOSHADOW

O PhotoShadow, da Extensis, cria sombras com tanta facilidade e conforto que você nunca mais utilizará os canais **(5.89)**.

3. PHOTOEMBOSS

O PhotoEmboss aprimora a idéia do alto-relevo e utiliza-o para criar profundidade e ressaltar imagens **(5.90)**.

5.95

4. VECTORSHAPE

O VectorShape da Extensis permite dar forma às seleções e até mesmo colocar um texto ao redor da imagem **(5.91)**.

5. VECTORCOLOR

O VectorColor, da Extensis, oferece aos usuários do Illustrator o controle sobre as cores da imagem, assim como no Photoshop **(5.92)**.

6. KPT SPHEROID DESIGNER

O KPT Spheroid Designer da MetaCreations permite criar esferas fantásticas como você nunca viu antes **(5.93)**.

7. KPT PIXEL F/X

O KPT Pixel f/x, da MetaCreations, cria efeitos de tinta suaves na imagem composta por pixels **(5.94)**.

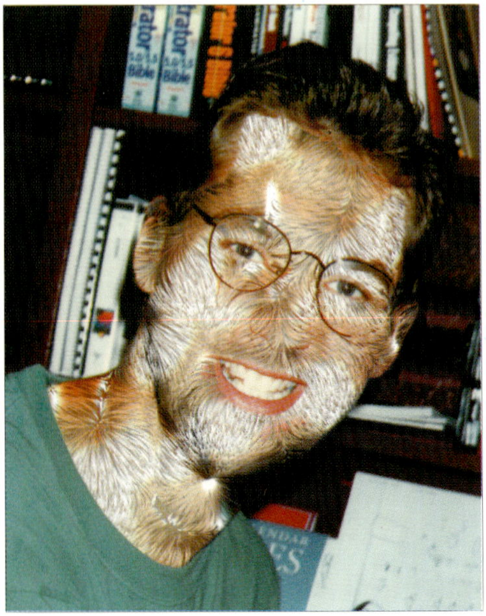

5.96

5.97

8. KPT 3D TRANSFORM

O KPT 3D Transform, da MetaCreations, permite criar efeitos de deslocamento até mesmo com textos em linhas externas **(5.95)**.

9. FUR

O Fur, do Software da Alien Skin, é um dos filtros mais divertidos para se criar uma textura de pêlo em uma seleção. Pegue uma foto de um amigo ou parente e transforme-o em uma fera **(5.96)**.

10. HSB NOISE

O HSB Noise do Software da Alien Skin acrescenta alguns efeitos divertidos ao adicionar difusão com matiz, saturação e luminosidade à seleção **(5.97)**.

CAPÍTULO 6

PHOTOSHOP E ILLUSTRATOR COM OUTROS APLICATIVOS

Os avanços tecnológicos oferecidos aos artistas pela revolução digital nos favorece a criar trabalhos revolucionários.

Bill Ellsworth

Atualmente, na indústria gráfica, é necessário conhecer mais de um ou dois programas. A maioria dos artistas e profissionais da área gráfica utiliza o Photoshop e o Illustrator com outros programas. Não importa se você utiliza um programa de 3D ou um programa de layout de página, é necessário saber como os programas interagem entre si. Neste capítulo, abordaremos desde o QuarkXPress, o PageMaker e programas da MetaCreations como o Kai's Power Goo, até programas em 3D e páginas da Web. Você encontrará uma gama de informações sobre como trabalhar com o Photoshop e outros aplicativos.

COMO TRABALHAR COM PRODUTOS DA METACREATIONS

Como você já sabe, o MetaTools e o Fractal Design originaram a MetaCreations Corporation. Na MetaCreations, você encontrará produtos da KPT e produtos da Fractal. Esses aplicativos individuais acrescentam outra dimensão na criação de imagens interessantes ao utilizar o Photoshop e o Illustrator. Apesar de o Photoshop e o Illustrator serem programas fantásticos, eles não são capazes de fazer tudo. Ao utilizar outros aplicativos, aumenta-se o potencial do Photoshop e do Illustrator. Você pode iniciar uma imagem no Illustrator, combiná-la com uma imagem do Photoshop, e em seguida pegar uma imagem do Bryce para completar o segundo plano. São infinitas as possibilidades.

KPT PHOTO SOAP

O mais novo produto da MetaCreation no mercado é o KPT Photo Soap. Esse aplicativo individual permite limpar como nenhum outro. Devido à incrível habilidade de reparo, o Kai's Photo Soap é fantástico para usuários de todos os níveis.

6.1

Assim como o Goo, o Soap consiste em áreas que você entra para desempenhar uma variedade de tarefas. Você pode explorar oito áreas: Map Room, In Room, Out Room, Prep Room, Tone Room, Color Room, Detail Room e Finish Room. A utilização principal do Soap é ajustar a tonalidade, cor e detalhe da imagem; em Finish Room você pode acrescentar texto ou segundo plano. As etapas a seguir mostram como consertar uma imagem em esboço com o Photo Soap:

ETAPA 1 Abra a imagem no Soap ao escolher In Room e File**(6.1)**.

ETAPA 2 Clique no botão Details para entrar no Details Room.

ETAPA 3 Utilizando a lente de aumento, aplique mais zoom na área em esboço.

ETAPA 4 Clique no Paintbrush e comece a pintar o esboço**(6.2)**.

ETAPA 5 Após o esboço ter sido consertado, saia ao escolher Out Room**(6.3)**. No Out Room, é possível salvar ou imprimir o arquivo.

6.2

Além do Kai's Photo Soap poder consertar imagens, ele também acrescenta segundos planos, texturas, bordas e personagens de desenho animado. O Soap abre arquivos JPEG, FlashPix, BMP e PICT. Você também pode criar os seus próprios albuns para armazenar seus arquivos. Um recurso muito divertido do Soap é adicionar imagens de desenho animado a fotos. Você pode escolher um desenho na biblioteca de desenhos animados do Soap. Veja como adicionar figuras de desenho animado à imagem:

ETAPA 1 No in Room, abra a imagem na qual deseja adicionar desenhos animados**(6.4)**.

ETAPA 2 Clique no botão Finish para entrar no Finish Room

ETAPA 3 Clique na barra Objects para acessar os personagens de desenho animado**(6.5)**.

ETAPA 4 Clique e arraste um personagem para a imagem ou clique duas vezes sobre o personagem para posicioná-lo na imagem.

ETAPA 5 Adicione quantas imagens de desenho quiser. Você pode movê-las ao clicar e arrastar para um novo local **(6.6)**. Após terminar, clique no botão Out para entrar no Out Room onde você pode salvar ou imprimir o arquivo.

BRYCE 2

O Bryce 2 é um programa que permite criar paisagens em 3D. As imagens do Bryce 2 podem ser combinadas com qualquer imagem criada no Photoshop. Com o Bryce, você controla o céu, as nuvens, o tipo de nuvem, o tempo e muito mais. O artista Bill Ellsworth, na minha opinião, é o melhor especialista na utilização do Bryce 2. Bill utilizou o Bryce em muitas paisagens. Ele transporta essas paisagens ao Photoshop para concluí-las. A seguir, Bill explica como utilizou o Bryce e o Photoshop para criar sua coleção de imagens.

6.3

O PHOTOSHOP E O CINEMA, POR MARK J. SMITH

A seguir estão algumas opções de improviso do artista Mark J. Smith sobre trabalho de produção. Além disso, ele descreve a importância do Photoshop como parte integral, na resolução de alguns problemas enfrentados ao trabalhar com filmes de orçamento baixo. Mark relata sua experiência ao trabalhar com a Concorde/New Horizons na produção de efeitos digitais para dois filmes da série Showtime. Se puder, visite a página da Web do Mark (http://home. earthlink.net/~digitaldrama), que irá ajudá-lo a entender alguns dos temas discutidos por ele.

"Essa foi a segunda vez que trabalhamos para a Concorde/New Horizons. Talvez nunca fôssemos trabalhar com filmes, se não graças a Roger Corman. Para aqueles que não conhecem Roger Corman, ele é considerado um dos reis na área de orçamentos baixos. Ficamos extasiados ao fazer o nosso primeiro filme digital e trabalhar com Roger. Em breve, aprenderíamos o significado de orçamento baixo.

Fomos contratados para fazer os efeitos digitais para dois da série de 13 filmes do Showtime. O primeiro chamava-se *Black Scorpion* , com Joan Severance. O segundo foi uma remontagem, a segunda, do clássico de 1957 *Not of This Earth.* Em 1988, o próprio Roger remontou o filme com a ex-atriz pornográfica Tracy Lords. Esse foi um filme horroroso. Como concederam, outra remontagem para a mesma pessoa, oito anos depois? A segunda remontagem era a primeira tentativa da Concorde/New Horizons na criação de efeitos digitais.

No filme *Not of This Earth (N.O.T.E)* fizemos 63 efeitos digitais para o filme. Levando em consideração o dinheiro que tínhamos disponível, ficamos muito orgulhosos do resultado. Devido à falta de experiência deles, e nossa também, houve uma infinidade de coisas que tornaram uma tomada difícil mais demorada e complexa. Isso foi superado quando comecei a acreditar na capacidade do Photoshop.

Uma cena se tratava de uma água-viva atacando e matando um dos atores no seu escritório. O ator era Mason Adams, mais conhecido como a voz de Smuckers Jam. Qual seria a forma apropriada para que ele fosse massacrado por uma água-viva alienígena.

Deixe-me acrescentar alguns pontos sobre efeitos digitais misturados com ação real. Não importa o que será divulgado, é necessário ter sempre uma chapa apenas do segundo plano filmado em qualquer cena que solicite computação gráfica. Por que? Bem, para iniciantes é o único registro de eventos em um set limpo antes dos artistas se apresentarem.

Um segundo ponto que deve ser considerado é que a chapa do segundo plano deve ser executada em metragem. A granulação do filme faz parte do que torna o filme diferente do vídeo. Outro fator é que no filme são 24 poses por segundo e não 30 como no vídeo. Você só percebe a granulação do filme quando ela não está lá."

Consulte o Capítulo 7 para obter mais informações sobre as reflexões de Mark a respeito do trabalho com efeitos digitais que ele fez para *Not of This Earth.*

Anúncio BIOTA

"Essa imagem foi divulgada como um anúncio da banda Biota na revista Mondo 2000. Criei essa imagem no Photoshop através de várias imagens de baixa resolução do Bryce e do Photoshop. Primeiro, criei um documento novo em branco no tamanho correto e na resolução do anúncio, colei nas pequenas imagens originais, e em seguida desbotei e manchei todas as imagens juntas **(6.7)**."

6.4

Buried Dreams

"Essa imagem se iniciou ao colar algumas imagens do Bryce. A imagem resultante foi bastante sem graça, então apliquei o KPT3's Spheroid Designer e o Vortex Tiling em toda a superfície. Os dois objetos em forma de esfera foram criados ao arrastar uma seleção oval e aplicar o KPT3's Spheroid Designer em diversos modos de aplicação **(6.8)**."

Contact

"Essa também foi uma colagem feita com imagens de baixa resolução do Bryce. A composição total e a "sensação" da imagem resultaram diretamente da imagem original de baixa resolução do Bryce. Para que a imagem apresentasse uma boa aparência em alta resolução, apliquei o filtro de efeitos de luminosidade do Photoshop visando manchar um pouco a cópia da imagem. Apliquei a cópia na imagem original em escala maior removendo de forma eficaz os pixels e criando uma textura nova e interessante. Várias imagens do Bryce foram adicionadas através de diversos modos de aplicação que utilizam o mesmo processo **(6.9)**."

Into the Labyrinth

"Fiz um desenho em blocos através de uma pequena imagem do Bryce e distorci o centro da imagem resultante com os filtros KPT3's Gradient Designer, Twirl e Planner Tiling. As duas filigranas verdes são criações de AGRUPAMENTOS que foram aprimoradas (estendidas, torcidas, etc.) no Photoshop **(6.10)**."

Spheroid Invader

"Essa imagem foi iniciada como um segundo plano do Bryce, sobre o qual apliquei o KPT3's Spheroid Designer utilizando diversos modos de aplicação **(6.11)**."

6.5

6.6

KAI'S POWER GOO

O Kai's Power Goo provavelmente é um dos pacotes de software mais divertidos com que irá trabalhar. Nunca me diverti e ri tanto como quando utilizei o Goo. Com o Goo você pode manchar, aumentar, diminuir e retalhar qualquer imagem. Você também pode fundir duas imagens. Por exemplo, você pode colocar um homem careca com os cabelos encaracolados de uma modelo maravilhosa. Se isso não for o suficiente para você, é possível salvar as etapas intermediárias e transformá-las em uma espécie de filme para você ver posteriormente.

ETAPA 1 Abra a imagem que você deseja executar no "Goo" clicando em In Room e escolha a imagem no menu File **(6.12)**.

ETAPA 2 Clique nos pontos superiores do arco-íris para acessar mais recursos do Goo.

ETAPA 3 Clique no botão Smear e arraste a imagem para criar um formato de amendoim **(6.13)**.

ETAPA 4 Clique no botão Out para ir para Out Room; assim você pode salvar o arquivo **(6.14)**.

Outra utilização divertida do Goo é fundir duas imagens. Você pode utilizar os recursos bons de uma imagem e substituir os que não são tão bons em outra imagem.

As etapas a seguir mostram como fundir duas imagens:

ETAPA 1 Clique em Fusion Room **(6.15)**.

ETAPA 2 Escolha duas imagens ao clicar no botão In e ao selecionar as imagens.

ETAPA 3 Clique no botão Paint e desloque as retículas para a imagem que deseja copiar. Certifique-se de que a imagem que deseja copiar é a imagem do meio.

ETAPA 4 Quando começar a pintar, você verá os novos recursos **(6.16)**.

ETAPA 5 Você pode utilizar o botão Smooth, para igualar as tonalidades de pele e amenizar as bordas **(6.17)**.

ETAPA 6 Se quiser, pode alterar a imagem para onde está copiando e alterar outro recurso **(6.18)**.

Após conseguir a imagem desejada, você pode salvá-la. Para salvar uma imagem Goo, clique no botão Out na parte inferior direita da imagem. Em Out Room, é possível salvar a imagem como um Goovie (filme do Goo), um arquivo, uma animação ou enviá-la diretamente para a impressora.

6.7

PAINTER

O MetaCreations' Painter é um programa fabuloso que visa o artista natural. Ao combinar esse fantástico programa com um bloco sensível a pressão, você pode fazer o que quiser. O Painter permite simular uma pintura real na tela selecionada utilizando qualquer tipo de material artístico. O Painter pode iniciar com um documento novo para você criar livremente; você pode trazer uma foto ou escanear algo como ponto inicial.

6.8

O Painter funciona no Macintosh e no PC com o recurso arrastar e soltar. Isso significa que é possível selecionar qualquer parte ou toda a seção da imagem do Painter e arrastá-la e soltá-la em outro programa, como no Photoshop. O Painter pode salvar um arquivo como TIFF, PICT, EPS, Photoshop 2.0, Photoshop 3.0, PICT, Targa, PCX, BMP, GIF, JPEG, Pyramid e RIFF padrão do Painter. Esse programa também importa e exporta para o Illustrator.

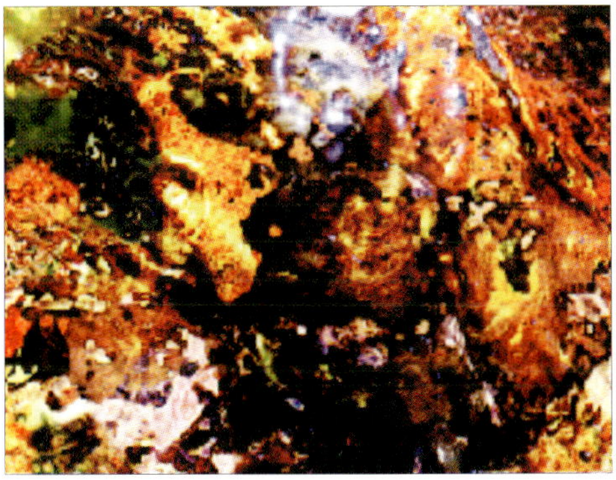

6.9

As paletas flutuantes são um ponto forte do Painter **(6.19)**. Essas paletas podem ser personalizadas. Através delas é possível acessar uma gama de ferramentas de desenho e pintura, assim como pincéis de efeitos especiais. Com a habilidade de selecionar, como no Photoshop, você pode aplicar pincéis a uma seção, em vez de aplicar à imagem toda **(6.20)**. Resumindo, o Painter é um programa fantástico e ao combiná-lo com o Photoshop e o Illustrator você pode criar imagens como nunca. Inicie as idéias no Illustrator, pinte-as no Painter e finalize-as com luz, manchas ou texturas adicionais no Photoshop.

6.10

6.11

6.12

A Figura 6.20 mostra uma imagem criada por Bill Ellsworth que utiliza o Photoshop com o Poser e o Painter (Poser é outro ótimo programa da MetaCreations). Primeiro, Bill utilizou o Poser para criar a figura. As imagens do Poser podem ser transportadas facilmente para o Painter ou qualquer outro programa. As figuras do Poser podem tomar vida ao clicar um botão. Você pode escolher entre as várias poses predefinidas. No Painter, Bill adicionou a textura e luminosidade ao corpo. Também é possível criar qualquer cor semelhante à cor da pele. O Painter permite que você desenhe como se estivesse utilizando um lápis, giz ou qualquer uma das ferramentas encontradas na caixa de trabalho do artista paintbrush. No Photoshop, Bill criou o efeito de uma explosão estelar no segundo plano. Você também pode criar texturas com KPT 3.0 ou transportar uma imagem do Bryce para uma seleção no Photoshop a fim de criar um efeito de caleidoscópio.

COMO TRABALHAR COM O QUARKXPRESS E O PAGEMAKER

O layout da página é a ETAPA final do processo artístico. Geralmente, após finalizar a imagem no Photoshop e no Illustrator, você coloca a imagem em um programa de layout de página como o QuarkXPress ou o PageMaker. Após acrescentar o texto às imagens, o programa de layout de página pode realizar os retoques finais.

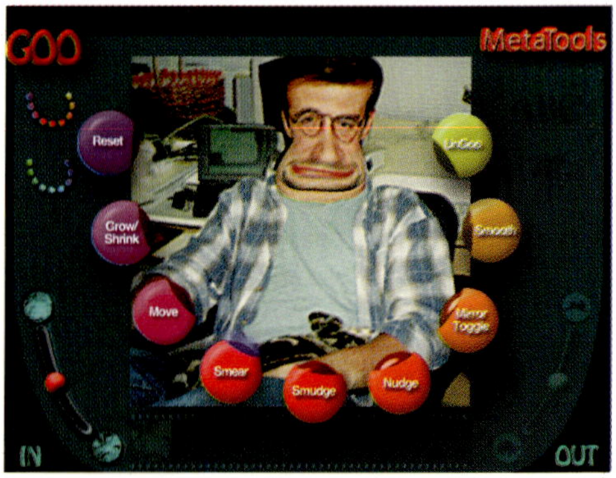

6.13

6.14

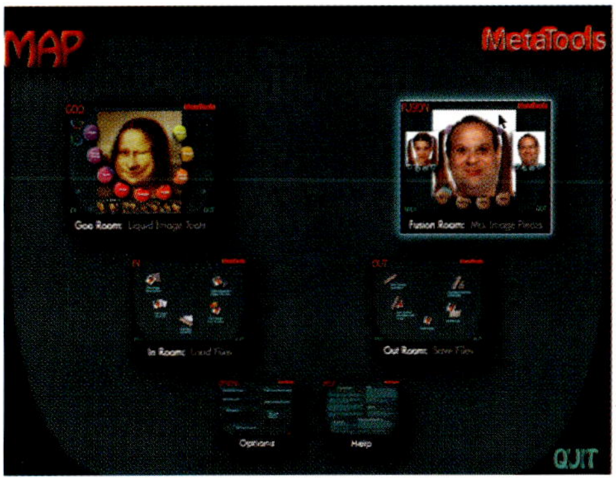

6.15

QUARKXPRESS

O QuarkXPress é um dos principais programas para os artistas, designers e editores. Esse programa permite combinar texto, imagens e criar layout para livros, boletins informativos e relatórios. Enquanto que o Illustrator e o FreeHand são controversos, o QuarkXPress e o PageMaker estão no mesmo barco. Eu acredito que qualquer programa que você está acostumado a utilizar é o que você mais gosta.

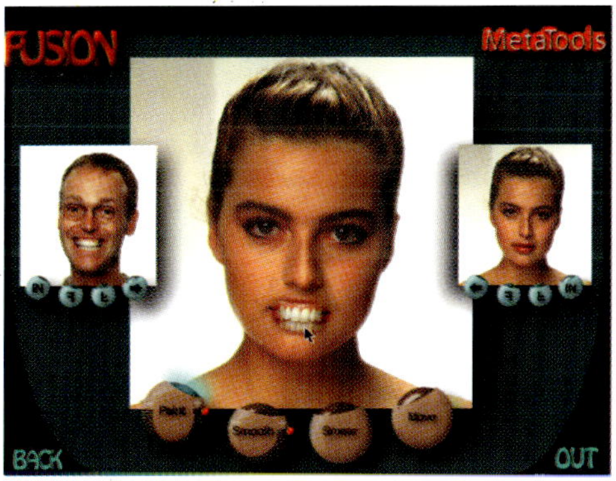

6.16

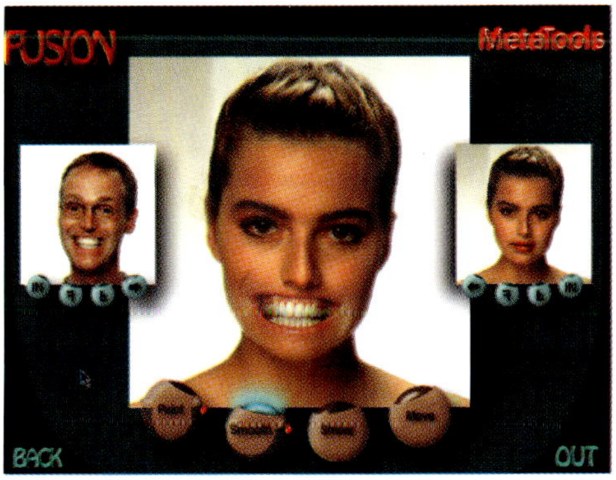

6.17

O QuarkXPress pode utilizar qualquer arquivo EPS do Illustrator e do Photoshop, TIFF, PICT ou até mesmo arquivos JPEG. Apesar de o QuarkXPress aceitar vários tipos diferentes de arquivos, alguns arquivos serão impressos com melhor qualidade do que outros. A Figura 6.21 mostra um layout de página feito no QuarkXPress para o capítulo de abertura de um livro. O layout foi feito por Ted Alspach **(6.21)**.

PAGEMAKER

O PageMaker é outro programa de layout de página. O PageMaker pode posicionar imagens salvas como PICT, TIFF, EPS, GIF, WMF e EMF **(6.22)**. A Figura 6.23 mostra uma página do *PageMaker for the Macintosh Visual Quick Start Guide* de Ted Alspach **(6.23)**.

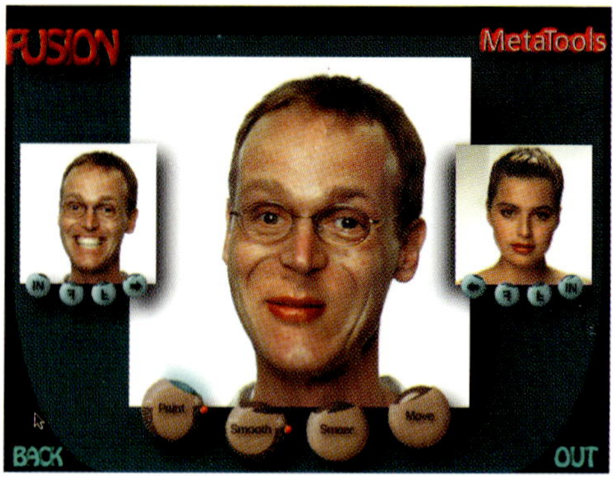

6.18

O PageMaker possui um conjunto de ferramentas que podem ser usadas na criação de desenhos básicos. Isso não significa que você possa ignorar o Illustrator, mas significa que a criação de formatos básicos pode ser toda feita no PageMaker. As ferramentas de desenho incluem: Line, Contrained Line, Rectangle, Rectangle Frame, Ellipse, Ellipse Frame, Polygon e Polygcn Frame. É possível acrescentar traço e moldura a esses formatos criados.

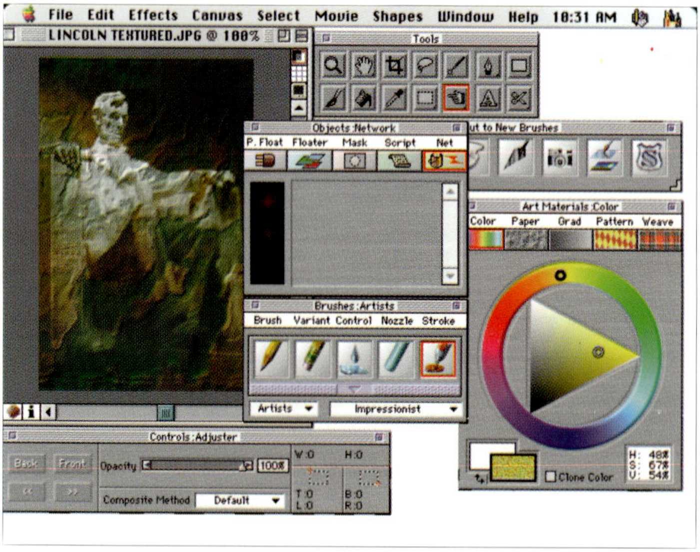

6.19

DICA

Ao utilizar um arquivo EPS, você pode salvar o arquivo no Photoshop com visualização de baixa qualidade JPEG ou TIFF **(6.22)**. Talvez o arquivo não fique tão nítido no QuarkXPress, mas será impresso com a alta qualidade do EPS. Desta forma, quando houver muitas imagens não irá demorar tanto para carregar as imagens.

DICA

Os arquivos do Illustrator e do Photoshop podem ser arrastados e soltos diretamente no PageMaker. Isso facilita o posicionamento de imagens no layout da página.

COMO TRABALHAR COM PROGRAMAS DE 3D

Outra combinação natural de programas com o Photoshop e o Illustrator são os programas de 3D. Por exemplo, muitas vezes é possível utilizar caminhos em 2D do Illustrator como guia para a criação de uma imagem em 3D. Apesar dos programas de 3D serem bastante poderosos, você ainda precisará do Photoshop para suavizar e combinar uma imagem de segundo plano.

6.20

O artista Eliot Bergman é praticamente um mestre do mundo em 3D. Suas imagens **(6.24, 6.25)** ilustram o seu incrível domínio sobre o 3D combinado com Photoshop. Eliot utiliza o Alias Sketch! e o Alias RenderQ! como programas de 3D. Ele utiliza o Illustrator para iniciar o esboço básico da imagem, e em seguida transporta a imagem do Illustrator para o Alias Sketch! ou Alias Render! para criar deslocamentos e processar o segundo plano inicial. No Photoshop, Eliot adiciona mais contrastes, luzes e texturas conforme o necessário.

Alliance, de Michael Tompert **(6.26)**, ilustra um cena de xadrez. Para criar o trabalho, Michael escaneou peças de xadrez reais. Em seguida, utilizou Strata Vision para criar o efeito em 3D. No Photoshop, Michael finalizou a cena com realces, sombras e texturas. Sua dica principal é utilizar o Photoshop para criar profundidade. Uma das diferenças das imagens criadas em 3D e a foto real é que uma imagem criada em 3D apresenta o foco perfeito em toda a imagem. Ao utilizar o Photoshop para manchar o segundo plano, adicionamos um toque de realismo. Consulte o Capítulo 11 para obter mais exemplos do trabalho de Michael.

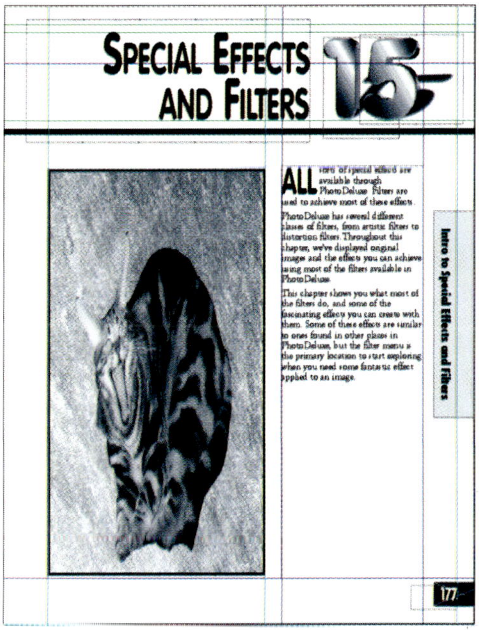

SPECIAL EFFECTS AND FILTERS

15

ALL sorts of special effects are available through PhotoDeluxe. Filters are used to achieve most of these effects.

PhotoDeluxe has several different classes of filters, from artistic filters to distortion filters. Throughout this chapter, we've displayed original images and the effects you can achieve using most of the filters available in PhotoDeluxe.

This chapter shows you what most of the filters do, and some of the fascinating effects you can create with them. Some of these effects are similar to ones found in other places in PhotoDeluxe, but the filter menu is the primary location to start exploring when you need some fantastic effect applied to an image.

Intro to Special Effects and Filters

177

6.21

EXTREME 3D

O Extreme 3D, da Macromedia, é um aplicativo individual que permite criar modelos, animações e processamento em 3D **(6.27)**. O Extreme 3D também funciona paralelamente com o FreeHand, o Director, o xRes e o Authorware, todos produtos da Macromedia. Com o Extreme 3D você pode transformar uma imagem vetorizada em 2D do FreeHand ou do Illustrator em um sonho em 3D.

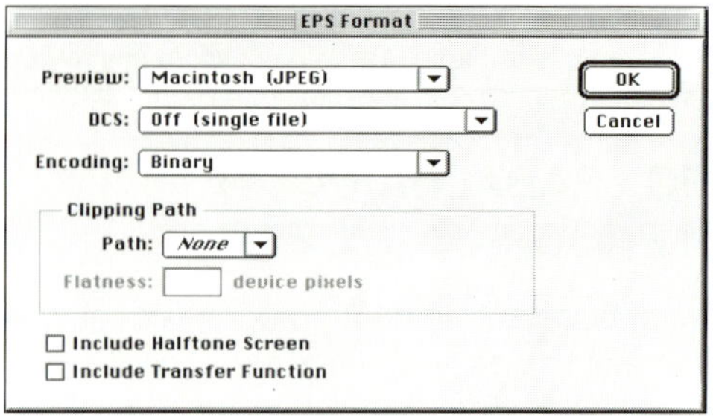

6.22

O artista Andrew Faw utiliza o Photoshop para criar mapas texturizados que são aplicados em formatos planos no Extreme 3D. Andrew está sempre trabalhando entre o Photoshop e o Extreme 3D na criação dos seus processos. O *Common Desktop Environment*, ou *CDE* **(6.28)** ilustra a utilização extensiva de Andrew do Illustrator, Photoshop e Extreme 3D. Andrew criou a letra *D* no Illustrator e utilizou o KPT Vector Effects, para colocar o *D* em 3D. No Photoshop, ele cria todas as texturas aplicadas através do Extreme 3D. Para obter mais informações sobre a criação do *CDE* e sobre os exemplos do trabalho de Andrew, consulte o Capítulo 8.

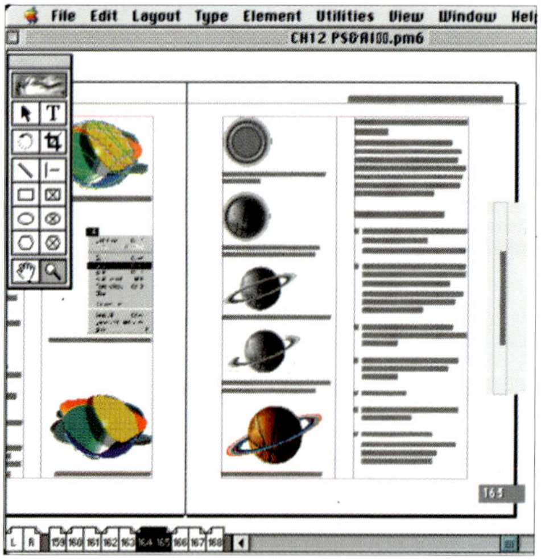

6.23

O Extreme 3D permite processar determinados formatos de arquivo. Você pode processar com o PICT, o Targa 24 e 32 bit e filmes em Quicktime na plataforma do Macintosh. Se você estiver na plataforma do Windows, você poderá processar em formatos de arquivo BMP e de 24 e 32 bit.

ADOBE DIMENSIONS

O programa de processamento em 3D da Adobe é o Dimensions. Apesar de o Dimensions não ser um programa tão poderoso quanto os outros, ele realiza as tarefas com facilidade. Devido ao recurso do Adobe de arrastar e soltar entre programas, o processamento de imagens fica muito mais fácil. Por exemplo, você pode criar sua imagem em 2D no Illustrator, deslocar a imagem no Dimensions, e em seguida finalizá-la no Photoshop.

6.24

O Dimensions não permite endereçar luz, superfícies refletoras, sombras de objetos, efeitos de céu ou transparência. Mas não desanime! A vantagem do Dimensions sobre outros programas de 3D é que a impressão é feita em Post Script. Isso significa que a arte criada, é de resolução independente. Você não precisa se preocupar com o tamanho da imagem ou a resolução do arquivo. É como o Illustrator, você não precisa definir a resolução. Se combinar algo com um arquivo do Photoshop, certifique-se de que o arquivo do Photoshop está com a resolução adequada antes de adicionar as partes combinadas.

Enquanto o Illustrator com os seus gradientes pode criar uma esfera em 3D, o Dimensions acrescenta sombra e profundidade no objeto, já que o Illustrator não é capaz de fazê-lo **(6.29)**.

COMO TRABALHAR COM A WEB

Quase todo mundo se interessa, por acessar a World Wide Web. Não somente desejamos entrar na Web, como queremos ter a nossa própria página na Web. Você pode criar imagens no Photoshop e no Illustrator, ou em uma combinação de ambos, e colocá-las na Web. Agora com o Illustrator 7 é possível exportar uma imagem diretamente do Illustrator e obtê-la na Web. O Photoshop Versão 4 facilitou ainda mais a exportação da Web. Você pode facilmente exportar um arquivo do Illustrator ou Photoshop ao seguir essas etapas:

6.25

ETAPA 1 Abra o arquivo que deseja exportar para a Web.

ETAPA 2 Escolha File ➢ Export. Aparecerá a caixa de diálogo Save. Clique e arraste para a opção de exportação GIF89a **(6.30)**.

ETAPA 3 Dê um nome para o arquivo e clique em Save. A caixa de diálogo GIF89a Options aparecerá (6.31). A paleta que geralmente escolho é a Adaptive. Assim, as limitações do meu sistema são impostas nessas imagens de visualização. Se você verificar a caixa de diálogo Transparent, o segundo plano da página branca se tornará transparente na página da Web. Desta forma, o objeto será visto com a cor do segundo plano que você configurou para a página da Web.

ETAPA 4 Clique no botão OK. É só! Agora, adicione o arquivo no programa de página da Web e está pronto.

6.26

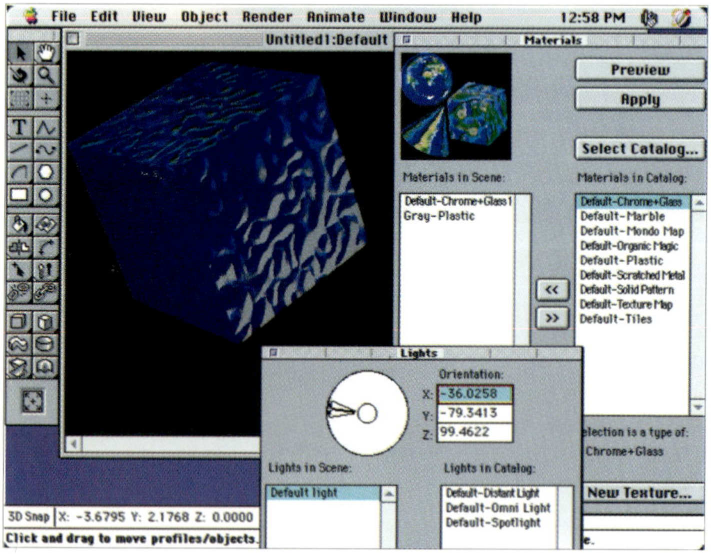

6.27

6.28

Agora que você pode exportar um arquivo para a Web no Illustrator, você precisa saber como fazer isso no Photoshop. Observe que você tem algumas opções a mais no Photoshop para exportar o arquivo.

ETAPA 1 Abra o arquivo que deseja exportar para a Web.

ETAPA 2 Escolha Image ➢ Mode ➢ Indexed Color. É necessário realizar esse procedimento antes de exportar. Isso fará com que a caixa de diálogo Indexed Color apareça, permitindo que você escolha entre as opções Palette, Color Depth, Colors e Dither **(6.32)**. Clique em OK.

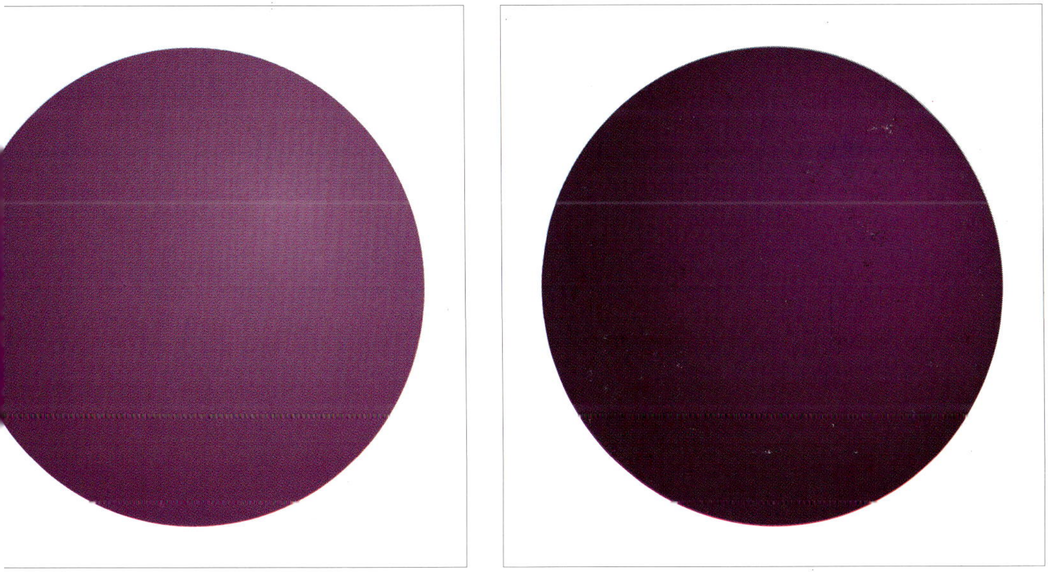

6.29

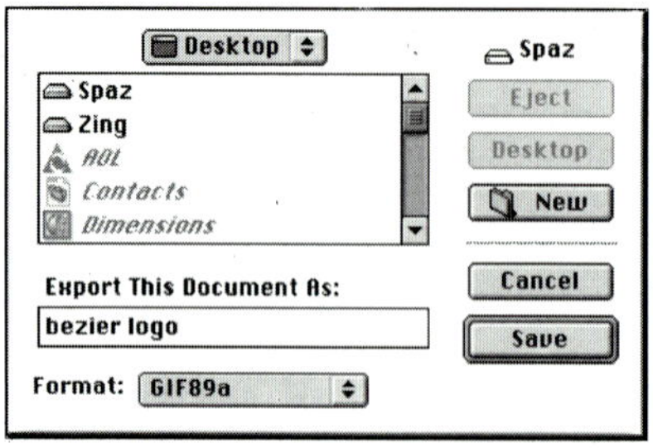

6.30

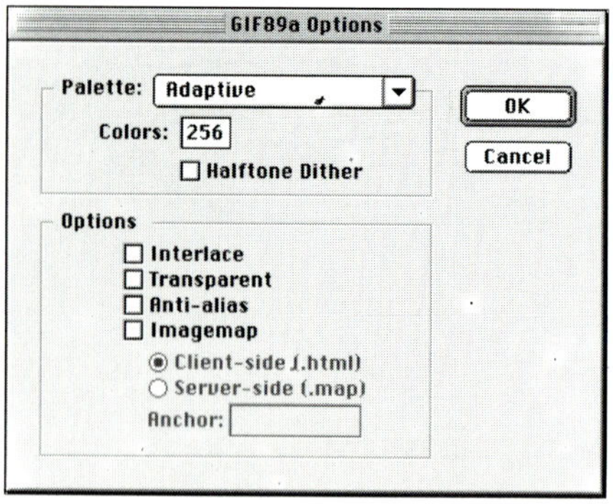

6.31

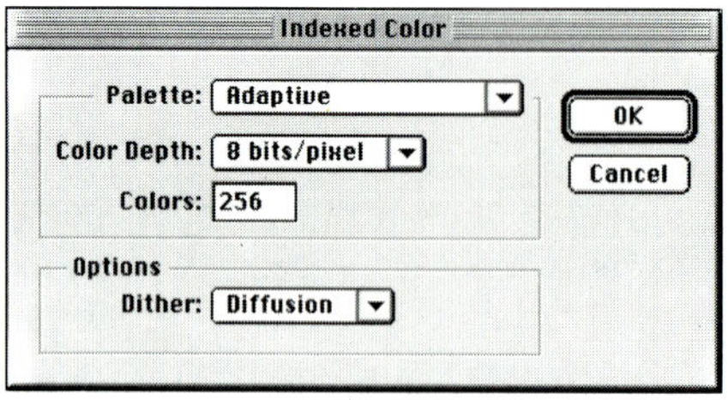

6.32

ETAPA 3 Escolha File ➢ Export ➢ GiF89a Export. Isso fará com que a caixa de diálogo GIF89 apareça **(6.33)**. Aqui, se desejar, você pode escolher uma cor para a transparência. Clique em OK.

ETAPA 4 Por último, após ter selecionado a cor para a transparência aparecerá a caixa de diálogo Save **(6.34)**. Digite o nome do arquivo e vincule-o ao programa de página da Web. Você vincula o arquivo ao programa da Web ao digitar o mesmo nome salvo no programa da página da Web.

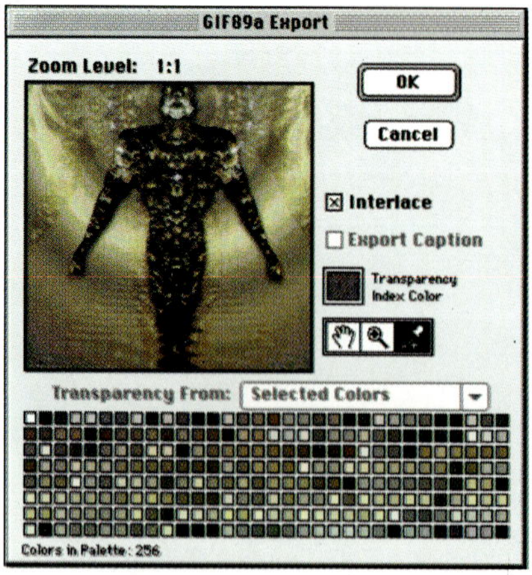

6.33

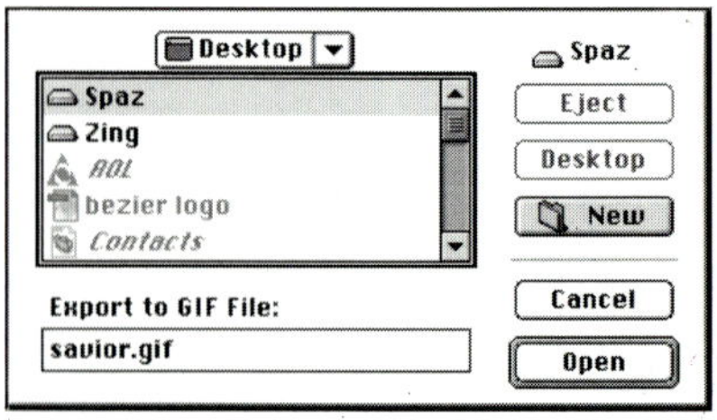

6.34

Lembre-se, ao trabalhar com o Photoshop e resoluções para visualizar imagens na Web você precisa de uma resolução de somente 72 ppi (pixels per inch - pixels por polegada). Isso ocorre porque as telas dos nossos computadores exibem apenas uma resolução de 72 ppi. Não é necessária uma resolução superior. Outro benefício dessa resolução baixa é que a visualização das imagens é mais rápida. Não há nada mais frustrante do que tentar visualizar uma página da Web com arquivos de alta resolução e demorar muito.

6.35

A Figura 6.35 mostra uma página da Web criada pela artista Patricia Cheal. Essa página da Web teve origem em uma série de cartões postais para crianças que incorpora o Photoshop, o Illustrator e o PageMaker **(6.35)**. Patricia iniciou o conceito original no Illustrator como um esboço. No Photoshop, ela amenizou o colorido e acrescentou alguns efeitos de raio no céu. No PageMaker, Patricia combinou as imagens com o texto. Assim, ela transformou as imagens em páginas da Web fáceis de navegar.

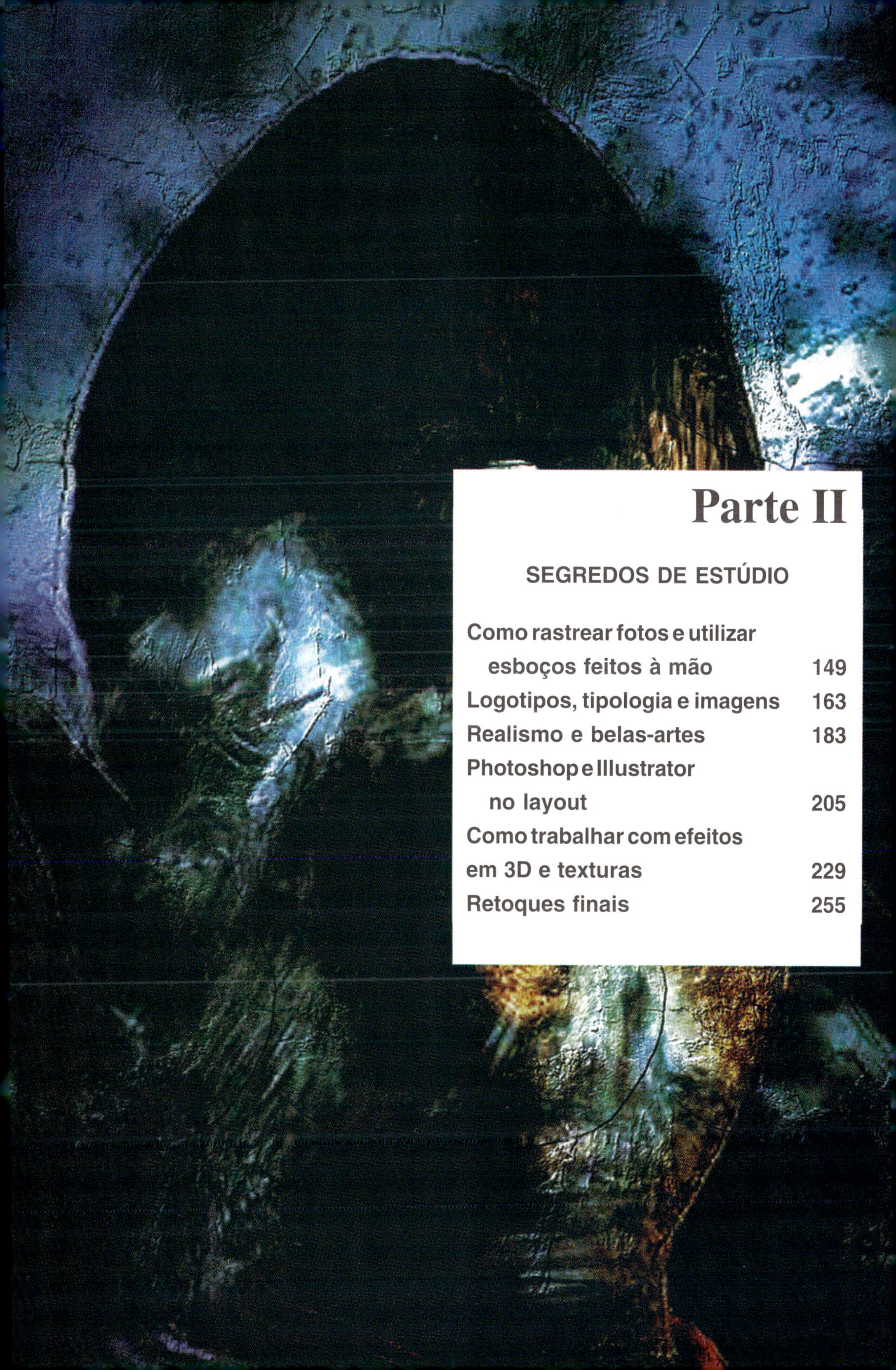

Parte II

SEGREDOS DE ESTÚDIO

Como rastrear fotos e utilizar esboços feitos à mão 149
Logotipos, tipologia e imagens 163
Realismo e belas-artes 183
Photoshop e Illustrator no layout 205
Como trabalhar com efeitos em 3D e texturas 229
Retoques finais 255

CAPÍTULO 7

COMO RASTREAR FOTOS E UTILIZAR ESBOÇOS FEITOS À MÃO

O limite entre o que está aqui e agora e o que só pode ser imaginado é um caminho para editarmos.

Brian Warchesik

Muitos artistas, tradicionais e modernos, não conseguem ir diretamente para um programa e começar a desenhar. É muito mais fácil iniciar uma imagem a partir de um esboço ou de uma foto. Além do Photoshop permitir escanear uma foto ou esboço, também é possível limpar a imagem e sombreá-la para rastrear no Illustrator. Vários artistas trabalharam constantemente utilizando esse método nos processos criativos. Neste capítulo, discutiremos como utilizar uma foto e um esboço para criar imagens fantásticas com o Photoshop e o Illustrator. Você pode rastrear uma foto no Illustrator e utilizar um esboço feito à mão para ser aprimorado no Photoshop. Também é possível utilizar um esboço à tinta e aprimorá-lo com o Photoshop ou o Illustrator... São inúmeras as possibilidades.

COMO RASTREAR IMAGENS

Antigamente, para rastrear uma imagem você pegaria o papel de rastreamento e o posicionaria sobre a imagem a ser copiada. Depois de horas de esforço para aplicar a tinta, até dar câimbra na mão, você obteria uma cópia muito boa da imagem original. Com os maravilhosos computadores e os fantásticos programas gráficos disponíveis, você pode criar imagens de rastreamento similares, porém muito mais estimulantes. Hoje em dia, muitos artistas rastream um esboço ou foto que escolheram. Esse rastreamento é um ponto de partida para imagens fantásticas.

THE FISH

Geno Coppotelli criou esse excêntrico peixe ao utilizar uma imagem que ele primeiro desenhou à mão. Esse esboço foi transportado para o Illustrator para que Geno pudesse traçar os formatos básicos do peixe. Ele transportou os formatos para o Photoshop para acrescentar profundidade, luz e textura. Geno descreve seu processo de criação:

7.1

"Os formatos básicos do corpo, olhos, pálpebras e barbatanas foram criados no Illustrator. Os formatos, foram preenchidos com cores diferentes. Posteriormente, esses formatos foram copiados e colados no Photoshop. Cada cor foi salva como um canal. A profundidade foi acrescentada ao carregar a seleção do formato, adornar e inverter a seleção, e na interseção da seleção original com a seleção com adornos. Utilizei o Curves para clarear o centro e escurecer as bordas. As escalas do peixe foram criadas ao aplicar o desenho padrão do Photoshop durante o processamento da textura preenchida através do canal vermelho da figura. As plantas foram colocadas ligeiramente em alto-relevo e coloridas com Hue/Saturation. O filtro de efeitos de luminosidade foi acrescentado para aumentar a profundidade. As bordas foram sombreadas da mesma forma que o peixe.

O lago foi desenhado no Photoshop. Utilizei o azul como preenchimento. O lago foi duplicado e a camada superior foi colocada sobre o peixe. A opacidade foi definida para 40 por cento para dar o efeito de submersão. Uma ferramenta de marcação circular foi utilizada para excluir a área em que o corpo do peixe estaria submerso **(7.1)**."

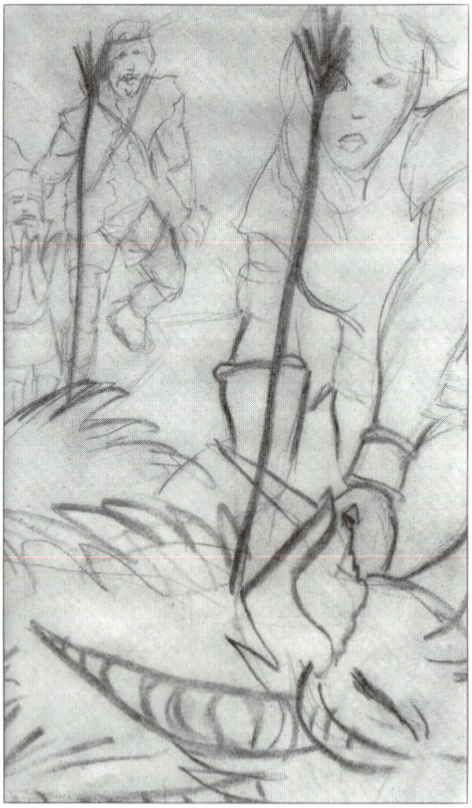

7.2

Ao rastrear uma foto, talvez você não consiga visualizar com facilidade as linhas que está desenhando. Se você abrir ou importar uma foto para rastreá-la no Illustrator, a imagem exibirá as cores com intensidade máxima. No Illustrator, você pode optar por sombrear uma imagem, mas isso pode demorar mais na hora de redesenhar. Gosto de sombrear minhas fotos no Photoshop, assim posso ver facilmente a imagem e as linhas que estou desenhando na superfície. As etapas a seguir resumem como sombrear uma foto para o rastreamento:

ETAPA 1 Escaneie um esboço que deseja rastrear no Photoshop **(7.2)**.

ETAPA 2 Ajuste os níveis de modo a clarear a imagem.

ETAPA 3 Ao utilizar o contraste na caixa de diálogo Contrast/ Brightness, aumentará o contraste fazendo com que as linhas sobressaiam mais **(7.3)**.

ETAPA 4 Sombreie a imagem ao utilizar o cursor Output Levels e arraste o cursor preto em direção ao cursor branco a fim de clarear a imagem **(7.4)**. Salve a imagem como TIFF ou EPS.

ETAPA 5 Abra o Illustrator e escolha File ➢ Open. Clique duas vezes no esboço que você salvou como TIFF ou EPS.

ETAPA 6 Comece a rastrear a imagem utilizando as ferramentas Pen e Brush com um Wacom ou outro tipo de bloco sensível à pressão **(7.5)**.

7.3

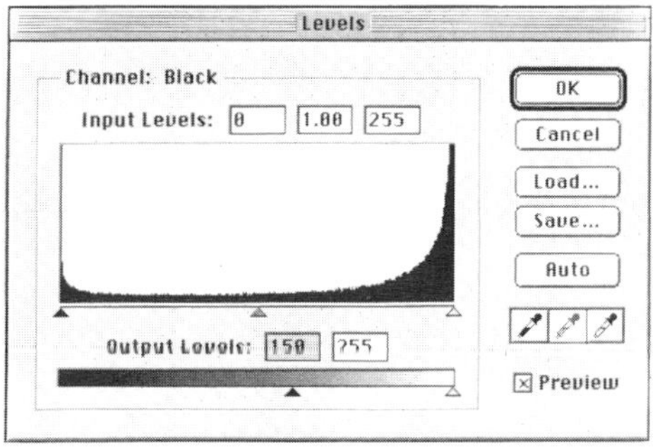

7.4

O PHOTOSHOP E O CINEMA, POR MARK J. SMITH

NESTA SEÇÃO, Mark explica como eles mesclaram as tomadas do ator com a água-viva. O problema é que o ator está olhando alto demais em relação à altura real da criatura. No Photoshop, Mark explica como eles consertaram esse problema.

"Agora de volta à cena. A água-viva foi enviada para matar Mason no seu laboratório de pesquisa. No filme, a água-viva era bastante grande (sete pés de altura, sem contar com os tentáculos flutuantes e brilhantes). No estúdio, aparentemente o set de filmagens não tinha pé direito para isso. No filme, aparenta ser um pé direito normal de 8 pés. Conforme a tomada foi sendo realizada, Mason virava para trás e via que a criatura invadira a sua propriedade. Mason ficava atordoado, quase que hipnotizado, ao ver a criatura.

Na primeira tomada, em que a criatura encara Mason, o ator aparenta estar no nível dos tentáculos como se a criatura fosse muito maior. É importante considerar que foi muito difícil atuar com algo que não estava ali, porém na metragem original Mason estava estendendo o pescoço como se estivesse olhando para o céu, e não como se supostamente houvesse algo bem na sua frente. A criatura flutuava, mas estava confinada ao espaço do quarto. O pé direito tinha somente 8 pés de altura e não 40. O que deveríamos fazer? O Photoshop era a salvação!

É claro que iríamos remover a cabeça do ator e posicioná-la no ângulo apropriado. Esse procedimento retorna ao ponto anterior, a respeito da produção de uma tomada somente do segundo plano. Poderíamos ter eliminado a cabeça do Mr. Adam e reposicionado as informações que estavam faltando na cena. Ao remover a cabeça do ator, não havia nenhuma ilustração no segundo plano! Portanto, removemos a cabeça dele desenhando uma seleção muito precisa ao redor da cabeça até o colarinho. Mantivemos a cópia da cabeça até que fosse necessária.

Agora, como nossa intenção era girar a cabeça para a orientação correta, isso deixaria áreas que não foram fotografadas em branco. Não há nenhuma outra ferramenta que eu tenha utilizado mais no Photoshop do que a Rubber-stamp. Com um palpite inteligente, pude utilizar a ferramenta Rubber-stamp para pegar as áreas expostas emprestadas e reinventar o que poderia ter sido fotografado sem o ator (somente o segundo plano).

Felizmente, duas coisas ajudaram imensamente: a área a ser substituída era pequena e não estava muito atribulada; por isso, as informações ao redor foram facilmente emprestadas, a fim de criar um novo segundo plano."

Consulte o Capítulo 11 para obter mais explicações sobre o trabalho com efeitos digitais de Mark para *Not of This Earth* .

7.5

COMO RASTREAR IMAGENS DE ESBOÇOS

Alguns dos muitos artistas gráficos começam desenhando um esboço. Algumas vezes, é mais fácil primeiro anotar idéias que fazer um esboço no papel.

Você irá constatar que muitas das "idéias" anotadas são boas para serem rastreadas.

ICARUS

Brian Warchesik é muito mais do que um artista consagrado. Ele inicia muitas das suas imagens com esboços feitos a lápis. Uma vantagem de desenhar assim é que você evita problemas com direitos autorais! Em *Icarus* **(7.6)**, Brian utiliza seus esboços com o Photoshop e o Illustrator. Ele aproveita todos os recursos da ferramenta Pen do Illustrator e com o Photoshop ele aprimora as cores e suaviza o segundo plano.

7.6

"O processo envolvido nesse trabalho, se iniciou com uma série de desenhos a lápis que foram escaneados no Photoshop. Grande parte do trabalho foi pintada ao utilizar as camadas Adjustment do Photoshop e um bloco Wacom. Nenhum desses trabalhos foi recortado de fotos ou trazido de outros aplicativos, como o Bryce. Tudo começou com esboços feitos à mão.

As capacidades de vetor do Illustrator foram totalmente utilizadas, principalmente na asa. Comecei rastreando o formato básico da asa através deum esboço escaneado. Desenvolvi os detalhes em camadas separadas no arquivo do Illustrator. Cada camada da asa foi colada, como se fossem caminhos no Photoshop. Os adornos foram manipulados em canais para obter diferenças sutis nos detalhes.

COMO UTILIZAR ESBOÇOS À TINTA COM O PHOTOSHOP E O ILLUSTRATOR

Até agora, você viu como é possível utilizar esboços simples com o Photoshop e o Illustrator. Vamos ampliar nossos conhecimentos sobre esboço. Se você gastou seu tempo criando um lindo esboço, não é necessário redesenhá-lo para utilizar a imagem no Photoshop ou no Illustrator. Você pode escanear qualquer esboço, e no Photoshop é possível colori-lo ou apenas aprimorar os tons. Esses esboços podem ser colocados ou abertos no Illustrator para serem combinados com outros elementos no processamento final.

TV WORLD

Joe Jones, da Art Works Studio, criou o *TV World* utilizando esboços à tinta. Esses pequenos elementos foram colocados no Illustrator com outros elementos da imagem. Em seguida, ele retirou o arquivo do Illustrator e abriu-o no Photoshop para acrescentar texturas e concluir a ilustração.

7.7

"O *TV World* foi um projeto muito divertido, mas com um prazo apertado de 3 dias. O arquivo foi criado no Illustrator **(7.7)**. As figuras e os aviões, na realidade, eram imagens feitas à tinta manualmente que foram rastreadas no Illustrator. Toda a tipologia foi criada através de caminhos de tipo do Illustrator. Sempre quiz fazer um desenho que se auto-repetisse.

Incorporo todos os tipos de textura nos meus trabalhos. Neste caso, fui até um ferro velho e peguei um pedaço de metal bem enferrujado. Utilizei essa textura do metal na imagem do globo terrestre, assim como na lua surreal no segundo plano. O Photoshop foi utilizado para suavizar as mesclas e retocar a cor **(7.8)**."

COMO UTILIZAR O ILLUSTRATOR PARA FINALIZAR A IMAGEM

Geralmente, o Illustrator é utilizado para acrescentar tipologia às imagens. Já que as capacidades do Photoshop com relação à tipologia são limitadas, é natural que você recorra ao programa de vetor da Adobe para acrescentar sua tipologia. Além de poder iniciar a imagem no Illustrator e aprimorá-la no Photoshop, você levará a imagem várias vezes de volta para o Illustrator a fim de acrescentar a tipologia e imprimir separações. Apesar de o Photoshop poder imprimir arquivos e separações, ele não reconhece as cores principais. Através do Illustrator, é possível imprimir as separações das cores principais.

AFRICA SHIRT

A artista Patricia Cheal inicia muitas imagens no Photoshop e utiliza o Illustrator para acrescentar a tipologia. Aqui, ela descreve o processo utilizado para criar a imagem dessa camiseta **(7.9)**.

"Africa shirt é um desenho de camiseta que deveria ser impresso em duas cores. Utilizei o Photoshop para montar a sobreposição de esboços. O arquivo foi colocado no Illustrator para acrescentar texto e imprimir as separações."

7.8

COMO RASTREAR NO FREEHAND

Da mesma forma que você rastreia no Illustrator, você rastreará no FreeHand. O FreeHand é o "outro" programa de ilustração, e muitos artistas utilizam exclusivamente um desses dois programas. O conceito de rastreamento em ambos os programas é basicamente o mesmo. Primeiro, abra ou importe a imagem que deseja rastrear. Em seguida, utilize a ferramenta de rastreamento da sua escolha. Muitos profissionais preferem utilizar a ferramenta Pen para rastreamentos precisos. Você pode também utilizar a ferramenta Brush ou FreeHand para um rastreamento de esboço.

WRECKING BALL, WRESTLER, LOUNGE LIZARD

Brian McNulty inicia a maioria das imagens fazendo esboços de suas idéias no papel. A sua natureza artística se revela quando ele rabisca. Esses rabiscos se transformam em ilustrações. Brian utiliza o FreeHand para rastrear esses esboços. Nos parágrafos seguintes, Brian descreve algumas técnicas para rastrear os esboços:

"*Wrecking Ball, Wrestler* e *Lounge Lizard,* inicialmente, foram criados no Macromedia FreeHand 7.0. Os segundos planos, em todos os três, foram criados no Photoshop 4.0 e importados para o FreeHand como um Tiff.

O esboço original foi escaneado com um scanner de 300 DPI, pois não queria que o desenho ficasse muito exato**(7.10, 7.11, 7.12)**. O contraste foi configurado para máximo a fim de obter uma imagem com contornos bastante nítidos, e quando eu rastreasse o esboço no FreeHand, sem ser auto-rastreamento, o scanner ressaltasse algumas nuances que nunca havia imaginado ou desenhado no original.

7.9

Coloquei mais zoom para 200 porcento e defini o peso da linha para .5 no FreeHand. Em seguida, pintei as linhas externas de vermelho, exatamente como no esboço escaneado. Utilizei o vermelho para ver as linhas sobre o esboço. Esse procedimento cria uma linha de desenho sem preenchimentos.

Após concluir o desenho das linhas externas, exclui o esboço escaneado. Alterei todas as linhas para preto com o preenchimento preto a fim de observar o resultado com preenchimento preto. Eu precisava fazer novas linhas para as áreas que não estavam preenchidas com cor, quem sabe uma outra camada. Preenchi essas áreas com a cor desejada. Em seguida, escolhi 'Send to Back'. Consertei todas as linhas que não estavam boas, e a arte estava concluída e pronta para ser exibida **(7.13, 7.14, 7.15)**."

COMO UTILIZAR O ADOBE STREAMLINE

O Adobe Streamline é um ótimo programa que converte imagens com base em pixel em imagens com base em vetor. Ao utilizar o Streamline, você pode converter qualquer foto em uma imagem editável com base em vetor que possa ser alterada no Illustrator. O Streamline pode rastrear imagens. Porém, para obter um rastreamento preciso, é melhor rastrear a imagem no Illustrator ou no FreeHand. O Streamline pode criar uma aparência de pintura na imagem.

7.10

7.11

7.12

7.13

7.14

7.15

As etapas a seguir mostram o processo de utilização do Streamline em uma foto. Visto que o Streamline foi atualizado para 4.0, o programa agora está muito mais fácil de se utilizar. Por exemplo, o Streamline "lerá" a imagem e determinará a melhor maneira para rastreá-la. Você pode alterar as configurações como desejar. Prefiro que o Streamline decida por mim.

ETAPA 1 Abra a foto que deseja converter no Streamline **(7.16)**.

ETAPA 2 Ajuste o Color/B&W Setup no menu de rolagem Options **(7.17)**. Aqui você pode especificar Limited Colors (Cores Limitadas), Unlimited Colors (Cores Ilimitadas), Custom Colors (Cores Personalizadas), Black & White only (Somente Preto e Branco), Edge Smoothing (Suavização das Bordas) e Complexity (Complexidade).

7.16

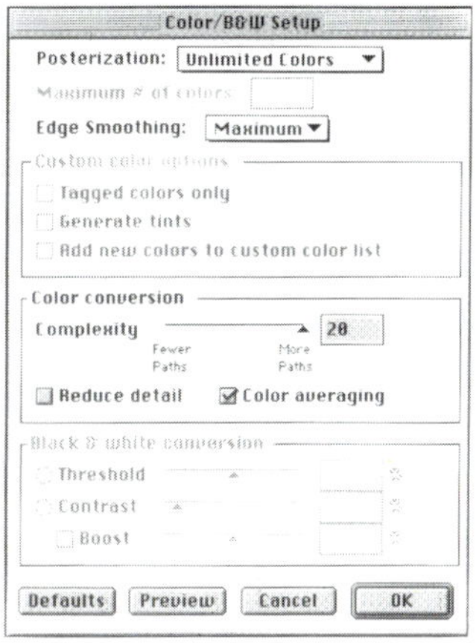

7.17

ETAPA 3 Escolha File ➢ Convert (⌘/Ctrl+R). Quanto mais complexa for a imagem, mais demorada será a conversão.

ETAPA 4 Você pode salvar a imagem como uma imagem do Illustrator ou copiar e colar o arquivo em um documento do Illustrator. Prefiro copiar e colar.

ETAPA 5 No documento do Illustrator, você pode ver a aparência de pintura na imagem convertida **(7.18)**.

7.18

ETAPA 6 Você pode utilizar quaisquer filtros terceirizados ou da Adobe para ajustar a imagem posteriormente **(7.19)**. Selecionei o céu e apliquei o KPT Shatterbox dos dispositivos da MetaCreations KPT Vector Effects.

7.19

7.20

COMO ALTERAR AS IMAGENS VETORIZADAS NO PHOTOSHOP

Qualquer imagem criada no Photoshop ou no Illustrator sempre pode ser alterada, para melhor ou pior. O Photoshop pode consertar imagens, assim como oferecer alternativas de processamento do original. Ao utilizar Levels, Curves, Brightness/Contrast, Hue/Saturation, Color Balance, assim como os filtros do Photoshop, você poderá criar diversas e lindas variações da sua imagem.

Ted Alspach criou *Lucy Ann* **(7.20)** ao escanear uma foto no Photoshop. Ele ajustou a imagem no Photoshop antes de transportá-la para o Streamline para converter em uma imagem vetorizada. Após a imagem ter sido submetida ao Streamline, Ted utilizou o Illustrator e vários outros filtros para criar uma aparência de pintura na imagem. Ele acrescentou o texto e a borda preta para concluir a ilustração.

"Importei *Lucy Ann* para o Photoshop visando experimentos posteriores. Achei que a imagem daria um lindo poster exibindo diferentes efeitos. Utilizei Levels na imagem original para enrugar as bordas. Depois de brincar com as alterações de cores e aplicações de filtros, ajustei Curves em algumas das imagens. A imagem agora possui uma variedade de opções para impressão de posters **(7.21)**.

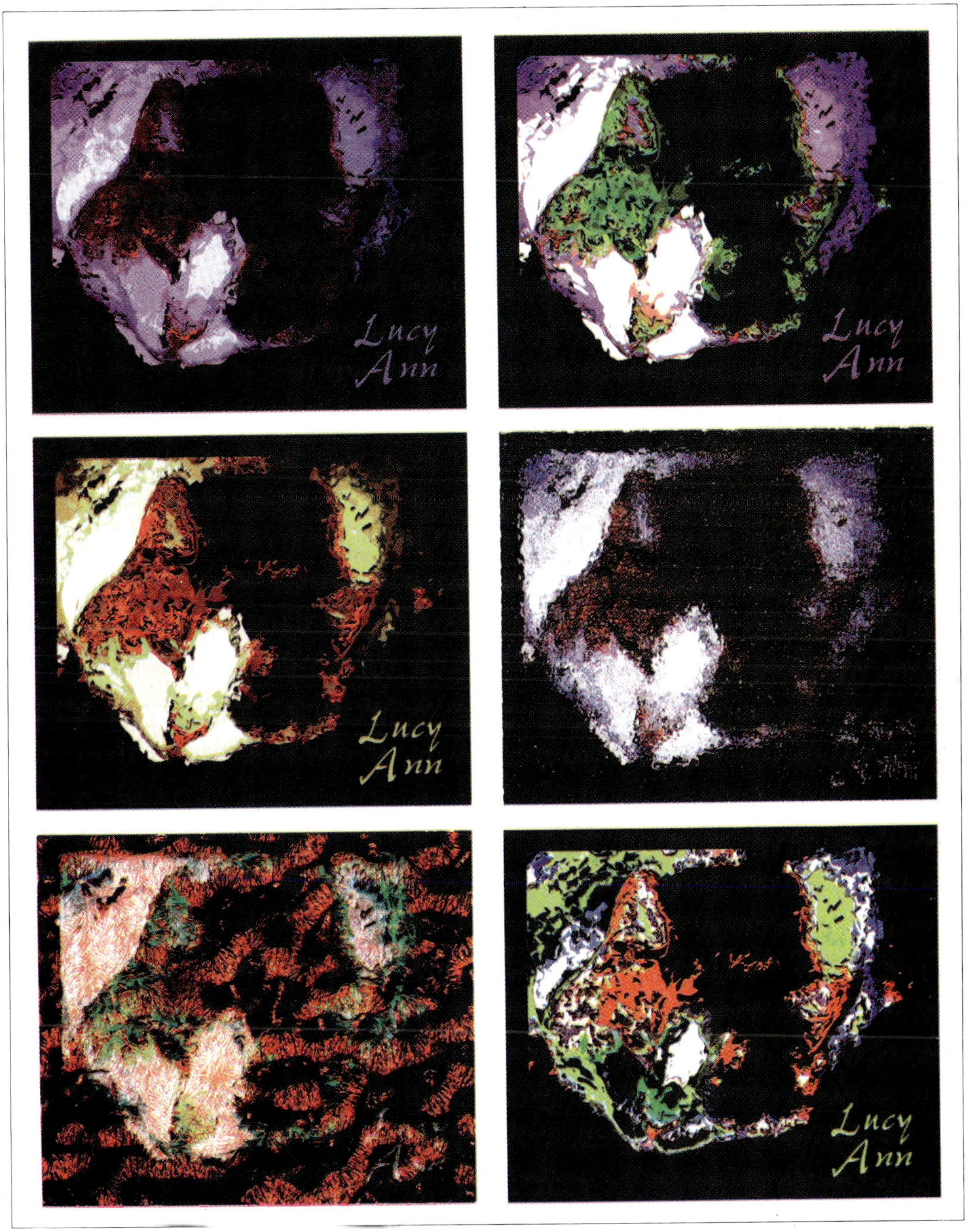

7.21

ITS
A
BOY

CAPÍTULO 8

LOGOTIPOS, TIPOLOGIA E IMAGENS

Quando alguém pergunta como são criadas as cenas em 3D, geralmente respondo: "Você se lembra do vulcão de papel marché que você fez quando criança? Primeiro você utilizou uma tela de arame e colocou uma camada de papel, depois pintou para que parecesse real." Criar modelos em 3D é a mesma coisa.

GLENN RIEGEL

Os logotipos, a tipologia e as imagens fazem parte do nosso dia a dia. Para onde quer que olhamos, vemos imagens que foram criadas por meio do Photoshop e do Illustrator. Além de você poder criar uma boa arte-final com o Photoshop e o Illustrator, você pode também utilizar esses programas para complementar a identidade do seu empreendimento. Logotipos vistosos, iniciados no Illustrator ou no FreeHand, podem apresentar efeitos e texturas surpreendentes por meio do Photoshop.

LOGOTIPOS

Os logotipos estão em todos os lugares. Provavelmente, ao longo de uma estrada você verá o logotipo de um produto sendo anunciado em um outdoor. Os logotipos são essenciais para a identidade de qualquer empreendimento. Ele é a imagem que faz você lembrar ao pensar em um determinado produto ou empresa. Na seção a seguir, mostraremos artistas que incorporaram o Photoshop e o Illustrator na criação de logotipos para seus clientes. Vários logotipos conhecidos utilizaram o Illustrator ou o FreeHand como ponto de partida e o Photoshop como programa de finalização.

MUELLER BEER

Gerard Chateauvieux utilizou o Photoshop e o Freehand para criar um logotipo para a empresa Mueller Beer. Ele utilizou o FreeHand para as figuras do logotipo e o Photoshop para o mapeamento. A imagem final com o logotipo já pronto mostra uma garrafa e um copo de cerveja.

"Este modelo apresenta a possibilidade de se utilizar duas peças geometricamente idênticas e aplicar dois mapas de textura no Photoshop. Apliquei essa técnica no copo e na garrafa e utilizei um mapeamento real da superfície e do ambiente nos dois formatos idênticos separadamente. Escalonei um dos objetos com tamanho menor do que o outro, fazendo com que as duas superfícies não interferissem uma na outra. Criei os rótulos no FreeHand, e em seguida rasterizei, camuflei e os cortei no Photoshop. O mapeamento do ambiente é um mapa em escala de cinzas, com uma cor esverdeada que é acrescentada aos locais refletidos e imperfeitos no sombreador Mondo Map **(8.1)**."

8.1

BORG

Joe Jones criou este logotipo enfocando a letra B. Ele iniciou a imagem no Illustrator para conseguir o formato básico e a letra combinada. No Photoshop, Joe utilizou texturas metálicas para criar a textura do logotipo. A seguir, ele explica como foi o processo.

"Este logotipo foi feito para a minha contadora Joanne Borg. Primeiro, desenhei o logotipo no Adobe Illustrator, e em seguida importei os caminhos criados para uma versão desenvolvida do Photoshop **(8.2)**. Esse é o segredo para se obter um bom resultado com chanfros. Escolhi uma textura de mármore, e em seguida criei uma série de canais e mapas de texturas para criar efeitos de luz.

8.2

Ao trabalhar com diferentes modos, criei camadas especiais para dar um efeito cromado nas áreas ressaltadas. Geralmente, nos meus trabalhos, sempre utilizo um pouco de cor nas sombras, uma tonalidade de azul ou roxo. As sombras na vida real não são pretas **(8.3)**."

8.3

EFEITOS DE TIPOLOGIA

A melhor forma de criar uma tipologia é com programas com base em vetor, como o Illustrator. A não ser que você tenha um produto terceirizado, como o PhotoTools da Extensis. O PhotoTools possui um filtro chamado *PhotoText* que permite que você crie a tipologia como desejar por meio de um programa de vetor. Após a tipologia ter sido criada, é possível importar o texto para o Photoshop. No Photoshop, você pode criar qualquer imagem e no Illustrator concluir a imagem ao acrescentar a tipologia.

DIGI HONG KONG

Pamela Hobbs criou um estilo próprio. Ela preferiu criar o seu próprio estilo e torná-lo o mais individual possível. As imagens de Pamela possuem um caráter exótico. Ela incorpora as imagens do Photoshop com um programa de 3D para obter uma imagem mais vistosa.

O grupo de artistas digitais DIGI, com sede em Hong Kong, promoveu uma exibição de artistas digitais internacionais. Pamela Hobbs foi escolhida para representar a San Francisco Bay Area. A exibição consistia em um tema livre.

Porém, todas as imagens deveriam apresentar a palavra DIGI. Pamela contou que quando pensa em Hong Kong ela associa à vida noturna, hotéis, cabarés, comidas e restaurantes **(8.4)**.

Ao criar *Digi Hong Kong* para a exibição International Digital Artists, Pamela seguiu as etapas abaixo:

8.4

ETAPA 1 Criei a palavra DIGI no Specular Infini D. Eu queria que a palavra DIGI tivesse um efeito dimensional e bem definido, então utilizei várias refrações nos recursos de processamento. Utilizei focos de luz e vidros, e importei o arquivo processado para o Photoshop.

ETAPA 2 Escaneei pacotes de alimentos, macarrão, garrafas, cigarros e os coloquei diretamente no scanner de base plana.

ETAPA 3 Ao utilizar os controles do Photoshop de matiz, saturação e luminosidade, pude ajustar esses valores.

ETAPA 4 Coloquei o pacote de macarrão no segundo plano, com configuração de opacidade definida na paleta de camadas para 20 porcento.

ETAPA 5 Retoquei a cor da garrafa com a ferramenta de caneta, para fazer uma seleção ao redor das áreas realçadas, e em seguida apliquei níveis de cor em determinadas áreas para ressaltar os realces nítidos.

8.5

8.6

ETAPA 6 As asas da mulher são imagens armazenadas. O vestido dela é um modo do filtro de difusão personalizado do menu de predefinições do Kai Power Tools.

ETAPA 7 As meias da mulher foram criadas ao utilizar o recurso de mesclagem personalizada do Photoshop e ao acrescentar um realce na área onde a perna iria transparecer através da meia.

ETAPA 8 Toda a imagem foi nivelada e submetida a um pouco de sombra.

8.7

DECADE PIECE

As imagens de Laurie Grace são encontradas em muitas publicações. No *Decade Piece* ela combinou o Photoshop, o Illustrator e o Dimensions para criar essas imagens fantásticas. Apesar de muitas imagens serem pequenas, Laurie soube como mesclá-las com cor.

"As imagens da arte *Decade Piece* foram criadas como gráficos para uma apresentação de notícias internas de uma corporação. Todas foram iniciadas como segundos planos do Photoshop e colocadas juntas no Photoshop com camadas, camuflagens de camadas, sombras e etc. Criei a tipologia no Illustrator e a transportei para o Photoshop. Uma parte da arte-final está no Illustrator e a outra no Dimensions. Por exemplo, a chama vem da imagem Olympics e a bandeira está no Dimensions **(8.5)**."

8.8

FAMILY PC, KIDSGUIDE, RESTAURANTS

As imagens caricaturadas de Wayne Vincent para anúncios são fantásticas. Seu estilo excêntrico é retratado por meio dessas três figuras. Os esboços originais, feitos à mão, foram rastreados pelo Illustrator e suavizados no Photoshop. Wayne completou a imagem adicionando o texto através do Illustrator. As imagens *Family PC, Kidsguide* e *Restaurants* **(8.6)** foram criadas a partir de esboços e utilizadas como um modelo no Illustrator. Após processar o modelo como caminhos e acrescentar preenchimentos, Wayne abriu o arquivo no Photoshop. Ele copiou os caminhos do Illustrator e os utilizou na criação de camuflagens para as sombras com bordas esfumaçadas.

COMMOM DESKTOP ENVIRONMENT

Andrew Faw explica com suas próprias palavras como criou a imagem *Common Desktop Environment.* Essa imagem mostra uma utilização fantástica do KPT Vector Effects (um dispositivo do Illustrator). Andrew utilizou o Photoshop como um programa de combinação e também para a criação de efeitos especiais.

8.9

"Essa figura foi criada para X Inside Inc. Eles precisavam de uma imagem para uma versão autorizada do software *CDE (Common Desktop Environment)*. O software é um conjunto de blocos de criação para a interface gráfica do usuário (Graphical User Interface - GUI) para PCs, que executem o sistema operacional UNIX. Optamos por uma figura que sugerisse a interação direta com o software e incorporasse as letras *C, D* e *E*. O *D* para Desktop seria o elemento mais importante da imagem **(8.7)**."

O hardware que Andrew utilizou para criar *CDE* incluía: Powermac 9500 com RAM de 64 MB, 2GB de disco rígido, monitor Sony 200 SF 17"; bloco Wacom 6 X 9; LaCie Silverscanner; drive APS DAT e impressora colorida Epson Stylus ProXL. Software utilizado: Adobe Photoshop, Adobe Illustrator, Kai's Power Tools, KPT Vector Effects e Macromedia Extreme 3D.

Para criar a imagem, Andrew seguiu as etapas a seguir:

ETAPA 1 Após conversar com meu cliente sobre o projeto, pedi que ele me enviasse várias amostras de capturas de tela que apresentassem exemplos da interface. Todas eram imagens GIF com resolução de tela de 72 dpi. No Photoshop, as converti em arquivos PICT coloridos de 32-bit, em seguida, no Extreme 3D, as apliquei em diversos formatos planos, como se fossem mapas de textura. Ajustei os níveis das figuras para criar uma atmosfera flutuante. Tive que duplicar os formatos várias vezes para criar o panorama retrocedente.

8.10

8.11

ETAPA 2 Em seguida, criei no Photoshop um segundo plano do Texture Explorer (7" x 7" x 300 dpi). No Extreme 3D, apliquei esse segundo plano como um mapa de textura sobre uma grande área posicionada abaixo dos retângulos flutuantes.

ETAPA 3 Iniciei o céu com uma foto de nuvens do clip art e ajustei o ângulo ao utilizar a ferramenta de transformação livre do Photoshop. Brinquei com as cores utilizando a ferramenta Hue/Saturation, e em seguida apliquei o preto no gradiente transparente na parte inferior para dar a impressão de retrocesso no segundo plano. Posicionei o processo final das telas flutuando sobre o segundo plano das nuvens. Esse procedimento finalizou a tela de fundo da ilustração **(8.8)**.

8.12

ETAPA 4 Neste momento, tive que pensar como criaria um *D* chanfrado na imagem. No Illustrator, utilizei um *D* que gostei, e ao utilizar o Vector Effects 3D Transform apliquei uma aparência chanfrada **(8.9)**. Coloquei uma cópia da imagem da tela de fundo no Illustrator para facilitar o posicionamento. Criei uma caixa vazia do mesmo tamanho que a minha arte-final do Photoshop. Assim, poderia abrir os arquivos do Illustrator com o mesmo tamanho e resolução que o meu arquivo do Photoshop. Criei o chanfro utilizando sombreados cinza, deixando o resto da letra transparente. Salvei-o como um arquivo. Em seguida, criei um *D* correspondente à borda mais externa do chanfro, o preenchi com preto e o salvei como um segundo arquivo. Para utilizar os chanfros e as camuflagens no Photoshop, abri o arquivo do *D* sólido no Photoshop como uma escala de cinzas e com a mesma resolução que a imagem da tela de fundo. Copiei o arquivo para um novo canal na imagem da tela de fundo. Utilizei o canal do *D* sólido na minha imagem de segundo plano como uma camuflagem da camada **(8.10)**.

ETAPA 5 Para a criação do chanfro, abri o arquivo do chanfro como uma escala de cinzas e copiei a imagem em uma nova camada sobre o segundo plano. Queria manter um pouco das áreas brancas do chanfro, por isso diminuí a opacidade dessa camada até obter o efeito desejado.

ETAPA 6 Para criar a caixa com o *E*, criei um cubo com o Extreme 3D com mapas de textura das capturas de tela, e em seguida utilizei a ferramenta de tipologia em 3D para criar um *E* chanfrado. Coloquei o E em uma das faces do cubo **(8.11)**. Tirei uma foto da mão da minha irmã (com esmalte prateado) e a levei em uma loja de revelação em uma hora. O prazo era muito apertado. Escaneei a mão no Photoshop e utilizei as ferramentas Dodge e Burn junto com a Cloning para retocar a foto. Coloquei a foto em uma camada acima do cubo com o E. Entre as camadas do cubo e da mão, inseri outra camada e pintei algumas das sombras. Uma vez satisfeito, copiei o cubo para o meu arquivo de tela de fundo, coloquei o arquivo abaixo dos chanfros do D e posicionei a mão acima dos chanfros. Esse procedimento fez com que o cubo aparentasse estar dentro do D e a mão o estivesse alcançando por fora **(8.12)**.

8.13

8.14

ETAPA 7 Para as pequenas esferas que formam a letra C, criei uma excelente textura no Photoshop ao utilizar o Texture Explorer (utilizo bastante esse dispositivo). Salvei a textura como um PICT e o utilizei como um mapa de

8.15

8.16

8.17

textura no Extreme 3D. Posicionei as esferas e configurei a luz para atingir outros elementos da figura. Processei os formatos com um canal alfa para facilitar o processamento no Photoshop **(8.13)**. Para a esfera "Introducing the Desktop" utilizei uma das capturas de tela que meu cliente enviou e apliquei o filtro KPT Glass Lens. Nenhum 3D de ficção funciona nesse caso. Esse procedimento também funcionaria com as esferas menores, porém eu queria obter uma profundidade um pouco mais "real".

ETAPA 8 Neste momento, a imagem estava quase completa. Eu só precisava tirar o cubo com o E do segundo plano. Inseri uma camada entre a tela de fundo e o cubo ao copiar a camuflagem da camada no D do segundo plano. Apliquei um airbrush de brilho amarelo e ajustei a transparência da camada para retirar adequadamente a arte-final.

ETAPA 9 Finalmente, dupliquei o canal do D sólido original criado anteriormente. Apliquei o filtro Gaussian Blur, e em seguida desloquei o canal para a parte inferior direita. Em uma nova camada, atrás de tudo, carreguei o D manchado como uma seleção e o preenchi com preto. Ajustei a transparência da camada até obter a sombra desejada.

ETAPA 10 Sempre processo objetos em 3D com um canal alfa. Isso simplifica demais a composição de várias imagens no Photoshop.

CARTÕES DE VISITA

Por que pagar alguém para criar a identidade do seu empreendimento? Você mesmo pode criar um cartão de visita utilizando o Photoshop junto com o Illustrator e outros programas. O Illustrator acrescenta o texto e o Photoshop dá um toque especial no segundo plano.

DIGITAL DRAMA

8.18

Mark Smith criou o seu cartão de visita com a ajuda de Perry Harovas. Ele explica o processo de criação e dá algumas dicas sobre como obter o melhor resultado com cartões.

"Apesar de ter criado grande parte desse cartão, a idéia principal se desenvolveu a partir de um processamento do meu companheiro Perry Harovas. Ele também teve seu mérito na realização desse trabalho.

A princípio, esse cartão de visita era um anúncio, porém foi utilizado posteriormente para outros fins e tempos depois redesenhado. Perry havia processado o original no Bryce 1.0. Todo o anúncio estava numa taxa de definição diferente da atual. Perry processou uma área totalmente azul, onde eventualmente aplicaríamos no Photoshop o texto do anúncio. Eu nunca havia utilizado o Quark na minha vida. Perry utilizou o Bryce para processar a tipologia VISUAL FX em relevo. O Bryce é um bom rastreador de reflexos e criou um efeito nítido de água congelada. O anúncio nunca saiu do papel. Algumas vezes, certas coisas deixam de ser interessantes. Posteriormente, o anúncio foi cortado no Photoshop para ganhar a taxa de definição de um cartão de visitas e obteve-se uma resolução excelente.

"Perry colocou as informações da empresa no cartão e foi isso. Eu odiei. O VISUAL FX em parte estava bom, mas o cartão não me agradou muito. O cartão original desenhado por Perry apresentava um enorme espaço em azul que estava sendo totalmente desperdiçado. Essa é a área que atualmente, está sendo ocupada pela espiral. Deixe-me divagar um pouco. Utilizamos uma impressora Fuji Pictography que custa $22.000 e que pertencia a uma empresa aliada. Essa impressora é capaz de produzir impressões com qualidade de fotografia; é quase que imperceptível a diferença de uma foto colorida. Digo isso porque nunca imprimimos um cartão Digital Drama. Gastamos muito dinheiro com cartões que não gostávamos. Sempre imprimíamos uma folha com dez deles, o estritamente necessário. Chamávamos nossos cartões de *Cards du jour.* Era interessante imprimir cartões para uma determinada ocasião, dez ou vinte de uma vez, e obtê-los imediatamente! Se fôssemos para uma apresentação comercial ou para SIGGRAPH, poderíamos imprimir cartões específicos para essa ocasião e usá-los de uma só vez. Eventualmente brincávamos dizendo que quando fôssemos famosos esses cartões seriam itens de coleção, como figurinhas de baseball. Às vezes, alguns cartões eram impressos e circulavam em pouca quantidade. Esses seriam os raros.

8.19

Como havia dito, retornando ao design, o cartão era feio e nunca usei o meu. O design era horrível e vago. O cartão deveria ser uma espécie de anúncio e essa área deveria ser preenchida com informações sobre a Digital Drama. Porém, gostei da parte do VISUAL FX. Chamou-me a atenção. Um dia, enquanto estava procurando material para a nossa página na Web que eu mesmo estava produzindo, encontrei esse cartão que eu detestava. Uma empresa que faz esse tipo de trabalho não deveria ser tão simples e sim utilizar recursos mais atrativos para o cliente.

Sou fã inveterado de Tim Burton. Principalmente do clássico do cinema mudo *The Nightmare Before Christmas.* Os personagens são fantásticos. Tenho esses personagens decorando morbidamente meu estúdio. Existe um Compathat que cria fontes, que são chamadas de t-26. As fontes são muito interessantes e queria utilizar uma dessas fontes, pois possuía uma expressão própria. Acrescentei a margem preta na parte inferior do cartão para facilitar a alteração das fontes, de acordo com os nomes e os cargos das pessoas. Fiz isso através do Photoshop, ao acrescentar o preto na parte inferior com a opção de tamanho PS's Canvas, que facilitou o processo. Fiz vários testes até obter a quantidade ideal de preto. O problema é que conforme adicionava o preto, a taxa de definição do cartão não era mais a mesma de um cartão de visitas. Todas as vezes após acrescentar o preto utilizei a função de tamanho do PS's Image, a fim de alterar a imagem para uma taxa de definição adequada. Após algumas tentativas e erros, obtive a quantidade ideal de preto. Isso alterou um pouco a taxa de definição da figura original. Honestamente, apesar de estar faltando integridade artística, observo como a diferença entre impressão em itálico e normal não alterou a figura a olhos vistos.

Agora era necessário resolver o problema do espaço em azul. Ao manter o tipo Burtonesque, surgiram diversas idéias que não se desenvolveram. Finalmente, lembrei de um dispositivo KPT chamado *video feedback.* É a mesma ferramenta Kai Krause utilizada no anúncio Absolute Vodka, cujo efeito me agrada. Obtive a área azul com a ferramenta de laço. Verifiquei se a seleção compreendia a porção da tipologia VISUAL FX em relevo. A ferramenta é bastante interativa e foi possível preencher a parte azul desocupada com algo interessante e substancial. Se a região for muito grande, dá uma aparência muito pesada. Meu objetivo era que o desenho em caracol ficasse o mais sutil possível e acabasse encontrando um equilíbrio agradável.

Ao incorporar a seção em relevo da imagem original do Bryce e processá-la, se acrescentou o efeito de 3D em tudo. Especialmente no branco do realce mais pronunciado, ou como se diz em uma linguagem mais técnica, os pontos quentes do espéculo. Na realidade, esse movimento estratégico com o KPT Video Feedback foi feito antes do texto ser acrescentado. Esse procedimento permitiu que a margem preta inferior recentemente adicionada fosse incorporada ao filtro KPT. A parte preta formando uma leve curva que se estende até o espaço azul cria uma transição lógica entre o preto e o azul. Essa leve curvatura amenizou o contraste entre as duas cores.

8.20

Finalmente, utilizei o MagicWand para selecionar a área preta dentro da curvatura. Ao utilizar o Magic Wand, selecionei uma boa parte da margem preta. Em seguida, utilizei a ferramenta de seleção quadrada para desmarcar o texto e a área da margem preta criada recentemente. O meu objetivo principal era preencher essa área com algo superficial. Utilizei o Toolset de filtros da Alien Skin's Eyecandy (o antigo Black Box) para fazer isso. Optei pelo filtro Carve, que deu uma nova dimensão em 3D na parte escura, proporcionando a impressão de um relevo suave dando uma aparência orgânica muito interessante. Como a cauda do monstro do Lochness, ou algo que tivesse escamas. Utilizei o Filter para alterar a luminosidade e a nitidez dos realces dando um toque interessante. O texto sobre a empresa foi acrescentado diretamente no Photoshop, conseqüentemente completando o cartão.

Finalmente, utilizei o recurso Canvas Size para acrescentar mais cem porcento de espaço na lateral e cinco vezes mais espaço na parte inferior do cartão. Esse procedimento me proporcionou espaço para copiar o cartão original e colá-lo sobre a nova parte preta. Assim, foi possível criar cartões de visita 2 x 5, obtendo um total de dez cartões por folha **(8.14)**."

8.21

DESENHOS PARA CARDÁPIOS

São infinitas as possibilidades de criação de imagens utilizando tipologia. É possível criar desde anúncios e cartões de visita até desenhos para cardápios. Os restaurantes oferecem muitas oportunidades. Após criar o cardápio, você pode expandir o seu trabalho criando o letreiro, cartões de visita e timbre.

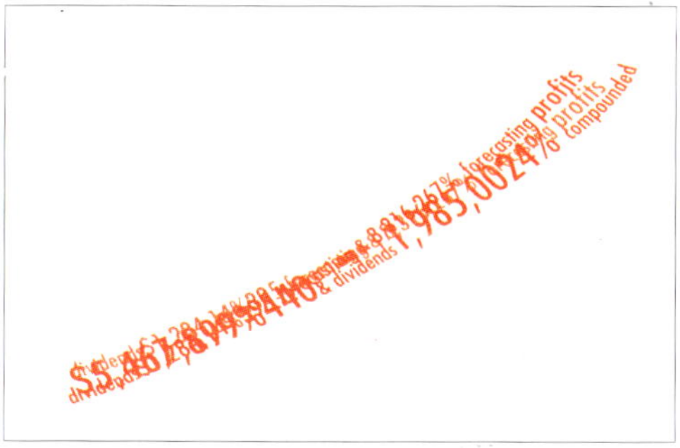

8.22

CAPA DO CARDÁPIO DO BULLSEYE

Patrícia Cheal iniciou o projeto do restaurante ao criar um tema para a capa do cardápio. Após o logotipo e o tema inicial terem sido aprovados, ela pôde projetar a identidade do empreendimento para toda a cadeia de restaurantes.

8.23

A imagem do Bullseye foi criada para uma capa de cardápio e um cartão de mesa. Patricia criou a arte no Illustrator. A imagem foi copiada e colada no Photoshop em uma foto de um pedaço de madeira. Em seguida, a arte foi adornada e preenchida com preto para apresentar essa aparência *queimada.* O arquivo foi salvo e colocado no Illustrator. No Illustrator, a imagem original foi colada sobre a aparência queimada **(8.15)**.

8.24

LETREIRO

A imagem *Macworld Expo,* a seguir, foi criada com o Illustrator, o Dimensions e o Photoshop. Esta imagem de Lance Jones mostra uma fluência natural entre programas. Lance iniciou a imagem no Photoshop, e em seguida utilizou o Illustrator para criar o texto e o Dimensions para incliná-lo. De volta ao Photoshop, ele inclinou toda a imagem sem emendas.

8.25

MACWORLD EXPO

"A imagem *Macworld Expo* foi liberada para as exposições Macworld de 1996-97 em São Francisco e Boston. O arquivo base é uma montagem de vídeo e fotografias escaneadas salvas como um documento do Photoshop 2.5 **(8.16)**. Os arquivos do Illustrator 'Macworld Expo text', Expo.ill.wideangle' e 'Expo.ill. telescope2' foram exportados do programa Dimensions.

Com a ajuda de um amigo - Joe Shoulak - utilizei o programa Dimensions para definir um formato cilíndrico para o texto 'Macworld Expo'. Os resultados foram exportados do programa Dimensions e salvos como arquivos do Illustrator**(8.17)**. Importei o arquivo do Illustrator e o salvei no Photoshop 2.5. Em seguida, importei esse arquivo para o arquivo base e salvei um arquivo intermediário de trabalho. Nesse arquivo, o texto foi importado como 100 porcento normal. Neste ponto, o texto estava muito forte e não se integrava à composição **(8.18)**. Voltei no arquivo base original, selecionei e copiei algumas partes. Copiei partes do feixe de luz central amarelo, com graus variados de opacidade, sobre o texto vermelho. Ao copiar e colar, foi possível diminuir a tonalidade e integrar o texto ao feixe de luz central amarelo. Utilizei a técnica de copiar e colar várias vezes para criar uma imagem final **(8.19)**".

IMAGENS

Os artistas a seguir exibem imagens maravilhosas criadas ao utilizar o Photoshop, o Illustrator e um programa de 3D. Conforme for lendo a descrição de como eles criaram a arte, você perceberá como é útil trabalhar com vários programas para criar vistosas imagens.

8.26

COLUMN

Eliot Bergman utilizou o Photoshop, o Illustrator e o Alias Sketch para processar a imagem *Column* . Ao ler as explicações, você verá como é fácil criar uma imagem que parece ter tido um longo processo de criação.

"Apesar da imagem parecer complexa, foi extremamente fácil criá-la. Primeiro, rabisquei um círculo no Illustrator. Outros círculos menores foram girados ao redor da circunferência, agrupados e cortados utilizando Object➢ pathfinder ➢ Minus Front para criar uma borda dentada. Esse formato serviu como esboço da coluna. Em um arquivo separado, defini o tipo para as palavras 'public finance'.

Em seguida, importei o arquivo com a tipologia para o Photoshop e o salvei como um PICT em escala de cinzas. No Alias Sketch!, importei o esboço da coluna do Illustrator, desloquei-o e selecio-

8.27

nei um arquivo PICT para aplicá-lo como um mapa cilíndrico cor de mármore. A borda dentada do círculo do Illustrator forneceu a aparência estriada. Para a base da coluna, utilizei novamente uma coloração de mármore, porém importei o PICT I do Photoshop para utilizá-lo como mapa de relevo de tipologia, definido para 4 porcento.

Uma visualização ortográfica foi utilizada para manter todos os elementos enquadrados na cena. A imagem foi processada no Alias RenderQ! Já que não havia reflexões ou refrações, foi utilizado o processamento longo, em vez do rastreamento de reflexo. O tamanho do processamento foi $8^{1/2}$" x 11" 300 ppi.

Finalmente, um arquivo do Illustrator foi mesclado com o processamento no Photoshop, criando os caracteres que aparecem flutuando na cena **(8.20)**. O grau de opacidade desses caracteres foi definido na paleta Layers."

8.20

FAST TRACK

No Fast Track, o artista Lance Jackson mostra a facilidade com a qual utiliza vários programas para criar uma imagem. Na imagem que ele criou para a Macworld Expo (explicada anteriormente neste capítulo), Lance utilizou o Illustrator para criar o texto inicial e o Dimensions para distorcer as palavras. O Photoshop foi utilizado para colocar tudo junto das imagens base com as quais ele iniciou a criação.

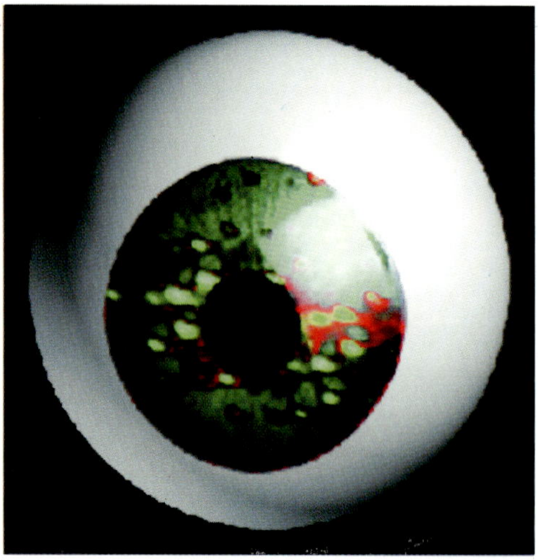

8.29

"*Fast Track* foi autorizada originalmente pela revista *Worth* para ilustrar um comportamento obsessivo que certas pessoas apresentam quando utilizam um determinado software de investimento. O arquivo base é um conjunto de imagens fotográficas e de vídeo, mescladas ao utilizar o Photoshop **(8.21)**. Os arquivos do Illustrator são dois arquivos de texto onde os caracteres foram colocados em um ou vários caminhos curvos e manipulados ao utilizar as ferramentas para escalonar, girar e distorcer **(8.22)**.

8.30

No texto *The secret of my success,* utilizei o programa Dimensions para girar o texto e formar uma elipse que não interferisse na já existente acima da cabeça do homem no arquivo base **(8.23)**. Salvei o arquivo do Dimensions.

No programa Dimensions, salvei e exportei o arquivo como se fosse um arquivo do Illustrator. Em seguida, importei o arquivo do Illustrator para várias camadas do Photoshop. Em cada camada utilizei os recursos de opacidade, como luz forte, mais claro, mais escuro, a fim de acrescentar variações nos arquivos de texto. Conseqüentemente, acrescentei outras partes existentes no arquivo base - no segundo plano, na superfície dos arquivos de texto - como a elipse de Saturno em posições variadas para dar a impressão de movimento. De certo modo é uma pintura digital removendo e acrescentando camadas ao arquivo. É como pintar sem pincéis, tubos de tintas e estopas. Além de ser uma tentativa de produzir uma sensação quadridimensional em uma imagem bidimensional. Quando o texto e o segundo plano na medida do possível foram mesclados de forma satisfatória, nivelei e salvei o arquivo **(8.24)**."

D[AI] SY

O artista Andrew Faw criou *D[AI]sy* como imagem de teste para o seu portfolio. "Grande parte do meu trabalho é orientada para um produto, por isso eu precisava me deparar com um 'trabalho imaginário'. Estava lendo um livro que descrevia investigações fantásticas, sobre como a inteligência artificial pode se manifestar. Havia sombras de HAL 9000 do filme *2001*. Eu me lembro de ter ido assistir o filme *2001* com meu pai, ainda muito pequeno. Adorei, porém fiquei com muito medo na cena em que o astronauta se distanciava cada vez mais no espaço. Ainda não sei se acho essa idéia de inteligência artificial atraente ou ameaçadora, mas definitivamente há bastante material na minha mente para uma ou duas ilustrações. Foi assim que nasceu *D[AI]sy* **(8.25)**.

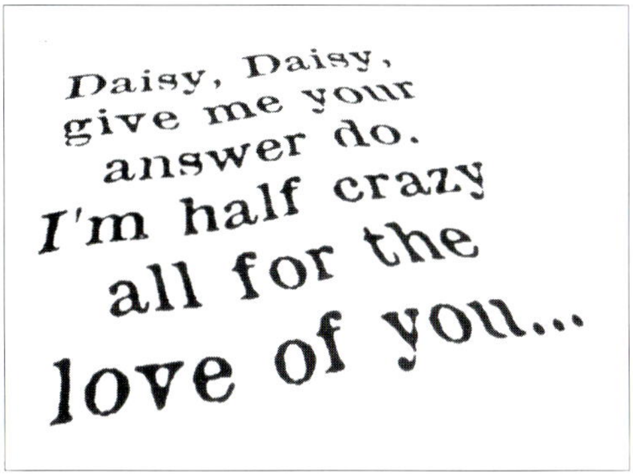

8.31

Existem duas categorias diferentes para essa imagem: o segundo plano e os objetos. Iniciei o segundo plano com algumas imagens **(8.26, 8.27, 8.28)**. Uma é uma *photo de clip art* de um tecido com uma textura interessante. Criei uma página inteira no Photoshop com uma imagem do KPT Texture Explorer com 300 dpi. Combinei as imagens no Live Picture. Assim, eu poderia mexer na textura do brilho com um pincel para grandes distorções. Em seguida, apliquei uma camuflagem de luminosidade com base nos valores em uma foto de uma nuvem. Esse procedimento permitiu que somente o segundo plano brilhoso transparecesse sutilmente. Ficaria muito excessivo se eu apenas colasse.

8.32

Adoro utilizar o Live Picture com o Photoshop. Posso criar arquivos enormes de várias imagens e texturas. Criar a tipologia no Photoshop, e em seguida fazer grande parte da minha composição no Live Picture sem preocupar-me com a alteração dos arquivos originais no Photoshop. Assim, me sinto livre para experimentar ambos os programas.

No primeiro plano, criei um enorme olho ao aplicar no Fractal Design Detailer uma íris fotográfica em uma esfera. Utilizei o Detailer para processar o olho, já que era um simples objeto **(8.29)**. Os tubos foram criados no Ray dream designer com uma textura sutil de mármore. Apliquei o Texture Explorer nos tubos no Photoshop, utilizando a cola 'procedural-minus' com uma configuração que desse uma aparência de mapa nos tubos **(8.30)**. Toda vez que faço um trabalho em 3D de colagens, me certifico de realizar o processamento com um canal alfa para posteriormente ajudar na composição.

A tipologia da canção do filme *2001* foi criada no Adobe Illustrator e colocada em perspectiva ao utilizar o filtro KPT Vector Effects 3D Transform **(8.31)**. Importei a tipologia para o Photoshop e a pintei selecionada nas camadas para preservar a transparência. Após pintar a tipologia, dupliquei a camada, desmarquei a opção para preservar a transparência e apliquei uma mancha de movimento na camada inferior. Após ter modificado a tipologia como queria, utilizei a opção no menu de camadas para mesclar visivelmente. Salvei a transparência das camadas em um canal novo. Nivelei a imagem e salvei o arquivo como um TIFF com canal alfa para a conversão e composição no Live Picture **(8.32)**. Para obter a sombra da tipologia, copiei a camuflagem da camada da tipologia no Live Picture numa nova camada monocolor e a pintei de preto, com a transparência definida para uma média de 40 porcento. Coloquei a camada da sombra atrás dos tubos em 3D.

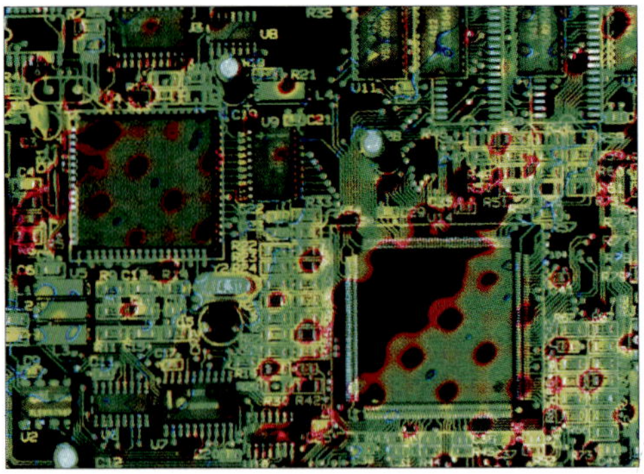

8.33

Quando estava pronto para trabalhar na imagem do rato defini um placa de circuito no meu scanner, em vez de tirar uma foto e esperar o processamento. Utilizei o ajuste Hue/Saturation no Photoshop para realçar um pouco a cor, e em seguida apliquei o KPT Texture Explorer para obter um pouco mais de textura. Fiquei brincando com as opções de cola no Texture Explorer até encontrar um efeito que gostasse **(8.33)**.

Utilizei a opção de camuflagem da camada no Photoshop para criar o efeito de um circuito no rato. Coloquei a placa de circuito na camada acima do rato. Criei uma camuflagem de camada na camada do circuito. Por meio desse procedimento, foi possível aplicar o airbrush da placa do circuito somente nas áreas do corpo do rato que havia selecionado **(8.34)**. A camuflagem de camada mantém a imagem inteira na camada; isso facilita na hora de retornar e pintar ou acrescentar mais áreas da arte-final. No Live Picture, coloquei o rato em uma camada acima da pilastra. Pintei algumas sombras sobre uma camada monocular para dar a impressão de que o rato está realmente de pé sobre a pilastra.

8.34

Neste momento, todos os elementos que eu havia criado no Photoshop Illustrator e Detailed estavam juntos. O Live Picture foi um ótimo local para combinar tudo. Porém, todas as composições poderiam ter sido feitas de uma forma parecida no Photoshop. Escolhi o Live Picture principalmente porque eu poderia imprimir a imagem em qualquer resolução (dependendo somente da qualidade dos objetos de menor resolução). O Live Picture tem um pouco menos de memória para imagens muito grandes. O documento final pode ser impresso em 15" x 15" x 300 dpi, apresentando excelentes resultados.

O Photoshop sempre foi o meu software criativo favorito. Não há limites entre os recursos originais do Photoshop e filtros de dispositivos terceirizados. Até mesmo quando o Photoshop não é o ponto de partida da minha arte-final, parece que tudo tem que passar por ele em algum momento. Mesmo que seja para retocar um processamento em 3D ou para combinar imaginação e tipologia."

UnderWater World
UnderWater World

CAPÍTULO 9

REALISMO E BELAS-ARTES

Apesar do computador nos proporcionar mais velocidade e controle, o ensino e as teorias tradicionais da ilustração e da fotografia continuam sendo tão importantes quanto antes.

DARREN SPROTT AND ROSS EASON

Muitos artistas desejam criar uma imagem realista por meio de uma arte criada pelo homem. É muito gratificante criar uma imagem mentalmente e fazer com que ela se pareça com algo do mundo real. Na realidade, isso seria criar uma figura artística a partir de uma fotografia real. Quando você transforma essa fotografia em uma pintura de belas artes, você atravessa o limite entre o tangível e o artístico. Essas técnicas podem ser opostas. Porém, ambas mostram uma infinidade de artistas maravilhosos. Neste capítulo, você verá como alguns artistas conseguiram criar uma aparência realista em prédios, pessoas e objetos a partir de uma simples idéia. Além disso, você aprenderá a transformar uma fotografia escaneada numa obra de arte.

EDIFÍCIOS E PAISAGENS

Às vezes, você precisa criar no segundo plano do seu objeto uma série de edifícios ou uma paisagem. O Photoshop e o Illustrator funcionam maravilhosamente bem na criação de edifícios em perspectiva. Você pode utilizar o Illustrator para criar a linha do trabalho e o Photoshop para acrescentar o segundo plano e a cor. O Bryce 2 da MetaCreations é um programa fantástico para criar paisagens imaginárias e realistas. É muito mais fácil criar uma cena ao combinar uma imagem do Bryce com um objeto no Photoshop.

WHEELING

Wheeling, de Phil Free, foi criada utilizando o Photoshop, o MetaCreations Poser e o Bryce 2. O Bryce é maravilhoso para criar paisagens no segundo plano. Phil criou a imagem de um ser humano através do Poser . A imagem adquiriu profundidade ao colocar uma figura maior no primeiro plano e figuras menores no centro. Desta forma, ficou parecendo que as figuras estão longe do observador. A seguir, Phil explica o processo de criação dessa imagem.

9.1

"Criei essa imagem como um conceito de design para um relatório anual **(9.1)**. O tema era *wheeling* , que é um termo utilizado quando a eletricidade fica circulando entre um grupo de companhias elétricas.

Iniciei o trabalho no MetaCreations Poser criando os homens que empurrariam as rodas. Utilizei o Bryce para criar a paisagem e as rodas. Coloquei os homens, a paisagem e as rodas no Photoshop. Acrescentei uma pequena trilha - também no Photoshop - para que eles empurrassem as rodas.

Gostei da imagem e estava me entusiasmando com a idéia de utilizar o Poser e o Bryce, porém o conceito não seguiu adiante. Quem sabe numa próxima vez.

SHINY TURKEY 3

9.2

Mark J. Smith, como muitos outros artistas, utiliza o Bryce para criar uma paisagem. No Photoshop, ele cria o formato básico de um objeto. No Bryce, Mark completa o objeto colocando a paisagem e a atmosfera.

A imagem Shiny Turkey 3 foi um processamento feito no Bryce com base numa figura em preto e branco criada no Photoshop. O objeto disposto simetricamente foi criado a partir de um processamento em preto e branco do Photoshop. Modelei o objeto através de uma imagem do Photoshop, e o restante foi feito no Bryce **(9.2)**."

RANDOM VEG

Random Veg é também uma imagem muito bonita. No processo de criação dessa imagem, como da imagem anterior, Mark utilizou o Photoshop para criar o formato básico em preto e branco de um objeto. No Bryce, ele combinou os mapas criados no Photoshop e produziu o terreno. Após a imagem estar basicamente completa ele utilizou o Photoshop para concluí-la.

9.3

"Várias de minhas imagens são processadas no Bryce, porém criadas em diversos programas que são compostos no Photoshop. O Bryce possui uma ferramenta que utiliza um mapa de profundidade em formação ou uma elevação da escala de cinzas em formação para criar objetos. Sempre utilizo o Photoshop para criar mapas e muitas vezes para pintar os mapas em preto e branco que criam um terreno no Bryce. O objeto em *Random Veg* foi criado por meio de um mapa em preto e branco e disposto simetricamente no Bryce. Apesar do Bryce realizar um processamento excelente, eu altero e retoco o resultado final no Photoshop **(9.3)**".

NOKIA

O objetivo da imagem *Nokia* é mostrar que o sistema sem fio da "Nokia Telecommunications" fornece cobertura em qualquer lugar. O diretor de arte queria mostrar locais cosmopolitas e rurais. Além disso, sugeriu criar na ilustração um trem atravessando um túnel **(9.4)**. Robert Forsbach seguiu a idéia do diretor para essa ilustração fantástica.

9.4

9.5

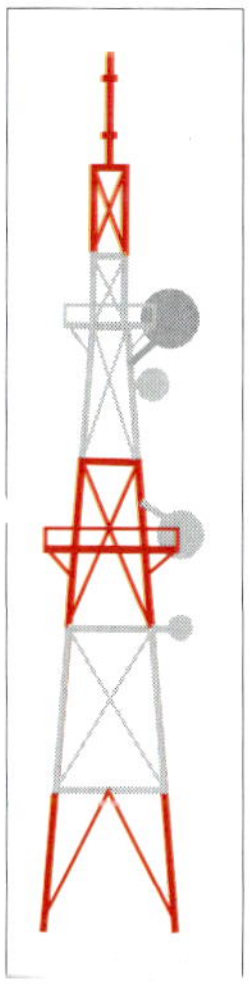

9.6

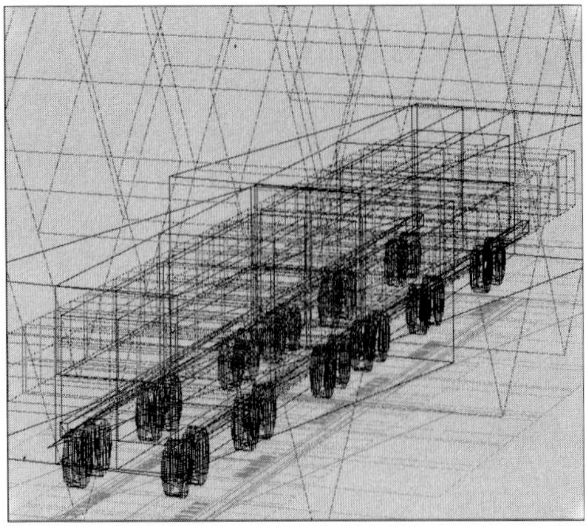

9.7

"Comecei criando a paisagem no Bryce. Os prédios e o trem foram criados inicialmente no FormZ e salvos como arquivos DXF. Infelizmente, houve problemas na importação do DXF's para o Bryce (ficariam faltando um ou mais lados do objeto). Então, acabei recriando quase tudo no Bryce **(9.5)**. A torre de rádio na paisagem foi criada no Illustrator **(9.6)**.

À esquerda, há um close da estrutura do trem feita pelo Bryce **(9.7)** e à direita há um close do mesmo trem feito pelo FormZ. É uma pena que eu não tenha conseguido importar os arquivos DXFs, porque como você pode ver é muito mais fácil alinhar objetos complexos no FormZ **(9.8)**.

Utilizei o Photoshop para reduzir ao máximo os problemas de alinhamento. Por exemplo, o teto do edifício à esquerda **(9.9)** não está apoiado adequadamente no topo, por isso fiz um preenchimento através do Photoshop. Cortei o gramado com a ferramenta de laço e o colei na camada do primeiro plano. Colei algumas árvores na camada do meio do solo. Assim, as árvores puderam ser escalonadas e deslocadas livremente **(9.10)**."

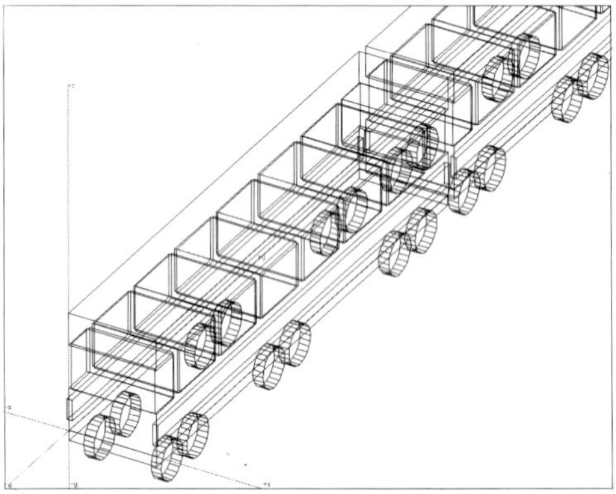

9.8

BRIDGE

Robert Forsbach criou *Bridge* para a Memorex Telex (Agência: Memorex Telex; Diretor de Arte: Steve Parker). As etapas a seguir mostram como Robert criou a imagem:

ETAPA 1 O primeiro esboço foi feito no Illustrator **(9.11)**.

ETAPA 2 No Illustrator, alterei a pose do homem, retirei o anteparo na parte superior da ponte e acrescentei cores uniformes **(9.12)**.

ETAPA 3 Trouxe a arte para o Photoshop, chanfrei e difundi as formas. Para fazer todas as árvores, achatei e estendi uma árvore e a transportei para o Photoshop. O diretor de arte me sugeriu aumentar a altura da ilustração para que o céu ficasse mais visível.

ETAPA 4 Ao terminar, transportei o arquivo do Photoshop para o Painter a fim de acrescentar uma textura geral **(9.13, 9.14)** concluindo a imagem **(9.15)**.

PESSOAS

Provavelmente, as pessoas são o assunto mais interessante para se trabalhar no Photoshop e no Illustrator. Geralmente, utilizamos a fotografia de uma pessoa e combinamos com um segundo plano no Photoshop. Às vezes, você precisa criar um anúncio mostrando uma pessoa e um produto. O Photoshop pode combinar facilmente a pessoa com o produto sem precisar configurar uma foto grande.

9.9

THE RIDE

The Ride, de Darren Sprott e Ross Eason, foi criada para o UnderWater World, Sunshine Coast, na Austrália. O parque de diversões tinha colocado um simulador de montanha russa e precisava de uma foto do simulador **(9.16)**. Não foi possível encontrar um ângulo que enquadrasse bem os rostos dos modelos. Então, Darren e Ross decidiram que seria necessário fazer alguns retoques na foto. Darren é o diretor de arte responsável pelo UnderWater World e Ross é o fotógrafo.

A foto

Primeiro, Darren simulou a foto proposta e Ross arrumou dois modelos. Os modelos chegaram para fazer as fotos no simulador bem cedo pela manhã, antes do horário de abertura do parque. Foi colocado um enorme ventilador para soprar o cabelo dos modelos para trás. As paredes negras do simulador foram forradas de branco para facilitar o trabalho de Ross na hora de criar o desenho e tirada uma série de fotos com os modelos gritando, apesar do simulador estar parado.

9.10

O modelo 3D

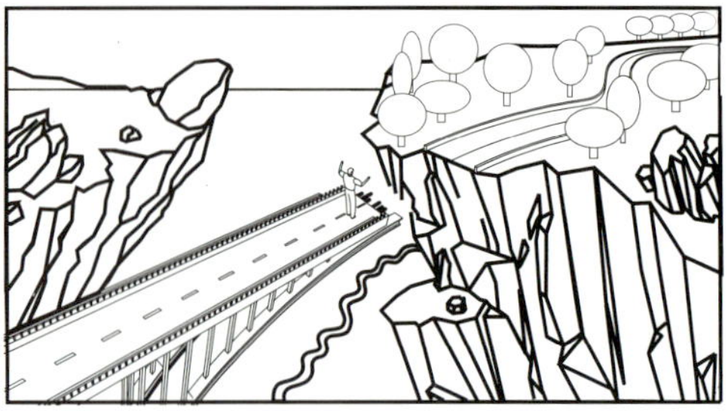

9.11

O primeiro simulador de montanha russa utilizado no Under Water é uma montanha russa no gelo. Após ter andado no simulador várias vezes para fazer sua pesquisa, Darren começou a criar o modelo. Primeiro, foi criado um formato irregular com uma borda dentada para o limite do penhasco. Em seguida, esse formato foi projetado para fora, com um leve chanfro, para suavizar a parte superior das bordas. Esse procedimento criou a base dos penhascos e o solo de gelo. Posteriormente, se criou outro formato para a parte interna do penhasco, que também foi projetado para fora. Esse formato foi simplificado, porém acrescentou-se vários pontos. Darren selecionou pontos e grupos de pontos ao alterar os valores do eixo Y para criar os montes cobertos de neve. Os pontos abaixo da marca do zero exibem o gelo projetado para fora. Esses montes cobertos de neve ficaram muito mais altos na foto do que aparece aqui, já que muitos deles seriam retocados posteriormente (como descrito anteriormente).

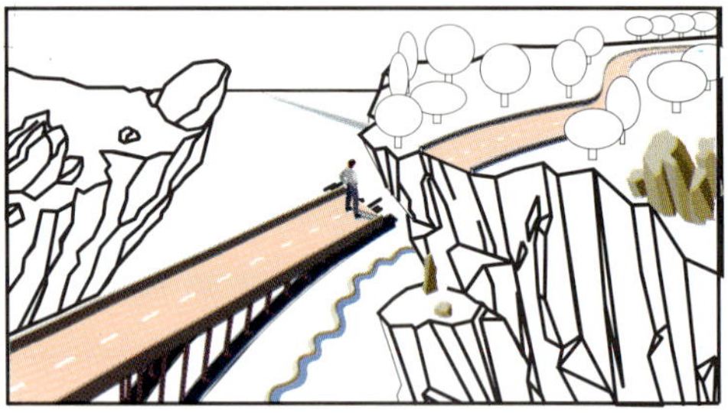

9.12

Os postes de luz foram colocados ao redor dos modelos em diferentes locais. A Ice Station foi criada ao "fatiar" um círculo a fim de obter um formato *torus* (formato de rosca). Uma textura de mapa de relevo foi criada no Photoshop e aplicada no torus. Esse procedimento deu um efeito de estrias e lâminas na superfície. A saída do túnel foi criada ao projetar círculos para fora e aplicar um material estriado em relevo. A trilha de gelo foi feita ao circular dois contornos no caminho. Um contorno utilizou o gelo da base e o outro utilizou a neve aplicada nos montes. O carrinho da montanha russa foi criado e colocado na trilha de gelo; tudo isso seria manchado para não aparecer muitos detalhes.

Um dos aspectos mais importantes na criação do segundo plano era que a iluminação e as cores precisavam ficar discretas, para que o simulador e os modelos dominassem a composição final. Dá vontade de fazer cada componente o mais nítido possível e vibrante, mas isso acarreta em uma imagem final sem foco.

9.13

Retoque no Photoshop

Ross esboçou os modelos e o simulador no segundo plano, e em seguida colocou o modelo do segundo plano em 3D numa camada separada. As nuvens negras, fotografadas anteriormente, foram colocadas sobre o segundo plano e a parte inferior esfumaçada para criar um horizonte suave e realista. O segundo plano foi submetido ao Gaussian Blur, e em seguida Ross aplicou uma mancha radial leve para criar um movimento na imagem. O foco dessa mancha radial foi a abertura do túnel de saída.

9.14

Em uma camada separada, Ross gerou uma mancha de movimento para os modelos e o simulador. Em seguida, suavizou o efeito e o posicionou sobre a composição no mesmo local em que originalmente iniciou a mancha. Esse efeito cria um movimento despertando a curiosidade. Na frente do simulador foi colocado um logotipo do UnderWater World.

SHOJI

O artista Eliot Bergman criou essa maravilhosa imagem chamada *Shoji*. Eliot utilizou uma imagem escaneada para o Photoshop. Ao combinar elementos do Illustrator e do Alias Sketch! no Photoshop, ele transformou essa imagem numa obra de arte.

"A imagem da figura foi escaneada e retocada no Photoshop. Converti o arquivo em RGB e ajustei o Hue e Saturation para simular uma pesquisa de cor, já que era uma pesquisa em escala de cinzas. Excluí o segundo plano original, apliquei um gradiente e salvei o arquivo como um PICT para ser utilizado posteriormente. Também criei a cor e os mapas de relevo para a lanterna no Photoshop.

9.15

9.16

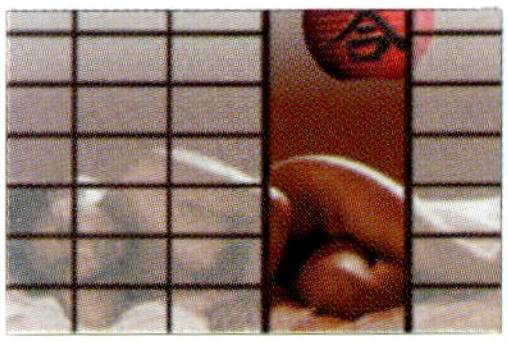

9.17

Em um arquivo do Illustrator, fiz um rascunho das grades para as molduras em madeira da tela shoji e os retângulos que seriam utilizados posteriormente para o papel de palha de arroz. Converti as grades em linhas externas, salvei o arquivo e o importei para o Alias Sketch! In Sketch!. Projetei as grades ou molduras para fora, porém mantive os retângulos como planos. Outro plano foi desenhado diretamente no Sketch! e posicionado atrás da modelo da tela para servir como modelo para o mapa da figura. Em um segundo arquivo do Illustrator, fiz um rascunho de um contorno para a lanterna, importei e girei o contorno, em 360 graus.

9.18

Na caixa de diálogo Sketch!'s Materials, criei quatro materiais: madeira, papel de palha de arroz, lanterna e figura. O mapa de cor da madeira foi um arquivo PICT do catálogo do Sketch!. Coloquei o mapa em blocos e especifiquei uma projeção cúbica. Escolhi a cor branca para o papel de palha de arroz e atribuí um índice de refração para essa transparência. O mapa de relevo para o papel era um arquivo PICT de um desenho fractal, também de um catálogo. Posicionei o mapa lado a lado e especifiquei uma projeção plana para o material. Para a lanterna, importei os arquivos que havia criado no Photoshop e atribui uma projeção esférica. O último mapa foi a imagem de uma figura retocada no Photoshop.

Fiz a composição da cena, selecionei uma exibição ortográfica para manter os elementos enquadrados, atribuí os materiais, salvei o arquivo e processei a imagem utilizando o Alias RenderQ! O rastreamento de raios foi essencial, já que o papel de palha de arroz possuía um certo grau de transparência **(9.17)**."

BALANCE

Em *Balance* , Eliot utilizou o Poser e o Alias Sketch! com o Photoshop. Como muitos de nós fazemos, ele utilizou o Photoshop para retocar a imagem final. Além do Photoshop retocar as imagens, ele permite também acrescentar efeitos de luz e sombra.

"A primeira etapa foi criar um modelo para a figura no Poser. Posicionei a figura, a exportei como um arquivo DXF e importei o modelo para o AliasSketch. No Sketch! criei a prancha, a bola e o solo plano. Utilizando ferramentas antigas da caixa de ferramentas, produzi a cena. O desenho para o solo plano foi uma imagem esboçada no Illustrator salva como um PICT no Photoshop, importada para o Sketch! e colocada lado a lado.

Em seguida, a imagem foi processada no Alias RenderQ! ao utilizar um rastreamento de raios. O tamanho do processo foi $8^{1/2}$" x 11", 300 ppi.

9.19

Finalmente, abri o processo no Photoshop e retoquei todas as falhas da figura. Em seguida, apliquei o filtro Lighting Effects, nivelei a imagem e converti o arquivo RGB PICT em CMYK TIFF**(9.18)**.

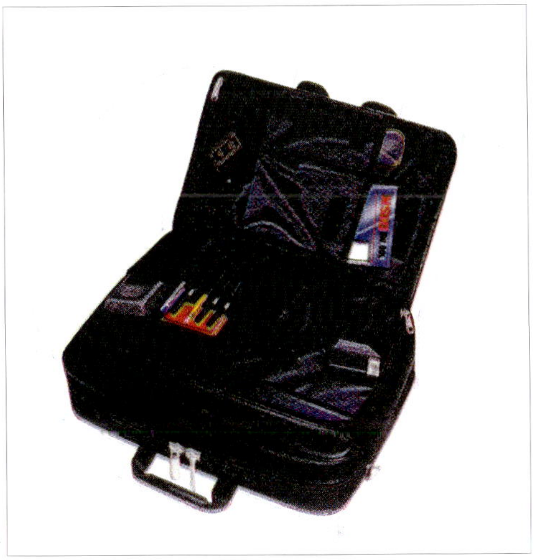

9.20

OBJETOS

DURACELL

Duracell é outra imagem de Eliot Bergman. Eliot continua nos impressionando na utilização do Alias Sketch! com o Photoshop. Essa imagem foi utilizada no relatório anual da Duracell. O movimento para cima é um fantástico visual demonstrando as projeções da empresa.

"A primeira etapa foi fazer um rascunho do contorno de uma pilha no Illustrator. Importei o contorno para o Alias Sketch! o girei em 360 graus, dupliquei-o quatro vezes e posicionei as duplicatas.

9.21

Em seguida, importei os cinco arquivos que havia criado no Illustrator, um para cada mapa de cor. Esses arquivos foram salvos no Photoshop como PICTs e aplicados no Sketch como mapas de cor cilíndricos. Selecionei um segundo plano do catálogo do Sketch e processei a imagem utilizando o rastreamento de raios no RenderQ! O tamanho do processo foi 4" x 5" x 300 dpi.

Abri o processo no Photoshop, criei várias camadas e submeti as linhas ao airbrush para criar um movimento. Nivelei o arquivo e o converti de RGB PICT em CMYK TIFF. A imagem foi utilizada para ilustrar o relatório anual da Duracell **(9.19)**."

BAG

Tom Neal e Brad Neal são a alma da Thomas Bradley Design. O empenho desses profissionais na utilização do Illustrator e do Photoshop resultou em técnicas de realismo antes nunca vistas. A utilização de mesclagens é extraordinária. No caso da imagem *Bag,* que foi feita para a United Display Craft **(9.20)**, o cliente enviou uma pasta para servir como referência. Tom e Brad tiraram uma foto da pasta para utilizar como modelo de rastreamento no Illustrator.

Todo o trabalho de linha foi feito no Illustrator. As mesclagens foram criadas no Illustrator seguindo as curvas da pasta. O segredo para o sucesso da mesclagem é escolher uma cor e criar tonalidades e sombras a partir dessa cor. Mais importante do que as cores é a criação de várias mesclagens para produzir sombras e realces reais. É importante observar a imagem como um todo. Se você focalizar em apenas uma mescla, pode ficar um pouco estranho, mas na imagem total fica ótimo.

Após o complexo trabalho de linha ter sido concluído, Tom e Brad rasterizaram a imagem no Photoshop. O Photoshop foi utilizado para aplicar o airbrush nas bordas das mesclagens a fim de suavizar a aparência da pasta.

9.22

CAR INTERIOR

A imagem *Car Interior* parece uma fotografia **(9.21)**. Tom Neal e Brad Neal se destacam novamente com impressionantes imagens iniciadas no Illustrator. É incrível como o interior do carro parece real. A imagem *Car Interior* foi feita para o cliente Lincoln-Mercury. Tom e Brad adotaram o mesmo procedimento utilizado para produzir a imagem *Bag;* criaram o trabalho detalhado de linha no Illustrator se concentrando nas mesclagens. Após as mesclagens estarem concluídas, utilizaram o Photoshop para suavizar as bordas da arte vetorizada.

9.23

TESTE TUBES

A imagem *Teste Tubes* foi criada por Sandee Cohen, que leciona na New School for Social Research Computer Instruction Center, em Nova York. Suas detalhadas explicações e sugestões extraordinárias de processos para a utilização do Photoshop e do FreeHand mostram porque Sandee se destaca no meio gráfico. Ela criou essa imagem ao se deslocar entre o Photoshop e o Freehand.

ETAPA 1 "O arquivo original consistia na foto trivial dos tubos de ensaio em um segundo plano preto. Eu precisava fazer um tipo de arte-final que mostrasse as ações químicas e a atividade da ciência. Decidi fazer uma arte-final que mostrasse o conteúdo de um tubo de ensaio mesclando com o conteúdo de outro tubo de ensaio."

ETAPA 2 "Para complementar essa aparência, decidi utilizar bolhas que aumentassem de tamanho ao sair de um dos tubos de ensaio, formando um arco, e em seguida diminuíssem de tamanho ao entrar em outro tubo de ensaio. As bolhas apresentariam cor, tamanho e nitidez diferentes."

ETAPA 3 "Iniciei o processo no Photoshop com a ferramenta de caneta criando um caminho aberto que se deslocava do tubo de ensaio verde para o béquer vermelho. Em seguida, copiei esse caminho e o colei em um documento do FreeHand."

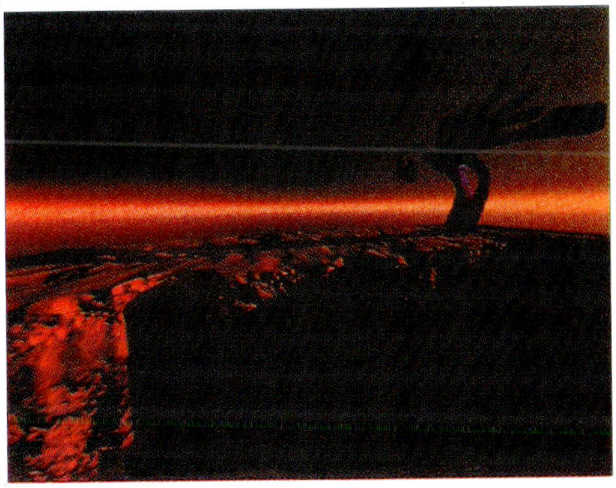

9.24

ETAPA 4 "No FreeHand, criei quatro círculos: pequeno, grande, grande e pequeno (a ordem é importante para mostrar o movimento). Em seguida, transformei os quatro objetos em uma mescla. É mais fácil criar várias mesclagens no FreeHand do que no Illustrator."

ETAPA 5 "Selecionei a mesclagem, o arco colado e escolhi o comando 'Join Blend to Path' do FreeHand. Em seguida, ajustei o número de etapas na mesclagem até obter o número ideal de círculos no caminho **(9.22)**."

ETAPA 6 "Copiei os objetos no FreeHand e os colei no Photoshop como pixels. Esse procedimento criou uma nova camada com os círculos que foram posicionados de acordo com o caminho do arco."

9.25

ETAPA 7 "Eu precisava manchar os círculos. Porém, queria que a mancha se estendesse pelo caminho. Isso significa que os objetos na parte inferior do caminho seriam menos manchados do que os objetos na parte superior. A mancha se reduziria conforme você se deslocasse em direção a parte inferior do caminho."

ETAPA 8 "Depois de muitos erros e tentativas, criei uma técnica. Primeiro, precisava cortar o caminho no meio. Coloquei o caminho no FreeHand e utilizei a ferramenta de faca para cortá-lo, já que o Photoshop não possui esse tipo de ferramenta."

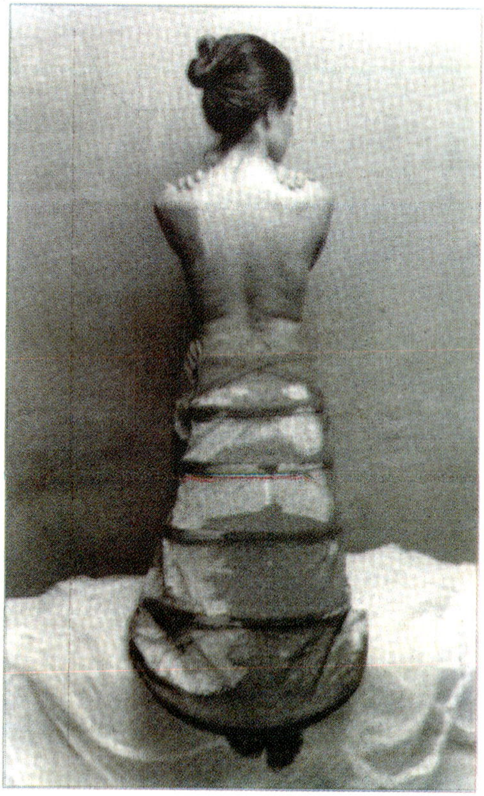

9.26

ETAPA 9 "Também precisava alterar a direção do caminho. Sabia que os dois caminhos se deslocavam no sentido horário; eu mesma os havia criado. Porém, precisava que o lado esquerdo do arco tivesse início na parte superior e se deslocasse no sentido anti-horário. Fiz isso ao utilizar o comando 'Reverse Direction'. Após dividir o caminho e alterar a direção de um deles, copiei e colei os caminhos de volta do FreeHand para o Photoshop. Dessa vez, os copiei como caminhos em vez de pixels."

ETAPA 10 "Agora poderia utilizar meio arco para criar um Alpha Channel e controlar a mancha. Fui até a paleta de canais e acrescentei um canal. Coloquei branco no primeiro plano e preto no segundo. Em seguida, escolhi um pincel enorme para o paintbrush definindo as opções de pincel para desbotar algumas etapas das cores do primeiro e do segundo plano."

9.21

ETAPA 11 "Ainda no novo canal, utilizei metade do caminho do arco e o arrastei para o ícone Stroke Path na parte inferior da paleta Paths. Esse procedimento criou o efeito de um arco mais grosso na parte superior, mais fino e mais branco na parte inferior, já que ambos os caminhos se iniciavam na parte superior e terminavam na parte inferior."

ETAPA 12 "De volta à camada do círculo, carreguei o canal que tinha acabado de criar. A camuflagem significava que qualquer filtro poderia ser aplicado em um caminho de arco, sendo que aumentando de baixo para cima."

ETAPA 13 "Finalmente, decidi que precisava de um pouco mais de ousadia nos efeitos. No FreeHand, criei um objeto 'cintilante' que consistia em uma linha ao redor das cópias. Todas as linhas se iniciavam no centro e se deslocavam para fora."

ETAPA 14 "Colei o objeto cintilante no Photoshop, na sua própria camada do caminho. Posicionei-o sobre um dos círculos. Em seguida, defini o tamanho do pincel para bem fino, com um determinado número para desbotar e uma cor complementar para a cor do primeiro plano. Arrastei o caminho cintilante para o ícone Stroke Path na paleta Paths. O traço era mais pesado no centro do que nas bordas, visto que todas as linhas se iniciavam no centro e se deslocavam para fora. Desloquei o caminho cintilante ao redor do outro círculo e repeti o processo."

ETAPA 15 "Achei isso bem mais conveniente do que definir os pincéis, já que os caminhos são de resolução independente. O pincel de uma resolução não pode ser utilizado em outro arquivo, mas o caminho pode. Criei também objetos cintilantes para finalizar a imagem **(9.23)**."

9.28

ARTE DE GALERIA

Às vezes, por uma razão simplesmente artística, gosto de criar uma imagem. Tenho imagens que imprimi e emoldurei como um quadro para minha casa. Depois de já ter criado vários anúncios, capas de livros e relatórios, é gostoso fazer uma imagem agradável de se ver. Algumas das imagens nesta seção, além de serem agradáveis de se ver, também são válidas em termos profissionais.

BJORKLAND

Em Bjorkland, Mark J. Smith mantém como simbolismo o pássaro. Assim como em outras imagens, ele trabalhou entre o Bryce e o Photoshop para gerar essa imagem criando um lindo equilíbrio de luz e sombra.

9.29

"O pássaro de pedra olhando para o penhasco foi iniciado no Photoshop como um mapa de elevação em preto e branco. Esse foi o primeiro objeto criado dessa forma no Photoshop. O símbolo do passáro de pedra aparece em diversas outras imagens que criei ao desenhar uma figura em preto e branco. O símbolo branco em um segundo plano preto pôde ser usado no Bryce para criar um objeto que apresente uma disposição simétrica. Qualquer valor da escala de cinzas, sem ser preto, será utilizado no Bryce para criar parte de um objeto que apresente

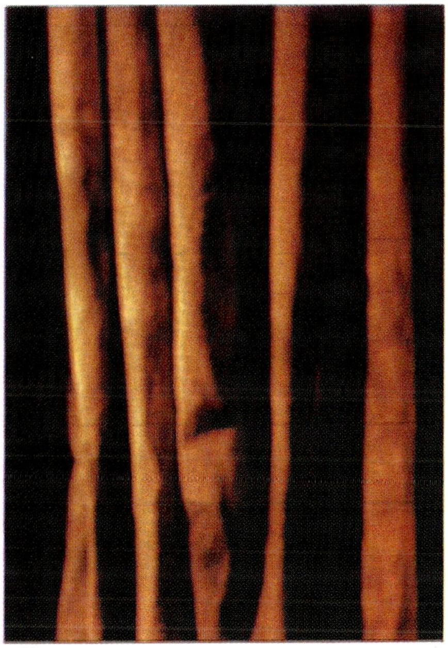

9.30

uma disposição geométrica. O interessante, é que posso utilizar ferramentas do Photoshop para aprimorar o modelo do Bryce. Se eu quiser distorcer o modelo com uma torção, não poderei fazê-lo no Bryce. A versão atual do Bryce é limitada na parte de modelagem do objeto. Porém, ao trazer a figura do pássaro em preto e branco de volta para o Photoshop, posso criar uma leve torção de 30 graus. Ao importar a figura de volta para o Bryce, o objeto criado também é retorcido **(9.24)**."

CANNON

Matt Hoffman criou *Cannon* ao combinar um programa de 3D com o Photoshop. Ele utilizou texturas fornecidas por uma coleção de CDs. Eu utilizo CDs com fotografias, texturas e paisagens antigas para combinar com minhas imagens no Photoshop. Você também pode iniciar com uma imagem antiga e recompô-la como sendo uma criação sua.

"O cano do canhão era um simples torno mecânico criado em um programa de 3D, com uma textura de mapa mondo modelada sobre ele no Photoshop. Acrescentei um mapa de relevo de granito, um mapa especular de estuque e um mapa de meio ambiente de nuvens (todos do Wraptures CD ROM). O apoio nas laterais, a plataforma na parte inferior e as bolas do canhão foram submetidos ao organic magic, aplicado à simples objetos. A textura no chão de madeira consegui através do Wraptures CD ROM e a aprimorei no Photoshop. Apenas realcei um pouco as cores. As nuvens atrás foram feitas no Photoshop **(9.25)**."

LUMINA

Lumina de Phil Free, mostra uma linda mesclagem de uma fotografia transformada numa imagem digna de uma galeria de arte. A imagem apresenta um tema religioso. Phil criou um brilho suave para dar uma sensação angelical.

9.31

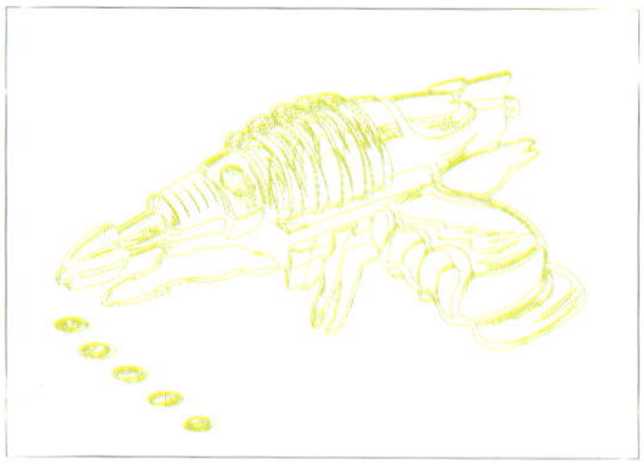

9.32

9.33

"De vez em quando tenho que deixar de lado as minhas imagens normais para arejar um pouco a cabeça. Esse foi um dos meus exercícios.

Nesta imagem, Erica, uma designer de figurino de teatro, está posando com uma das suas criações de crinolina. Erica está de frente para uma parede de gesso, em cima de uma mesa coberta com um pano de musselina de algodão para dar um efeito celestial **(9.26)**. Seus pés ultrapassaram um pouco a borda da mesa, como se ela fosse uma imagem religiosa e estivesse flutuando. Então, decidi que ela precisava de uma aura brilhante.

Escaneei a impressão em preto e branco que foi tonificada com marrom médio e a transportei para o Photoshop. Em seguida, selecionei a mesa e o pano e copiei a seleção para uma nova camada. Inverti e escureci a seleção com Levels e submeti a camada a somente um atributo escurecido. Finalmente, selecionei a área da parede e a parte inferior do tecido e criei um brilho para as bordas com a ferramenta dodge **(9.27)**."

9.34

CURTAIN OF CONFUSION

Phil Free criou *Curtain of Confusion* para um relatório anual. Esse é o exemplo perfeito de uma imagem artística utilizada no mundo real. Ele usou a imaginação para exibir a cortina revelando uma visão mais nítida. Phil utilizou o Ray Dream Designer e o Photoshop. No Photoshop, ele adora utilizar o KPT 3.0 da MetaCreations.

9.35

9.36

9.37

"Criei essa imagem para a capa do nosso relatório anual da corporação. Estávamos tentando esclarecer alguns termos e situações complicadas. Surgiu a idéia da cortina - que dá uma aparência imprecisa e difícil de se distinguir - e da mão que puxa a cortina para trás revelando as imagens metafóricas **(9.28)**.

Criei e processei o gráfico do dólar no Ray Dream Designer**(9.29)**. Fotografei os modelos e a cortina no estúdio com luz de tungstênio intensificada por um holofote manual. Pintei as áreas mais realçadas dos modelos após exposições de longa duração**(9.30, 9.31)**.

O artigo do jornal foi digitado em uma camada do Photoshop, e em seguida torcido e girado para parecer uma página.

9.38

Todos os elementos foram colocados sobre um segundo plano em camadas criado no KPT's Texture Explorer. O efeito purpúreo e confuso foi obtido ao utilizar o modo de diferenciação nas camadas com um pouco de camuflagem criativa."

9.39

ALT PICK

Para criar o ALT Pick, Lance Jackson utilizou o Illustrator com o Photoshop. Ele sobrepôs a mesma imagem várias vezes. Após colocar as imagens em camadas, Lance utilizou a opacidade do Photoshop e os recursos de iluminação para concluir essa ilustração.

A imagem é composta por três faixas horizontais. A faixa superior é uma montagem combinada de vídeo e fotografia. A faixa do meio é uma imagem tradicional escaneada de uma impressão sepia diazod. A faixa inferior é a combinação de vários arquivos do Illustrator e do Photoshop.

Na faixa inferior em linha horizontal copiei e colei os dois arquivos do Illustrator**(9.32, 9.33)** no Photoshop utilizando vários graus de variação de opacidade. Em seguida, coloquei mais dois arquivos do Illustrator **(9.34, 9.35)**, em posições diferentes na linha horizontal. Para definir os campos de cor na imagem, importei o arquivo do Photoshop várias vezes sobre o grupo de imagens **(9.36)**. Utilizei os recursos de opacidade, como luz intensa clarear e escurecer a fim de acrescentar variações nos arquivos de cor. A faixa combinada foi colocada sobre as duas faixas para completar a composição **(9.37)**. Finalmente, o arquivo foi nivelado e salvo **(9.38)**.

9.40

JAVA HAPPY

É impressionante como Lance Jackson utiliza o Illustrator com o Photoshop. Em *Java Happy* Lance utilizou o Illustrator para criar o objeto básico e o Photoshop para combinar o objeto com a foto que ele escolheu.

"Para criar o segundo plano, iniciei com um vídeo excêntrico. Um ano antes, essa imagem havia sido manipulada e a cor aprimorada no Photoshop **(9.39)**. Desenhei a xícara de café e a imagem da cabeça no Illustrator usando um esboço feito a lápis como modelo **(9.40)**. Em seguida, importei o arquivo do Illustrator para uma camada do Photoshop. Ao utilizar a ferramenta de adorno com graus de variação de seleção de pixels, removi partes da xícara de café e da cabeça. Conseqüentemente, acrescentei outras partes da xícara de café e da cabeça em posições variadas para dar a impressão de movimento e velocidade. Algumas áreas do rosto e da xícara de café também foram copiadas em camadas, onde a cor foi ajustada e saturada. Finalmente, o arquivo foi nivelado e salvo **(9.41)**.

9.41

CAMEL MAGIC

Para criar a imagem *Camel Magic*, Victor Claudio utilizou o segundo plano texturizado do KPT 3.0, a distorção ondulada do Photoshop e algumas imagens de animais. Victor criou uma imagem bastante excêntrica ao combinar o segundo plano com imagens de animais.

Para criar a ilustração no Photoshop, iniciei com uma textura KPT (Super Turtle) como segundo plano. Em seguida, peguei a imagem de um camelo escaneada, contornei a silhueta com a ferramenta de caminho e acrescentei um pouco de sombra utilizando o Alien Skin. Adotei o mesmo procedimento para o flamingo e o rinoceronte, após tentativas frustradas com outras imagens. O retoque final era acrescentar um pouco de azul, neste caso por meio de uma borboleta, em três locais da composição, nos quais utilizei o filtro Zig-Zag em Distort. Todos os retoques anteriores foram feitos utilizando as camadas do Photoshop para otimizar o posicionamento de todos os objetos **(9.42)**."

VOLCANIC DALI

Volcanic Dali é uma imagem com base no tema de Salvador Dali. Todos os elementos foram desenhados com ferramentas do Photoshop e preenchidos com filtros KPT. Victor descreve como utilizou essas ferramentas para criar essa mistificação do desenho de Dali.

9.42

"Eu tinha acabado de receber as ferramentas do KPT e ao experimentá-las com algumas configurações de texturas criei essa ilustração. O relevo montanhoso foi 'desenhado' com a ferramenta de laço ao utilizar o explorador de textura do KPT. Utilizei o Luminous Tourmaline (Minerals) para o preenchimento. Foram feitos alguns ajustes por meio do Mutation tree. A lava também foi desenhada com a ferramenta de laço com a textura do KPT Fire Information (Fire) como preenchimento. A fumaça, foi feita ao selecionar a área com a ferramenta de laço (adorno) e ao utilizar a ferramenta de gradientes para acrescentar diferentes tonalidades de cinza. A ferramenta de mancha e o Gaussian Blur produziram essa textura esfumaçada na combinação. Os relógios derretidos foram iniciados por meio de um círculo, preenchidos com KPT Texture Explorer 'Golden Sweeps"(Metallic); o botão na parte superior foi preenchido da mesma forma e desenhado com uma ferramenta de círculo de forma oval. Os detalhes foram acrescentados com a ferramenta de lápis. O mostrador do relógio era um pequeno círculo branco com um preenchimento radial azul luminoso e os números acrescentados por meio da ferramenta de tipo. Em seguida, o mostrador foi colado sobre o círculo metálico original, que agora se tornou a caixa do relógio. As gotas derretidas foram desenhadas com a ferramenta de laço com o preenchimento Golden Sweeps. O relógio e a gota foram levemente distorcidos com o filtro Wave (distorcer) e reproduzidos em diferentes tamanhos para serem colocados em perspectiva. Após posicionar os relógios e ajustar a fumaça, todas as camadas foram niveladas **(9.43)**".

9.43

9.44

HERA'S SUPRISE

Hera's Suprise é um modesto tributo ao mestre Salvador Dali. Victor Claudio diz que Dali era Bryce antes do Bryce! Ele criou essa imagem fabulosa mantendo o estilo da arte de Dali. Eu adoraria expor essa imagem como um quadro, porque ela me transmite muita tranqüilidade toda vez que a olho.

O objetivo dessa imagem era utilizar o Bryce sem que ele sobrecarregasse o produto final; o tema mitológico surgiu conforme a imagem foi progredindo. Iniciei a imagem no Bryce com o céu e a água no segundo plano; abri o documento do Bryce no Photoshop. Aqui, acrescentei a mulher, a garça e a cabra, obtidas por meio de diversas imagens escaneadas; mais uma vez, fiz o contorno com uma ferramenta de caminho. Os golfinhos foram copiados do segundo plano original ao utilizar a ferramenta de laço definida em 24-pixel (para obter uma sombra suave ao redor da água) e em seguida as cores foram amenizadas em 30 porcento numa nova camada. A água espalhada ao redor da cabra pulando foi selecionada de uma cachoeira escaneada com a ferramenta de laço, criando um novo formato ao utilizar a ferramenta de clonagem. Essa área foi submetida a uma mancha de movimento, e em seguida acrescentei o efeito Zig-Zag na base para simular ondulações na água. Após posicionar todos os objetos nas suas respectivas camadas, a lua atrás da Hera foi processada no Bryce e colocada na camada atrás da figura da mulher, como retoque final. A lua foi selecionada e atribuído um efeito de brilho ao utilizar o Alien Skien. Finalmente, todas as camadas foram niveladas para a imagem final **(9.44)**."

PUBLISHING, DESIGN, AND DIGITAL MEDIA
Adobe
magazine
$5.00
Adobe
magazine
PUBLISHING, DESIGN, AND DIGITAL MEDIA

CAPÍTULO 10

PHOTOSHOP E ILLUSTRATOR NO LAYOUT

Tento concilar meu método de trabalho tradicional com o computador , assim o trabalho apresenta um toque mais humano. Antigamente, eu pensava que faria tudo no computador. Mas por que utilizar a tecnologia se você pode realizar uma tarefa à mão com mais eficiência?

PAMELA HOBBS

Geralmente, utilizamos a combinação do Photoshop ao Illustrator na criação de desenhos para layouts de páginas. Você pode utilizar o Illustrator para iniciar a imagem vetorizada, o Photoshop para suavizar e acrescentar profundidade. Em seguida, voltar para o Illustrator e acrescentar a tipologia e os desenhos de layout. Existem diferentes aspectos de tipologia e layout a serem explorados, desde anúncios, capas de revistas e livros, até cartões, designs de caixas e filmes.

CAPAS DE REVISTAS

Uma das maneiras mais populares de se utilizar um layout é em projetos de capas de revista ou livro. Para finalizar uma capa, mesmo sendo uma fotografia maravilhosa, se faz necessário utilizar o Illustrator para acrescentar a tipologia e as linhas. Neste capítulo, vários artistas se alternam entre o Photoshop e o Illustrator durante o processo de criação da capa final. Geralmente, o Illustrator é utilizado na etapa final para concluir e imprimir a imagem com facilidade.

CREATIVE BLACK BOOK

Pamela Hobbs criou a arte da capa para o ***Creative Black Book***, que foi divulgada em várias empresas de publicidade por todo os Estados Unidos. Ela utilizou o Photoshop e o Bryce com imagens escaneadas em 3D além de fotos antigas.

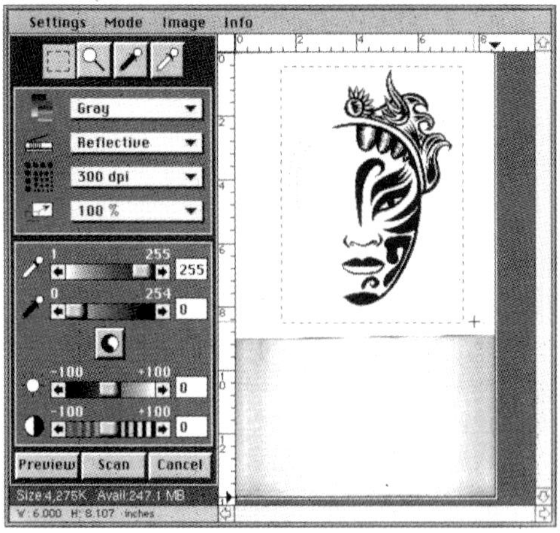

10.1

"Recebi um projeto com o prazo bastante apertado e tive que fazer várias pesquisas antes de começar a trabalhá-lo. O ***Creative Black Book***, em Nova York, havia me contratado para fazer uma capa para eles que seria enviada para as principais agências de propaganda dos Estados Unidos. Eu sabia, que essa imagem deveria ser dinâmica, pois seria vista por pessoas com quem gostaria de trabalhar. O tema poderia ser qualquer coisa que me inspirasse, porém em forma de camuflagem. A camuflagem poderia ser algo abstrato, literal ou em qualquer outro formato."

As etapas a seguir mostram como Pamela criou a arte para a capa do Creative Black Book:

ETAPA 1 "O desenho original foi feito à mão, utilizando pincel e tinta. Geralmente inicio assim o meu trabalho, ao invés de ser no computador. Em seguida escaneei os desenhos ao utilizar o Adobe Photoshop 4.0 **(10.1, 10.2)**."

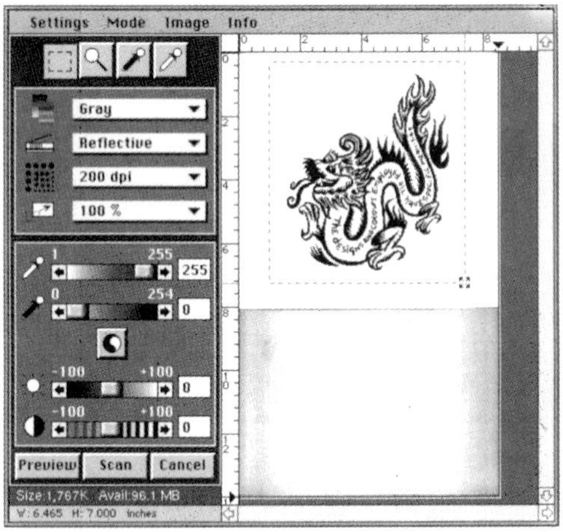

10.2

ETAPA 2 "Utilizei a ferramenta Marquee para duplicar a imagem, girá-la e criar uma camuflagem simétrica. Posteriormente, nivelei a imagem e excluí o segundo plano branco **(10.3)**".

ETAPA 3 "Fiz o mesmo com a ilustração do dragão. Girei-o levemente e criei uma segunda cópia, em seguida os nivelei em uma única camada **(10.4)**".

ETAPA 4 "Escaneei o papel escolhido e usei o Curves para ajustar os níveis CMYK das cores **(10.5)**".

ETAPA 5 "Coloquei os objetos em 3D no scanner. Após escaneá-los, eliminei as sombras atrás deles. Com a ferramenta Magic Wand, foi possível criar camuflagens e arquivos separados e colocá-los na ilustração da camuflagem principal **(10.6)**."

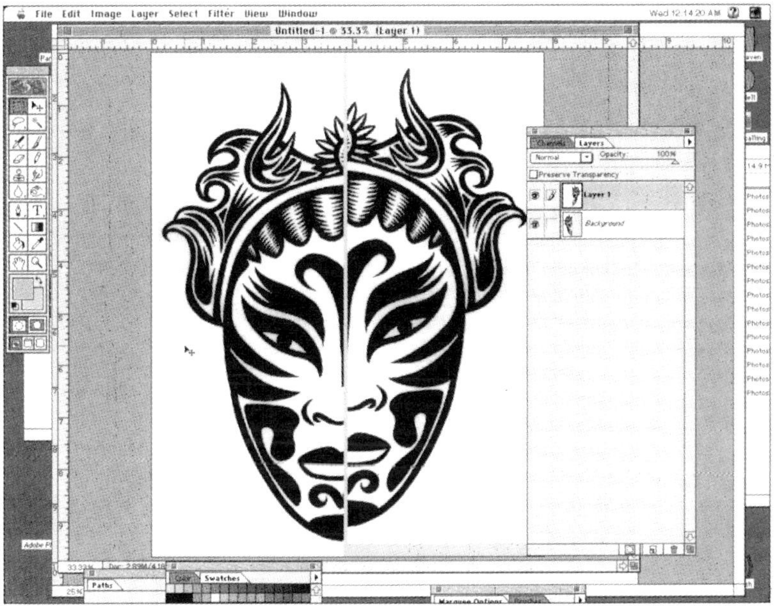

10.3

ETAPA 6 "Selecionei o adorno e o converti em tonalidade dupla **(10.7)**".

ETAPA 7 "Utilizei a ferramenta Pen para criar um caminho ao redor da pena, assim poderia utilizá-la como uma seleção **(10.8)**. Portanto, posso excluir a área do segundo plano e posteriormente utilizá-la como um caminho de encaixe, caso precise retocar a pena **(10.9)**."

ETAPA 8 "Após posicionar e escalonar o segundo plano, posicionei a pena. Dupliquei e girei algumas penas para produzir uma espécie de asa. Em seguida, copiei essa camada e a girei para criar uma asa simétrica do lado direito **(10.10)**."

ETAPA 9 "O gradiente personalizado foi utilizado para criar a mesclagem na face, somente ao redor dos olhos **(10.11, 10.12)**."

10.4

ETAPA 10 "Preenchimentos personalizados foram aplicados com a ferramenta Magic Wand e Gradient. Através dos botões Actions, foi possível configurar um comando de preenchimento de visualização. Esse procedimento permitiu que preenchesse diversas formas com rapidez e precisão **(10.13)**."

ETAPA 11 "Criei um formato de reflexo saindo dos olhos que se propagaria em direção à borda do papel **(10.14)**. Ao utilizar a ferramenta de caneta, criei caminhos para dar efeitos listrados nos raios **(10.15)**."

ETAPA 12 "Ao utilizar o PhotoDisc's CD-ROM de imagens armazenadas selecionei o rolo de filme que já estava pronto para colocá-lo na minha ilustração **(10.16)**."

ETAPA 13 "Apliquei um efeito Quick Mask na imagem do Photo Disc para criar o efeito desbotado nas bordas do rolo do filme. Ao utilizar a ferramenta Gradient no primeiro plano preto para segundo plano branco, apliquei uma camuflagem **(10.17)**. Depois de produzir a camuflagem ideal, utilizei um atalho, arrastei a camada para o lixo e apliquei a camuflagem."

10.5

ETAPA 14 "Importei outras imagens do Photo Disc e repeti o processo da Etapa 13 usando skew, scale e rotate para criar a impressão de movimento **(10.18)**."

ETAPA 15 "Dupliquei os dragões **(10.19)**."

ETAPA 16 "Queria criar um efeito de fumaça, então selecionei uma camada nova aplicando um preenchimento com adornos no formato duplicado **(10.20, 10.21, 10.22)**."

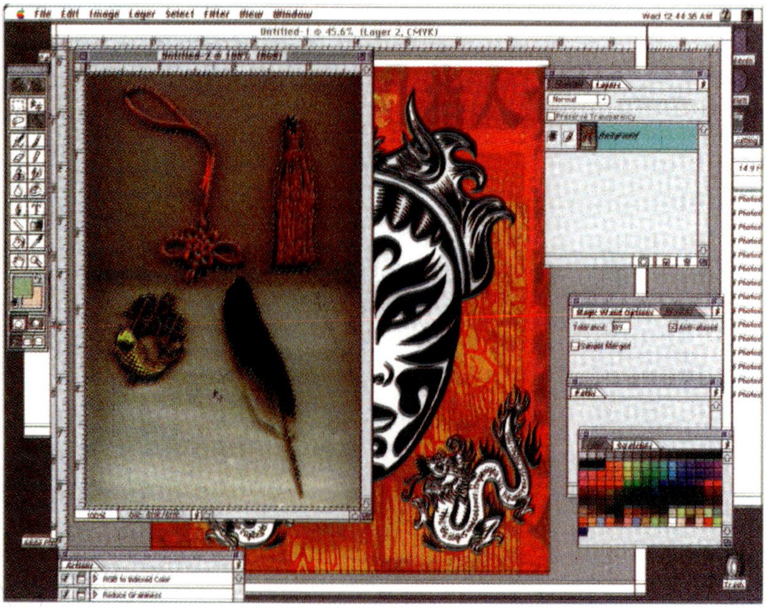

10.6

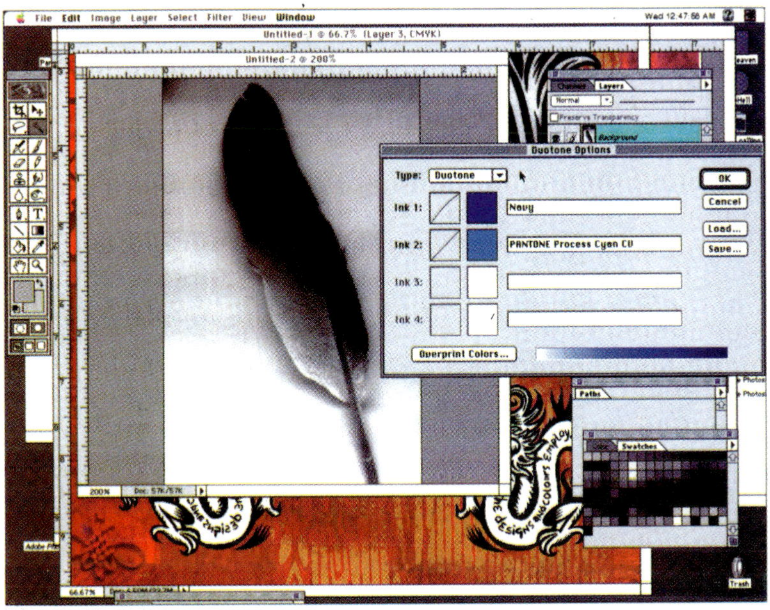
File Edit Image Layer Select Filter View Window
Untitled-1 @ 66.7% (Layer 3, CMYK)
Untitled-2 @ 200%
Layers
Duotone Options
Type: Duotone
Ink 1:
Navy
Ink 2:
PANTONE Process Cyan CV
Ink 3:
Ink 4:
OK
Cancel
Load...
Save...
Overprint Colors...
Paths
Swatches

10.7

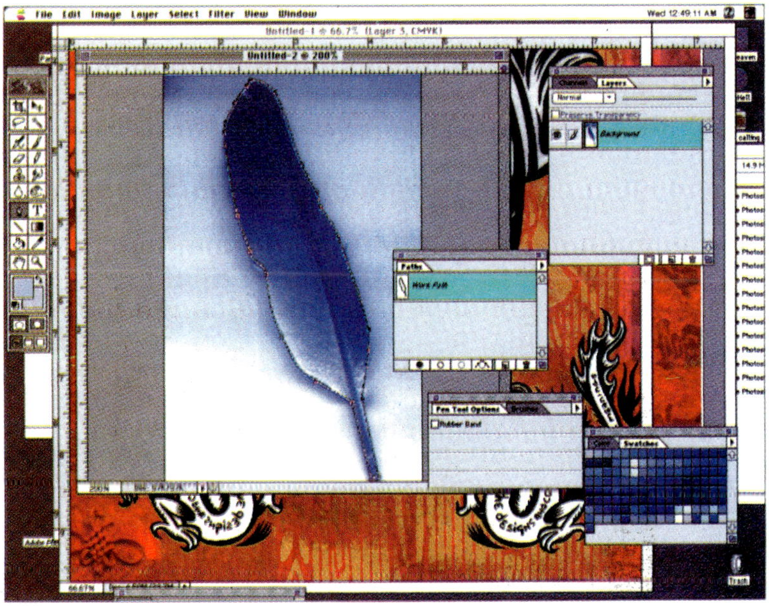
File Edit Image Layer Select Filter View Window
Untitled-1 @ 66.7% (Layer 3, CMYK)
Untitled-2 @ 200%
Layers
Paths
Work Path
Swatches

10.8

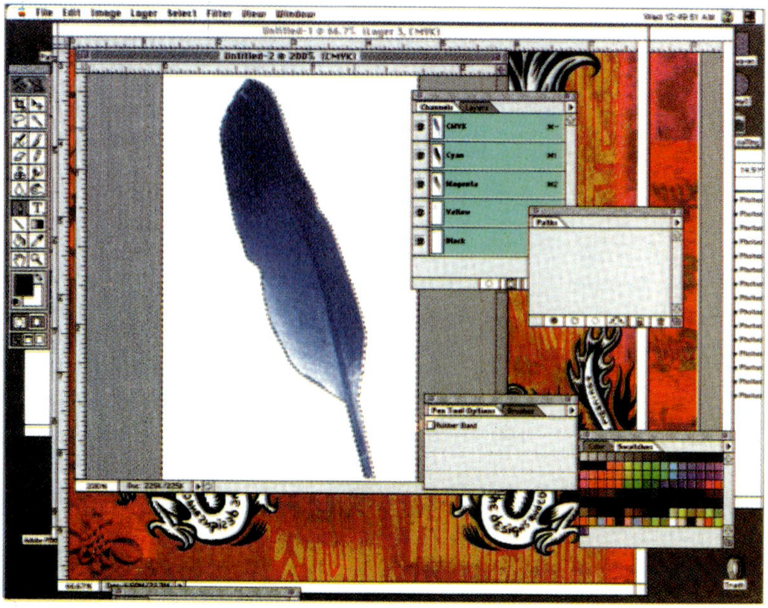
File Edit Image Layer Select Filter View Window
Untitled-2 @ 200% (CMYK)
CMYK
Cyan
Magenta
Yellow
Black
Paths
Swatches

10.9

File Edit Image Layer Select Filter View Window
Mask @ 50% (Layer 5 copy, CMYK)
CMYK
Cyan
Magenta
Yellow
Black
Move Tool Options
Paths
Swatches

10.10

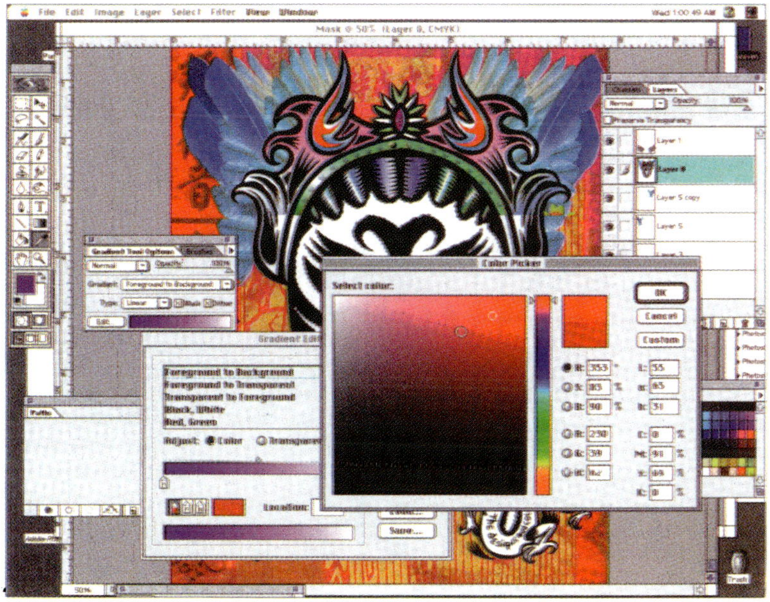

10.11

ETAPA 17 "A sombra é uma camada duplicata das camadas anteriores niveladas. Por meio do conjunto de opacidade, você obtém uma duplicata da camada original com transparência precisa. Se você desejar um efeito mais suave, aplique o filtro Gaussian Blur na sombra **(10.23)**."

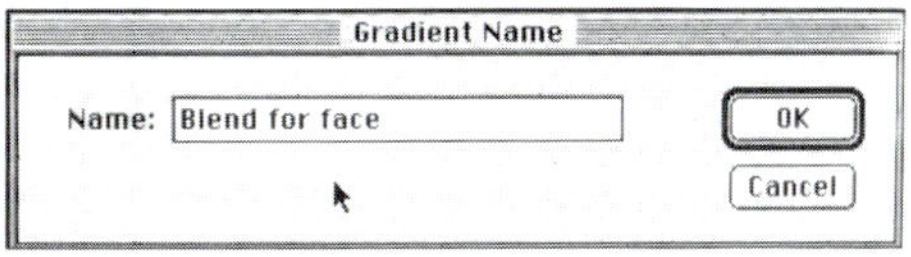

10.12

ETAPA 18 "Depois de ter concluído a ilustração, acrescentei alguns retoques finais, como os ornamentos atrás da cabeça. Os ornamentos foram adicionados no centro através dos filtros KTP Bryce 3D e de um ornamento real escaneado**(10.24)**."

REVISTA COMPUTER ARTIST

Pamela Hobbs foi contratada para criar a capa da revista ***Computer Artist.*** A revista estava acompanhando todas as etapas do trabalho, portanto ela resolveu criar um tipo de auto-retrato para a capa **(10.25)**.

ETAPA 1 "Primeiro desenhei à mão em nanquim a arte da linha. Após escanear a arte da linha, utilizei o Adobe Illustrator para otimizar ou rastrear a imagem."

10.13

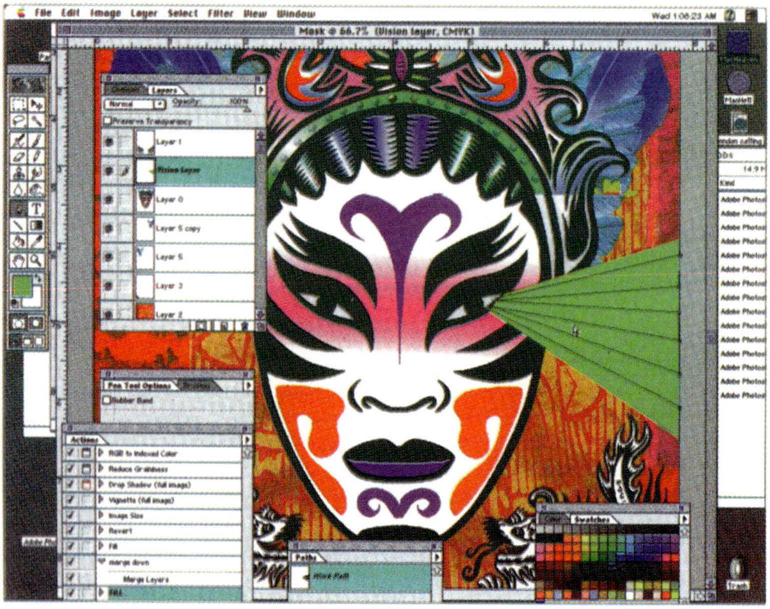

10.14

ETAPA 2 "Criei alguns dos círculos em rodamoinho do segundo plano utilizando o Texture Maker do Specular International. Também utilizei um filtro do Photoshop para criar um efeito de rodamoinho nos círculos."

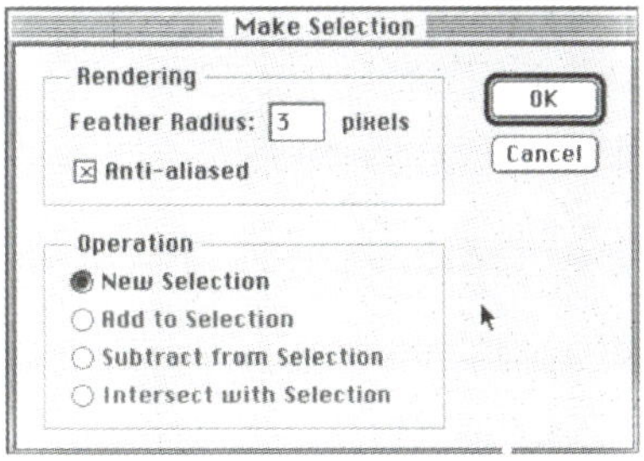

10.15

ETAPA 3 "Com o Adobe Dimensions, criei um formato de cone. Em seguida, envolvi o cone com o texto como se fosse uma textura e criei o efeito em 3D. Esse efeito se encontra atrás do logotipo, no canto superior esquerdo."

ETAPA 4 "Aproveitei algumas capturas de tela do trabalho em desenvolvimento e as apliquei na tela do computador. Utilizei algumas imagens armazenadas, como o disco voador no lado esquerdo e a xícara de café na parte inferior da imagem, à direita."

ETAPA 5 "No Photoshop, criei minha própria mesclagem personalizada utilizando duas cores. Utilizei uma cor clara no centro, criando um efeito realçado de metal nos braços."

ETAPA 6 "Foi possível utilizar uma textura de mapa com tonalidade dupla e uma camuflagem para criar um segundo plano branco desbotado utilizando camadas."

ETAPA 7 "Em seguida, nivelei a camada da figura e deixei o mapa no segundo plano."

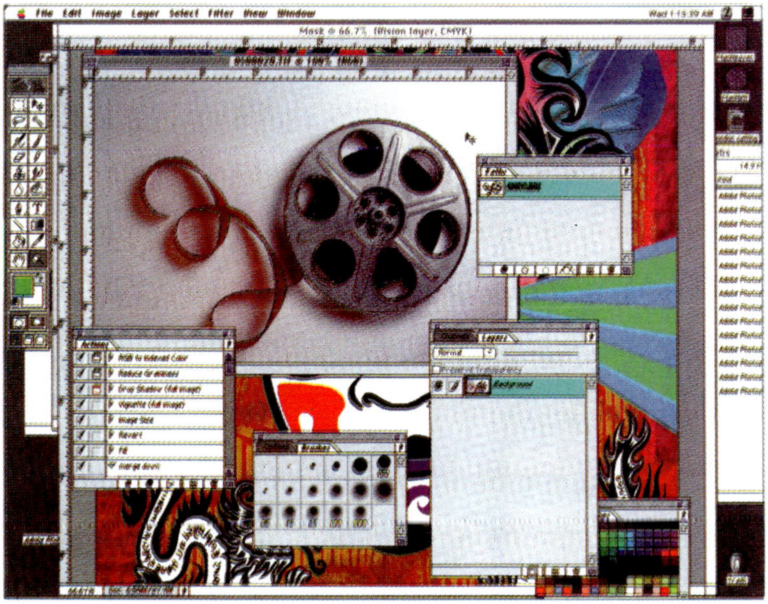

10.16

ETAPA 8 "Finalmente, dupliquei a camada superior da figura e a transformei em uma camada de sombra.

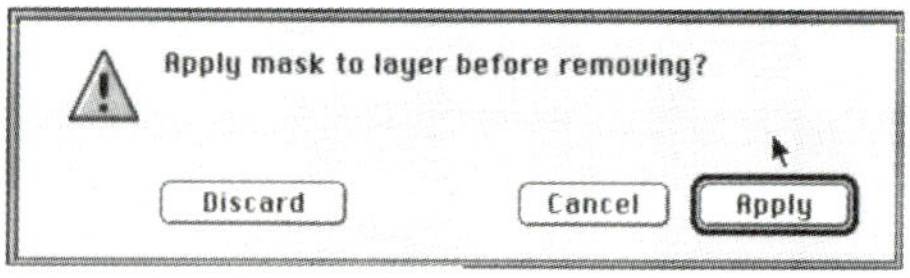

10.17

REVISTA ADOBE

Pamela também criou a capa para a revista ***Adobe*** retratando os truques do comércio na indústria do jogo **(10.26)**. As etapas a seguir descrevem o processo:

ETAPA 1 "Primeiro reproduzi à mão, em nanquim, a imagem do homem. Por meio do Adobe Illustrator, foi possível otimizar a imagem ao rastreá-la e girá-la de cabeça para baixo, criando uma imagem de espelho."

ETAPA 2 "Criei caminhos separados para as áreas listradas do segundo plano atrás da mão ao convergir os caminhos, mantendo a tecla Shift pressionada. Assim, foi possível manter o ângulo correto até o topo da página."

ETAPA 3 "Os losângulos foram criados no Illustrator e duplicados nos dois lados da página, a fim de representar o rei de ouro das cartas."

ETAPA 4 "Em seguida, importei as imagens para o Photoshop aplicando a cor e a textura no paletó. Ao utilizar o Kai's Power Tools, foi possível criar algumas texturas na gola do paletó utilizando esferas em 3D."

10.18

10.19

10.20

ETAPA 5 "Dupliquei a camada e diminui a luminosidade e o contraste. Em seguida, utilizei a camada de opacidade em 20 porcento para criar uma sombra. Apliquei o Gaussian Blur para atribuir uma borda suave."

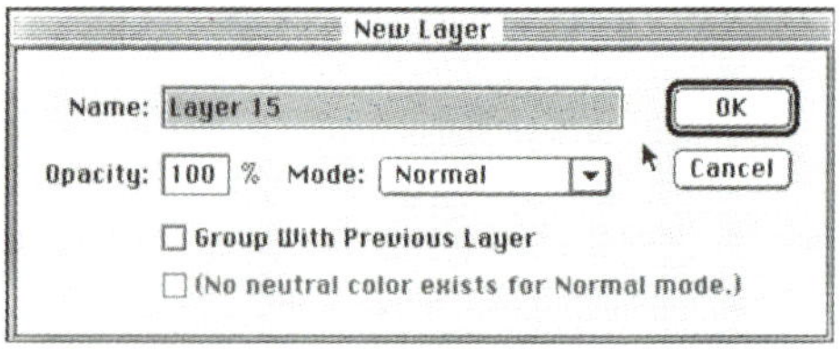

10.21

ETAPA 6 "Retoquei a imagem e acrescentei as esferas em 3D que foram criadas previamente no Infinity D 3.0."

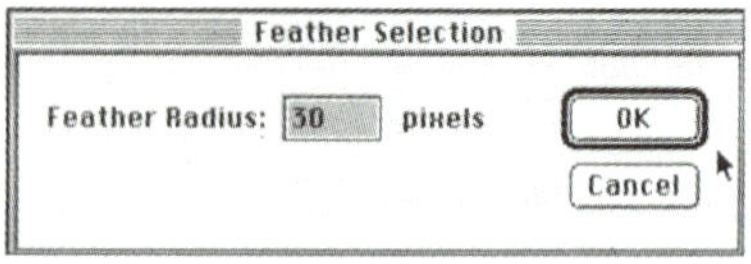

10.22

CAPAS DE FILMES VCR

ORGANIX

O desenho dessa capa foi criado para uma fita VCR. A capa exibe esse lindo trabalho de Mark J. Smith que incorpora o Photoshop, o Illustrator e vários outros programas**(10.27)**.

"A água-viva em forma de monstro foi criada no Alias/Wave Front's Power Animator, na plataforma SGI. Naquela época, o Power Animator tinha um novo recurso que permitia que sistemas de partículas fossem utilizados para criar pêlos. Utilizei esse recurso para criar os tentáculos da criatura.

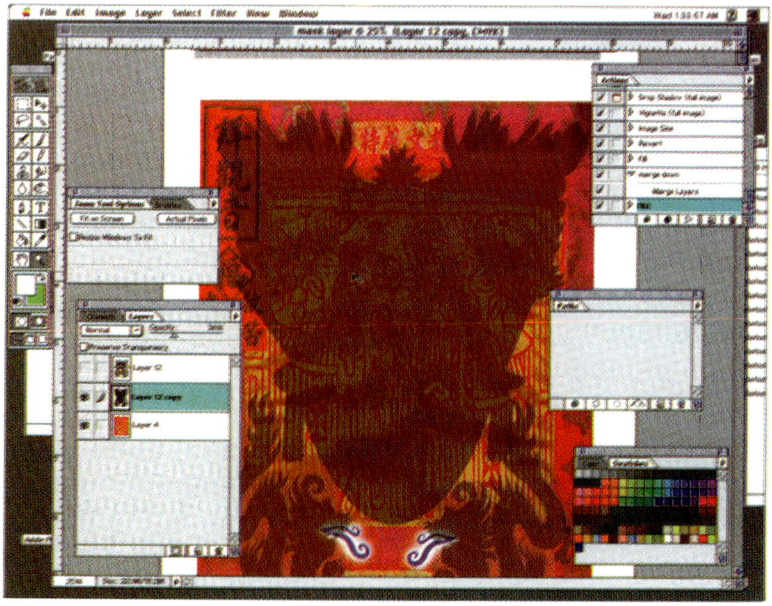

10.23

10.24

O processo de animação dessa água-viva é impressionante. Considerando que o sistema de partículas era novo e nunca tinha sido utilizado dessa forma, ocorreram alguns problemas. Segmentos e tentáculos de pêlo estavam ultrapassando o corpo da água-viva. Utilizei a ferramenta Smear e Rubberstamp do Photoshop para pintar algumas idiossincrasias que estavam ocorrendo. Essas ferramentas do Photoshop são muito valiosas. Elas salvaram nossas imagens várias vezes durante a criação de cenas para filmes. Eu poderia falar durante horas sobre a utilização do Photoshop em filmes.

"O fundo foi renderizado no Bryce 2. Esse fundo foi também alterado no Photoshop. Eu pus destaques dentro do quadro de fundo que não estavam na renderização original. Finalmente, o fundo e o monstro água-viva foram compostos no Alias Wave Front Composer 4.3. Este monstro água-viva também apareceu na refilmagem do clássico de 1957, *Not of This Earth* ".

10.25

CARTAS DE NEGÓCIOS

Cartas de negócios geralmente são muito sem graça. Você pode acrescentar um toque especial ao colocar um logotipo, desenho ou texto. Assim como esse recurso é útil para cabeçalhos, também pode tornar as notas atrasadas em algo bem mais interessante. Se o desenho da carta for atraente, é muito mais provável que o destinatário leia o conteúdo.

ROTTEN EGG

Randy Livingston analisou outras artes e teve uma idéia que poderia ser utilizada em faturas atrasadas. Essa idéia era uma maneira eficaz decisiva, no entanto sutil, de lembrar os clientes que sempre atrasam os pagamentos do vencimento dos seus débitos, com o estúdio. Randy criou essa imagem utilizando o Photoshop e o Illustrator.

10.26

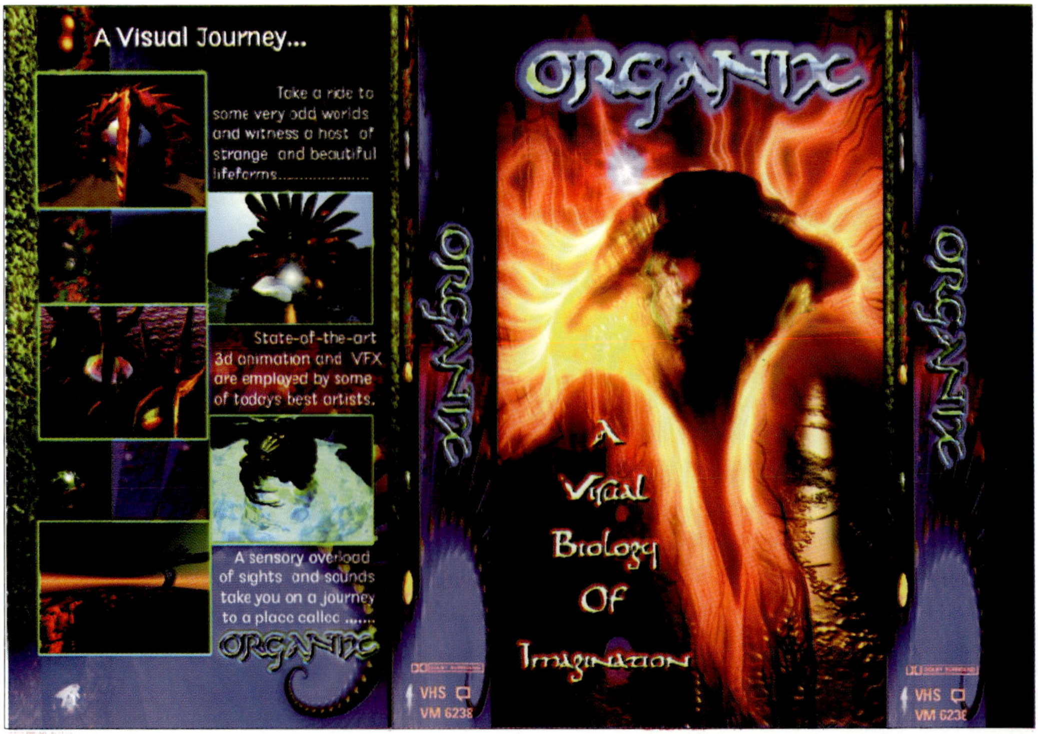

10.27

"Após várias reuniões e rascunhos, tive a idéia de utilizar o desenho de um ovo estragado na parte inferior de faturas atrasadas. Escaneei o esboço mostrado e o salvei como um TIFF em escala de cinzas com 72 dpi **(10.28)**.

10.28

Esse TIFF foi colocado no Illustrator para ser utilizado como modelo. Em seguida, criei uma segunda camada para começar a trabalhar com a ferramenta da caneta. Rastreei as linhas externas dos formatos básicos procurando ser o mais fiel possível ao esboço. Logo após, ajustei os caminhos e apliquei as cores básicas.

10.29

Para acrescentar dimensão em toda a ilustração, utilizei uma combinação de gradientes e mesclagens. Primeiro, colori com gradiente linear a parte externa da metade da casca do ovo no primeiro plano. A outra metade no segundo plano foi colorida com um gradiente radial. Experimentei colocar o gradiente radial e a progressão do gradiente linear no ponto central. Eu queria obter uma impressão de luz na parte externa da casca a mais natural possível. As partes internas da casca foram preenchidas com um gradiente linear **(10.29)**.

Após as cascas terem sido concluídas, criei outra camada para continuar a trabalhar na clara e na gema. A gema foi criada em diversos formatos ovais irregulares. Para obter o formato ovolado e brilhante da gema, utilizei um formato oval com preenchimento de tonalidade amarelo avermelhado, em seguida copiei o formato e o escalonei em uma média de 20 porcento. O formato oval menor foi preenchido com amarelo e deslocado do centro para cima e para a esquerda sobre o formato oval maior, de coloração amarela avermelhada. Ao selecionar esses dois formatos ovais, utilizei a ferramenta de mesclagem para criar uma mesclagem com 124 etapas. A mesclagem e os formatos originais foram selecionados e agrupados. Para acrescentar os detalhes visuais necessários para intensificar a

10.30

aparência lustrosa da gema do ovo, coloquei um formato oval mínimo como ponto de realce e um formato oval alongado na extremidade inferior da gema. A clara do ovo foi criada com uma mesclagem bastante parecida, mas com uma insinuação mais densa **(10.30)**.

Criei uma camada final para produzir as sombras. Ao experimentar cores e posicionamentos, foram utilizadas mesclagem no formato oval para produzir sombras reais lançadas sobre a superfície das cascas de ovo. Coloquei um formato escuro atrás da clara do ovo para criar uma sombra suave causada pela própria clara. Neste ponto, excluí a camada do modelo (esboço), e em seguida selecionei, agrupei e salvei todos os objetos **(10.31)**.

10.31

Em seguida, utilizei a capacidade de arrastar e soltar do Illustrator para o Photoshop. Talvez esse seja o melhor recurso introduzido na Versão 6.0 do Illustrator. Arrastei a ilustração do ovo estragado no documento do Illustrator e soltei na janela de um documento novo que criei no Photoshop com mais ou menos sete polegadas quadradas RGB, com resolução de 300 dpi. Em seguida, o Photoshop analisou o arquivo do Illustrator, o rasterizou com o tamanho e a resolução do documento do Photoshop. A arte do Illustrator chega ao Photoshop como uma seleção ativa. Você pode enviá-la para a sua própria camada ou soltá-la para criar uma imagem 'nivelada'. Neste caso, soltei a seleção para obter um arquivo de imagem plana **(10.32)**. Em seguida, fiz pequenos ajustes na cor (utilizando Curves) e ajustei o Output Levels para clarear toda a imagem, já que queria que a arte ficasse bem suave, no papel da fatura. Então, apliquei o filtro KTP Gaussian Electrify em toda a imagem.

10.32

Ainda no Photoshop, configurei a tipologia para 'Over 30 Days old!' utilizando o tipo MakerFeltWide com um preenchimento em vermelho escuro **(10.33)**.

10.33

Enquanto a seleção da tipologia ainda estava ativa, cliquei duas vezes na opção Floating Selection, na paleta de camadas, para enviá-la à sua própria camada. Dupliquei a camada da tipologia (ao arrastá-la para o novo ícone de camada na parte inferior da paleta de camadas), e em seguida, com a opção para preservar a transparência selecionada na paleta de camadas, utilizei a combinação de tecla Shift+Option+Delete (após ter alterado a cor do segundo plano para preto, como por exemplo no caso do D) para alterar a tipologia da camada de vermelho escuro para preto. Em seguida, desmarquei a opção para preservar a transparência na paleta de camadas e apliquei o Gaussian Blur como um raio entre 2 e 4 pixels. Após obter o grau ideal para a sombra manchada, desloquei a sombra da tipologia para baixo e para a direita, é claro. Esse é um efeito clássico de sombra. A opacidade da sombra foi diminuída com o cursor de opacidade na paleta de camadas e pronto! Foi criada uma sombra clássica. Sombras como essa raramente são encontradas na tela ou impressas (ele conta sorrindo) **(10.34)**.

Vinculei a camada da tipologia com a camada da sombra da tipologia selecionando primeiro a camada da tipologia na paleta de camadas, e depois selecionei a caixa de diálogo entre o olho e o nome da camada na camada da sombra da tipologia na paleta de camadas. Posteriormente, posicionei todos os elementos em perfeita ordem, salvei mais uma vez para preservar o arquivo em camadas do Photoshop 3 e nivelei a imagem (escolhi nivelar imagem no menu de rolagem da paleta de camadas). O arquivo da imagem foi convertido em um arquivo com modo de cor CMYK, salvo no formato TIFF ou EPS (com um nome diferente para não sobregravar o arquivo de trabalho em camadas) e colocado em um documento do QuarkPress para obter o resultado final **(10.35)**."

10.34

PANFLETOS DE VENDAS À VAREJO

As nossas caixas de correspondências estão sempre cheias de panfletos de vendas a varejo. O design é muito importante para que um planfeto se destaque dos outros. Se você criou uma imagem bem colorida, as pessoas vão olhar com mais atenção o seu anúncio. Quando utilizar o Photoshop para criar uma imagem e o Illustrator para acrescentar a tipologia, lembre-se de que uma bonita combinação faz com que as pessoas leiam o panfleto.

10.35

GOLD BOOK

Geno Coppotelli criou para a ***Paint and Decorating Retailers Gold Book*** a capa de 1997. Essa era a edição de prata, celebrando o aniversário de 25 anos. A imagem utiliza canais do Photoshop para criar o livro metálico. Geno rasterizou no Photoshop o logotipo original criado no Illustrator.

"Criei um novo documento no Photoshop. Em seguida, desenhei linhas e círculos na camada do segundo plano como se fossem o ilhó e a lombada de um fichário. Manchei e dupliquei a camada. Depois utilizei o filtro Offset em cada canal e utilizei o modo de mesclagem de diferença no canal superior. As camadas foram niveladas e invertidas.

Utilizei a seção de uma imagem TIFF que criei para dar a aparência de uma sombra prateada. Em seguida, aumentei e manchei a seção para dar um formato sombreado em toda a imagem. Esta foi duplicada para ser utilizada posteriormente. Utilizei-a como um canal com 50 porcento de opacidade e combinei os dois canais. Criei uma aparência prateada ao abrir as curvas e desenhar uma linha em zig-zag fora da cruva.

O outro logotipo, ***Gold Book***, foi criado originalmente no Illustrator. Copiei e colei o logotipo no Photoshop como um canal. A camada do ***Gold Book*** foi duplicada e traçada para criar uma camada dourada grossa. Dupliquei a camada grossa ***Gold Book*** visando criar uma camada mais grossa ainda e manchá-la. Utilizei uma mancha em alto-relevo. Para criar canais de realce e sombra, dupliquei a camada em alto-relevo e utilizei níveis para configurar o ponto branco para 50 porcento em um canal e o ponto para 50 porcento no outro canal. Em seguida, a sombra foi invertida.

Criei uma camada dourada e apliquei realces e seleções de sombra. Utilizei o Curves para ressaltar o logotipo ***Gold Book***. Coloquei a duplicata da camada da sombra sobre a camada dourada e utilizei o comando Transform (⌘/Ctrl+T) para deslocar um ponto. Defini para o modo multiplicar 60 porcento de opacidade. Em seguida, combinei as camadas, utilizei Curves e desenhei uma linha em zig-zag. Carreguei o canal que contém o traço mais grosso como uma seleção e retirei o segundo plano para a imagem final **(10.36)**."

CAPA BASICS

A capa ***Basics***, de Geno Coppotelli, foi criada para exibir uma amostra de cores da Paint and Decorating Retailers. Geno utilizou o Illustrator para criar a tipologia, e em seguida rasterizou o arquivo no Photoshop para aprimorá-lo posteriormente. Geno concluiu o desenho da capa utilizando cores de uma imagem armazenada.

10.36

"Defini a tipologia do segundo plano no Adobe illustrator e rasterizei o arquivo no Photoshop. Alterei a mesclagem dourada criada no Photoshop. A camada da tipologia foi duplicada e carregada como uma seleção. A seleção foi preenchida com uma mesclagem em um determinado ângulo. O logotipo com tipologia em preto foi manchado, levemente deslocado e utilizado como sombra com 40 porcento de opacidade. A camada do segundo plano foi criada e mesclada para ser utilizada em um ângulo diferente. Essas camadas foram mescladas. Escaneei amostras de cores e excluí o segundo plano. Dupliquei a camada das amostras e a preenchi com preto. O preto foi manchado, definido para 30 porcento de opacidade e levemente deslocado como se fosse uma sombra.

Encontrei imagens de giz em um disco de segundos planos e objetos armazenados no PhotoDisc. Cortei as figuras que gostei e as colei no documento. Em seguida, copiei algumas figuras e utilizei o filtro de matiz e saturação para colorir e alterar a cor. As figuras foram giradas para a composição. O mesmo foi feito para criar sombras e deslocamentos e acrescentar mais profundidade.

O quadro-negro foi criado a partir de uma imagem de um bloco de madeira antigo encontrada no arquivo de disco Objetcts. Utilizei a ferramenta Rubber stamp para limpar a imagem.

Criei uma marca retangular no centro de uma moldura em madeira e essa foi preenchida de preto. A seleção foi salva como um canal. Após duplicar o canal, manchei o canal do realce e da sombra e os carreguei no canal do quadro-negro para criar a ilusão de quadro-negro depois do recreio.

A tipologia no quadro-negro foi criada no Illustrator e colada no Photoshop. Selecionei individualmente as letras e utilizei matiz e saturação para colori-las. Escrevi com giz em um papel texturizado e escaneei a figura. Utilizei essa figura escaneada como um canal para carregar no canal da tipologia e o eliminei para dar uma textura de giz à tipologia. Acrescentei uma sombra ao quadro-negro e a desloquei para dar profundidade. Finalmente, nivelei e salvei a imagem **(10.37)**."

TOP TEN TIPS

10.37

A capa ***Top Ten Tips***, de Geno Coppotelli, foi criada para promover as vendas de tinta. Geno utilizou o illustrator para criar a tipologia e a lata de tinta em formato circular. Geno rasterizou o arquivo do Illustrator no Photoshop e aproveitou os canais para desenhar a imagem.

"Primeiro defini a tipologia e o círculo da lata de tinta no Illustrator e desenhei as linhas do segundo plano. Utilizei um tipo vazado e criei um novo documento no Photoshop. Copiei as linhas no Photoshop como um canal. Apliquei uma caneta gráfica para acrescentar textura e colori o canal de azul. Foram utilizados efeitos de luz para criar um foco luminoso com o canal da linha, como se fosse uma camada de textura. Carreguei a camada da linha como uma seleção e utilizei Levels para iluminar as linhas no canal azul.

O texto ***top tip*** foi copiado em canais. Dupliquei o canal e o tracei duas vezes para obter um logotipo mais encorpado. Em seguida, dupliquei o canal traçado e o encorpei um pouco mais, criando assim uma camada mais grossa. O canal com traço mais grosso foi duplicado, manchado e colocado em alto-relevo.

Carreguei o canal que continha o traço mais grosso neste canal para aperfeiçoar as bordas. Uma nova camada foi criada e colorida de vermelho. Acrescentei o canal em alto-relevo como uma seleção e utilizei curvas para criar profundidade. Utilizei uma curva de S. Essa camada foi copiada e utilizei as curvas para criar uma versão mais clara em laranja. A seleção do canal encorpado foi carregada para aperfeiçoar o segundo plano. Combinei esses canais como um canal de tipologia, os dupliquei e os carreguei como uma seleção que foi preenchida com preto. O Gaussian Blur foi utilizado para suavizar, deslocar e criar uma camada de sombra. Utilizei o filtro de efeitos de iluminação (foco de luz) para acrescentar profundidade e variação.

Escaneei a superfície de uma lata de tinta. Em seguida, criei uma camada sobre a lata de tinta escaneada e uma mesclagem em arco-íris. A camada com a lata de tinta foi copiada para outros canais e foram criados canais de realce e sombra. Essas camadas foram carregadas como seleções para criar profundidade. Utilizei uma marca circular com o mesmo tamanho que a parte interna da lata. O segundo plano foi invertido e retirado. Utilizei um modo de mesclagem de diferenciação na camada do arco-íris e o combinei com a camada da lata. Em seguida, coloquei essa camada atrás do texto e o transformei para colocá-la no círculo com o tamanho ideal. As camadas foram mescladas.

O número dez foi criado no Illustrator e rasterizado como um documento em escala de cinzas no Photoshop. Tracei e manchei o número dez e o salvei como um mapa de deslocamento. Em seguida, criei um novo documento RGB. Utilizei a mesma técnica que no livro prateado ***Gold Book*** para criar os realces de reflexos. O número dez foi utilizado como a seleção para recortar os realces.

Copiei uma seção do Top Ten onde o dez iria residir. Um mapa de deslocamento foi aplicado nesta área e clareado ao utilizar Levels. Transportei o documento de realce para o novo documento no modo de sobreposição. Combinei e recortei o segundo plano. Coloquei o documento Top Ten onde ele captaria reflexões na parte inferior. Essa camada foi utilizada para criar uma sombra. A marca de círculo serviu como um realce de reflexões. As bordas foram adornadas, colocadas na superfície e preenchidas de branco **(10.38)**."

10.38

CARTÕES E TABELAS

A combinação natural do Photoshop com o Illustrator se apresenta com tipologia na forma de imagem. Você pode criar qualquer tipo de cartão ao utilizar o Photoshop para a imagem e o Illustrator para a tipologia. Além dos cartões, você pode também criar calendários ou uma tabela esportiva para o seu time preferido.

CARTÃO VETERINÁRIO

Patricia Cheal criou uma imagem para ser utilizada como cartão de condolências de um animal. Esse cartão deveria ser impresso em duas cores. Ela utilizou o Photoshop para combinar os esboços feitos à mão. O arquivo foi posionado no Illustrator para acrescentar o texto e imprimir a separação das cores principais. **(10.39)**.

TABELA WHALERS

A tabela Whalers, na realidade, é um poster de tamanho natural. A arte foi criada a partir dos esboços originais feitos a lápis. Após escanear os esboços no Photoshop em camadas separadas, Patricia pintou a arte de linha nas suas próprias camadas. Para criar os homens no segundo plano, ela utilizou o MetaCreations Fractal Design Poser. No Poser, Patricia criou poses diferentes. Em seguida, ela desenhou os esboços finais. Após concluir a imagem no Photoshop, Patricia abriu o arquivo no Illustrator e definiu o cabeçalho, o logotipo e o restante do texto**(10.40)**."

10.39

10.40

ANÚNCIOS

Os anúncios estão sempre mostrando as idéias mais atuais que envolvem o Photoshop e o Illustrator. Qualquer tipo de promoção de um produto pode ser criada nesses programas. Você pode se autopromover ou promover comidas, produtos, brinquedos, carros e muito mais. As possibilidades são infinitas.

CAPA PARA BETTER HOMES AND GARDENS JUNIOR COOKBOOK

O artista Wayne Vincent criou a arte da capa para ***Better Homes and Gardens JuniorCookBook*** **(10.41)**. Wayne iniciou o arquivo no Illustrator. Primeiro, um esboço foi aprovado e utilizado como modelo para fazer o rastreamento. Após ter processado as linhas e a cor no Illustrator, o arquivo foi rasterizado no Photoshop. Ele utilizou os caminhos vetorizados do arquivo do Illustrator para criar no Photoshop camuflagens para as sombras com bordas suaves. Wayne utilizou o mesmo caminho das camuflagens para agir como máscaras, onde ele acrescentou toques de airbrush e listras de movimento. Todo o arquivo foi salvo como um EPS e posicionado no Illustrator para obter o resultado final.

DIVERSOS ANÚNCIOS

Wayne Vincent criou esses anúncios que exibem uma criatividade além da imaginação **(10.42)**. Ele utiliza muito bem o Photoshop e o Illustrator ao criar a mala, a caixa e outros desenhos de anúncios para várias empresas. Além de Wayne fazer uma combinação de cores maravilhosa, esses anúncios certamente resultarão em vendas. Wayne explica a utilização do Illustrator e do Photoshop juntos.

10.41

"Primeiro, foi criado um esboço com lápis de ponta bem fina. Sempre tento solucionar os problemas de composição e desenho na etapa a lápis. Assim posso me concentrar na pintura e coloração da arte logo que começo a trabalhar no Illustrator. O esboço é escaneado e importado para o Illustrator como modelo. Utilizo o Illustrator para criar uma pintura inferior. Isto é, crio um esboço de todos os formatos básicos e me concentro no refinamento de irregularidades do desenho e das linhas, e no preenchimento com cores básicas. Começo também a separar o desenho em setores. Quebro o desenho em camadas que funcionarão separadamente no Photoshop mais tarde.

Quando o desenho básico está completo, importo o arquivo do Illustrator para o Photoshop setor por setor. Um exemplo simples seria importar um segundo plano. Primeiro eu trabalho nisso, e em seguida transporto elementos do primeiro plano em camadas separadas. O Photoshop e o Illustrator estão abertos simultaneamente e ficam se alternando através da área de transferência para importar itens do Illustrator para o Photoshop. No Photoshop, me concentro exclusivamente no colorido e nas dimensões da arte. Utilizo a ferramenta Airbrush e vários outros filtros para acrescentar profundidade e textura à arte. Uma característica fantástica do modo de funcionamento do Illustrator/Photoshop é a capacidade de transportar caminhos Bézier para o Photoshop com precisão. Utilizo esses caminhos como máscaras para preencher com cores transparentes e bordas adornadas, da mesma forma que um artista de airbrush recortaria máscaras de filme. No Photoshop, trabalhei com a cor LAB, um modo com três canais. Esse método mantém o arquivo com tamanho pequeno, e mantém as cores verdadeiras quando converto a arte em CMYK no processo final."

WAYNE VINCENT
A-MAZE-ING NEW CHEETOS
CRUNCHY NACHO
Cheetos
SIMPLE TOONS
Type to Learn
Great Give'N Getaway!
Sweepstakes
MAJOR LEAGUE BASEBALL
MENDOLA LTD.
212-986-5680
EDITORIAL
703-532-8551

10.42

MATH
READING
2+10=

CAPÍTULO 11

COMO TRABALHAR COM EFEITOS EM 3D E TEXTURAS

Todos os dias aprendo algo novo.

ELIOT BERGMAN

A maioria das ilustrações utiliza efeitos em 3D e texturas. Uma imagem iniciada no Illustrator ou a partir de um esboço é deficiente em realismo e dimensão. O Photoshop e outros programas de edição de imagens fornecem o efeito de terceira dimensão ao utilizar luz e sombra. Neste capítulo, veremos artes fantásticas que utilizaram luz, sombra e texturas. Todas as artes aqui apresentadas utilizaram o Photoshop durante o processo transitório da criação de imagens.

COMO CRIAR EFEITOS EM 3D

Os efeitos em terceira dimensão são a onda do momento. Observe os comerciais, anúncios de revista e outdoors e você verá a utilização dos programas em 3D. Alguns programas em 3D criam imagens maravilhosas a partir de poucas linhas, mesmo assim é necessário utilizar o Photoshop para suavizar as listras e bordas ou para acrescentar o segundo plano.

COMO CRIAR PERSPECTIVAS

O Illustrator pode ser utilizado para criar a base de qualquer ilustração. Se você tiver noções básicas de perspectiva, poderá criar facilmente uma grade e assim facilitar a criação de formatos em 3D. Você pode colorir a grade de cinza, agrupá-la e excluí-la quando acabar.

As etapas a seguir mostram como criar uma grade básica:

ETAPA 1 Desenhe um quadrado.

ETAPA 2 Ao utilizar a ferramenta Direct Selection, clique na linha esquerda do quadrado, mantenha a tecla Shift pressionada e clique na linha vertical direita do quadrado para selecionar ambos os lados. Escolha Edit ➢ Copy, e em seguida Edit ➢ Paste em Front.

ETAPA 3 Ao utilizar a ferramenta Blend, faça uma combinação com 15 etapas com as linhas copiadas.

ETAPA 4 Elimine o quadrado original.

ETAPA 5 Selecione todas as linhas e clique duas vezes na ferramenta Rotate. Digite 90 e pressione o botão para copiar **(11.1)**.

ETAPA 6 Selecione a grade e escolha Filter ➢ Distort ➢ Free Distort. Arraste os dois pontos superiores para dentro e os dois pontos inferiores para fora. Clique no botão OK **(11.2)**.

ETAPA 7 Desenhe uma linha vertical para cima a partir da quina inferior esquerda da perspectiva do solo. Desenhe uma linha vertical menor a partir da quina superior esquerda da perspectiva do solo.

ETAPA 8 Faça uma combinação com 15 etapas entre as duas linhas verticais.

ETAPA 9 Repita o mesmo procedimento no outro lado **(11.3)**.

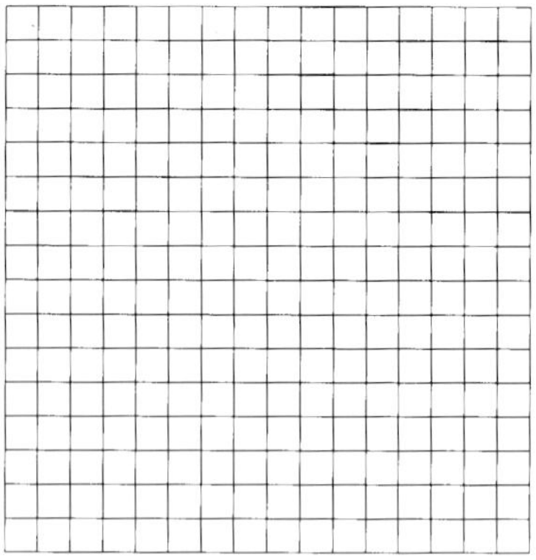

11.1

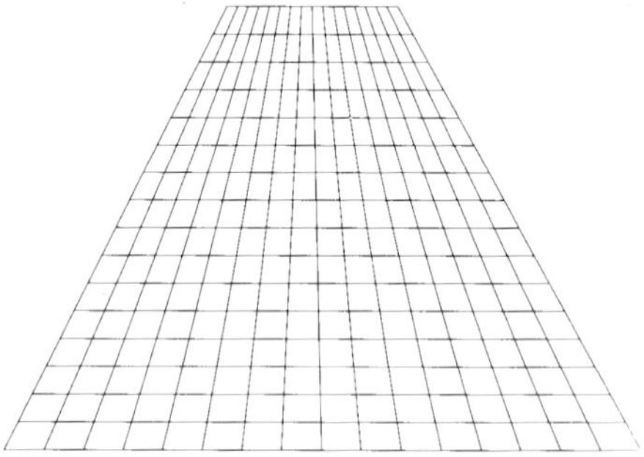

11.2

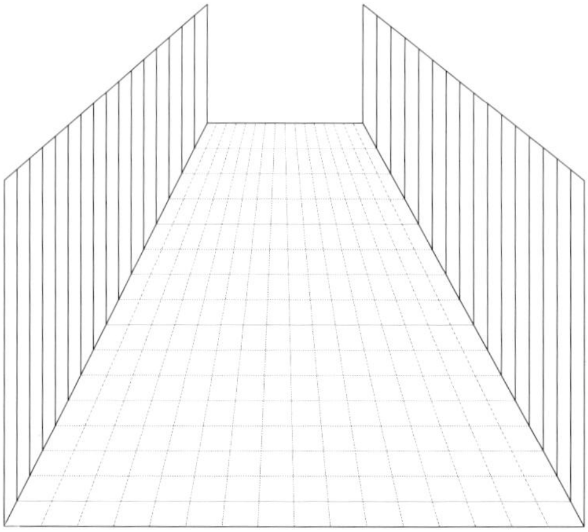

11.3

ETAPA10 Copie a linha em ângulo na parte inferior esquerda até o topo da linha vertical. Ajuste o ponto final conforme necessário. Selecione as linhas inferiores e superiores em ângulo e faça uma combinação com 15 etapas.

ETAPA 11 Repita o mesmo processo do outro lado **(11.4)**.

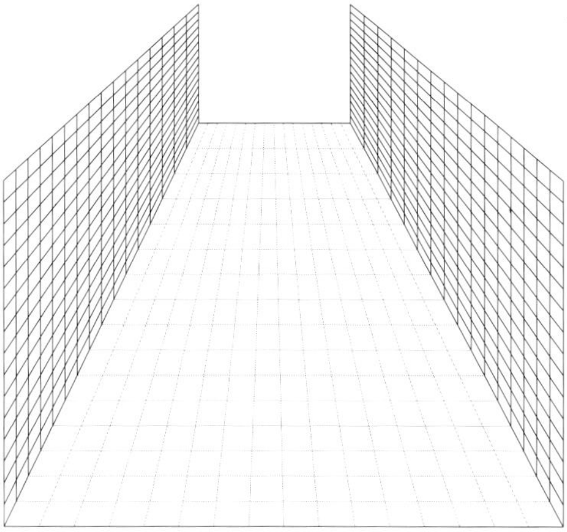

11.4

ETAPA 12 Copie a linha inferior posterior até a parte superior. Faça uma combinação com 15 etapas entre a linha inferior posterior e a linha superior posterior. Altere a cor das linhas para 25 porcento de cinza e 0,25 de peso de linha **(11.5)**. Bloqueie as linhas e desenhe a sua perspectiva ou objetos na parte superior da grade.

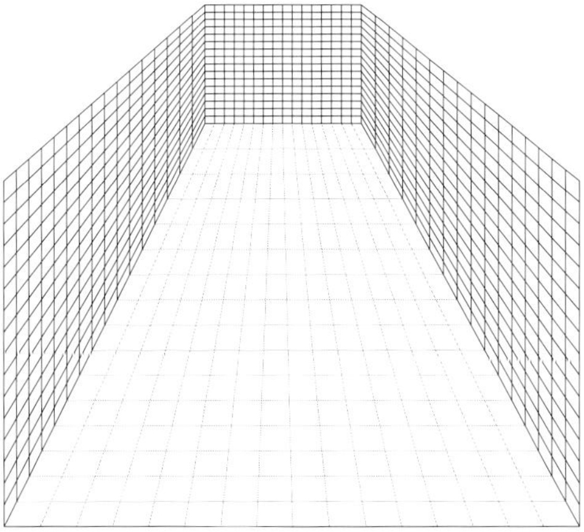

11.5

Após organizar a base da perspectiva, você poderá obter diferentes visualizações. Algumas pessoas preferem perspectivas com um ponto, dois pontos, visualização de pássaro ou lagarta. Você pode também desenhar a grade em um papel de rastreamento, fazer um esboço da perspectiva sobre o papel e escanear a imagem. Após escanear a imagem, você poderá rastreá-la no Illustrator ou ir diretamente ao Photoshop para acrescentar cor, textura e sombra.

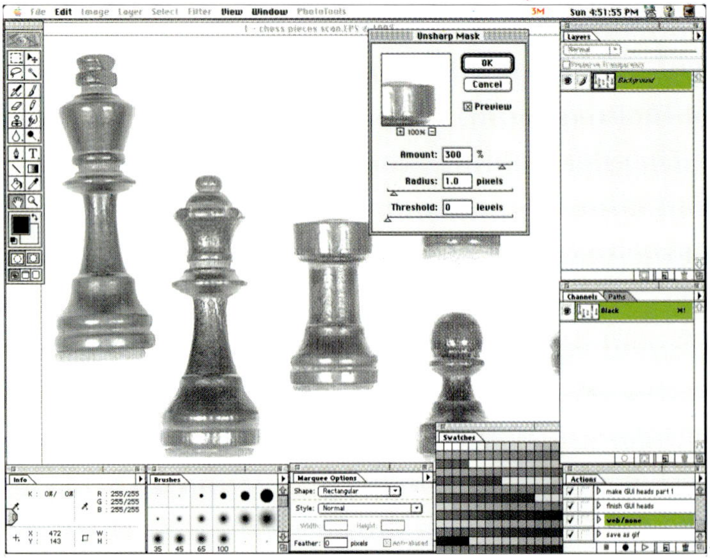
File Edit Image Layer Select Filter View Window PhotoTools
Sun 4:51:55 PM
Unsharp Mask
OK
Cancel
Preview
100%
Amount: 300 %
Radius: 1.0 pixels
Threshold: 0 levels
Layers
Background
Channels Paths
Black
Swatches
Info
R : 255/255
G : 255/255
B : 255/255
X : 472
Y : 143
Brushes
35 45 65 100
Marquee Options
Shape: Rectangular
Style: Normal
Feather: 0 pixels
Actions
make GUI heads part 1
finish GUI heads
web/none
save as gif

11.6

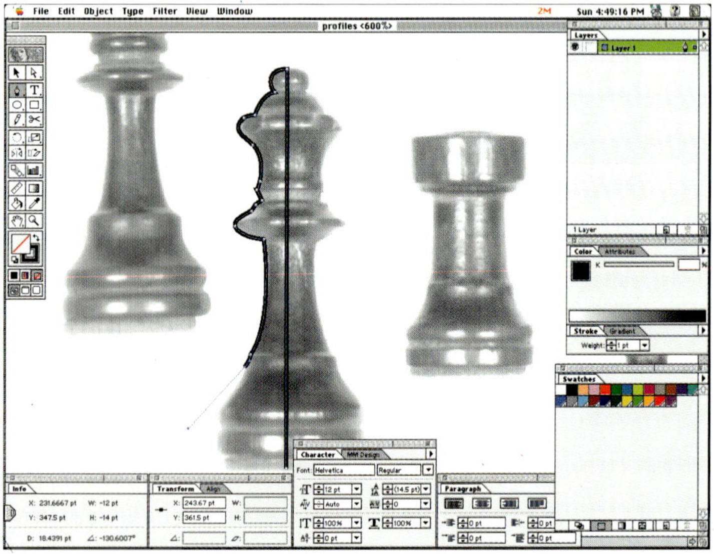
File Edit Object Type Filter View Window
Sun 4:49:16 PM
profiles <600%>
Layers
Layer 1
1 Layer
Color Attributes
Stroke Gradient
Weight: 1 pt
Swatches
Info
X: 231.6667 pt
Y: 347.5 pt
W: -12 pt
H: -14 pt
D: 18.4391 pt
Transform Align
X: 243.67 pt
Y: 361.5 pt
Character MM Design
Font: Helvetica Regular
12 pt
(14.5 pt)
Auto
0
100%
100%
0 pt
Paragraph
0 pt

11.7

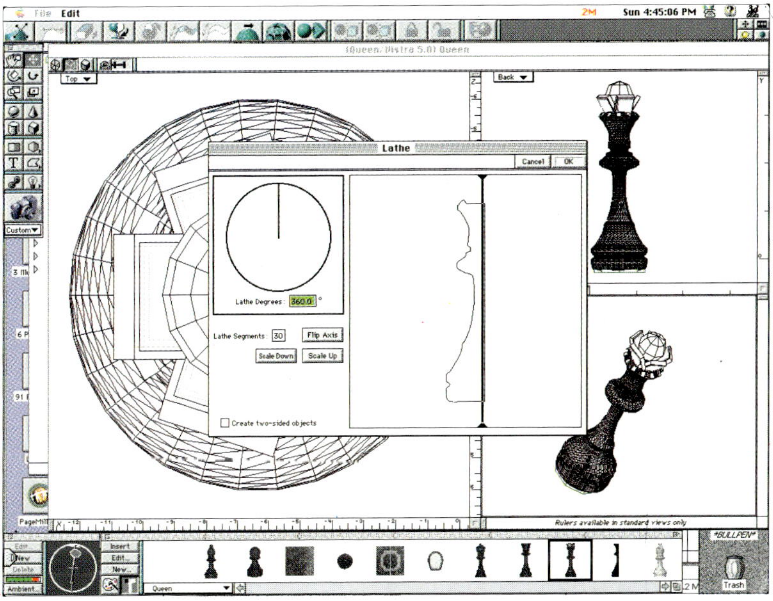
File
Edit
Sun 4:45:06 PM
Top
Back
Lathe
Cancel
OK
Lathe Degrees
360.0
Lathe Segments
30
Flip Axis
Scale Down
Scale Up
Create two-sided objects
Custom
Rulers available in standard views only
Insert
Edit...
New...
Queen
Trash

11.8

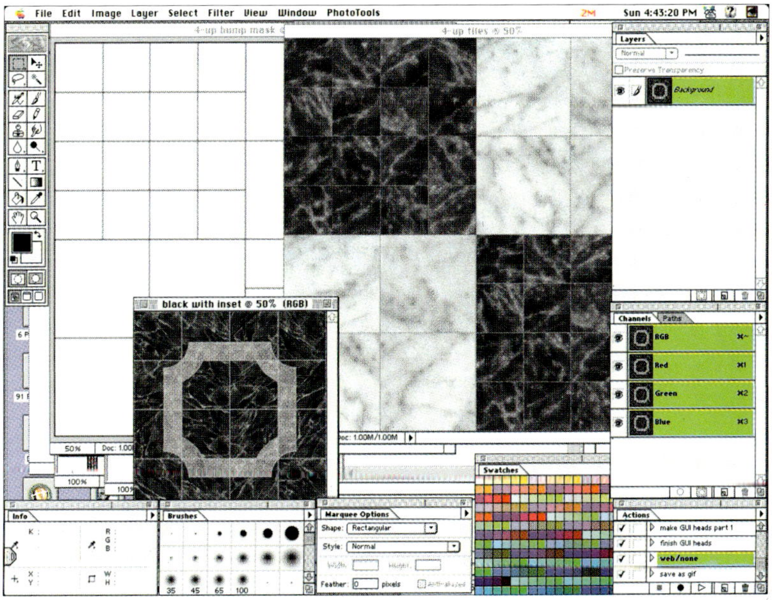
File
Edit
Image
Layer
Select
Filter
View
Window
PhotoTools
Sun 4:43:20 PM
black with inset @ 50% (RGB)
Layers
Normal
Preserve Transparency
Background
Channels
Paths
RGB
Red
Green
Blue
Swatches
Info
Brushes
Marquee Options
Shape:
Rectangular
Style:
Normal
Feather:
pixels
Actions
make GUI heads part 1
finish GUI heads
web/none
save as gif

11.9

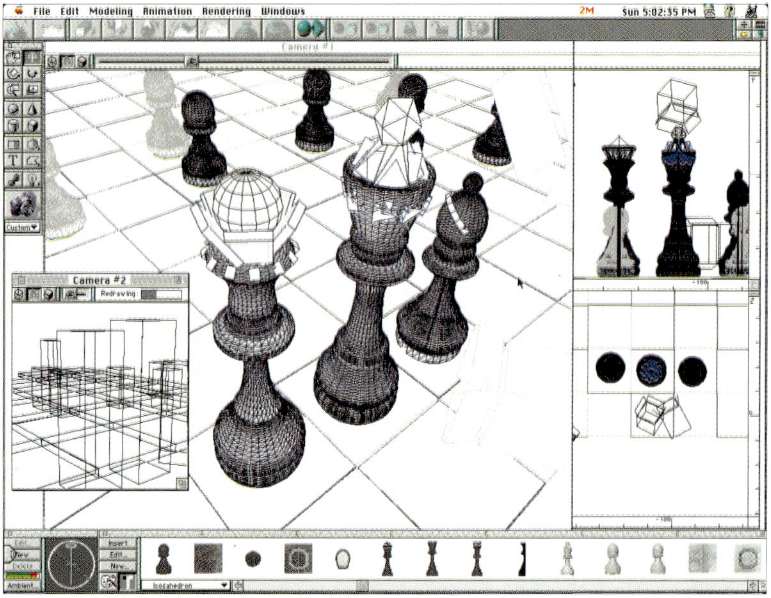
File Edit Modeling Animation Rendering Windows
Sun 5:02:35 PM
Camera #1
Camera #2
Redrawing:

11.10

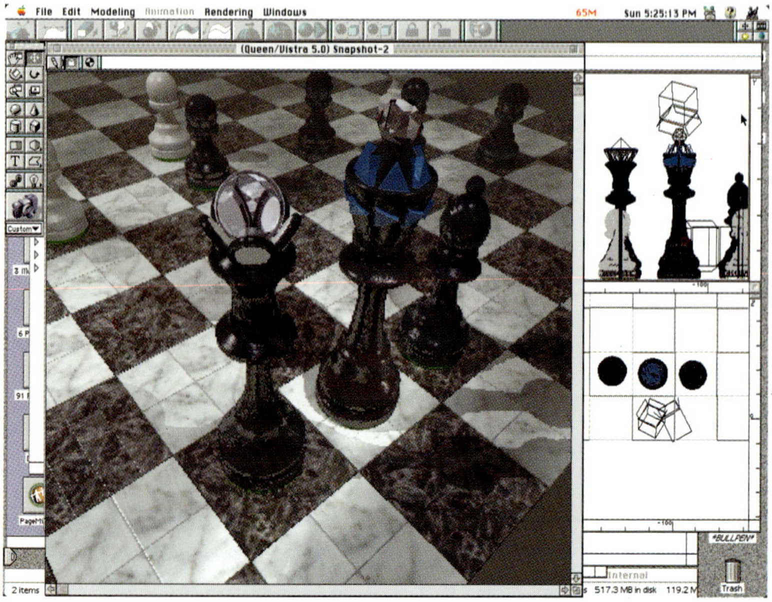
File Edit Modeling Animation Rendering Windows
Sun 5:25:13 PM
(Queen/Vistra 5.0) Snapshot-2
Trash

11.11

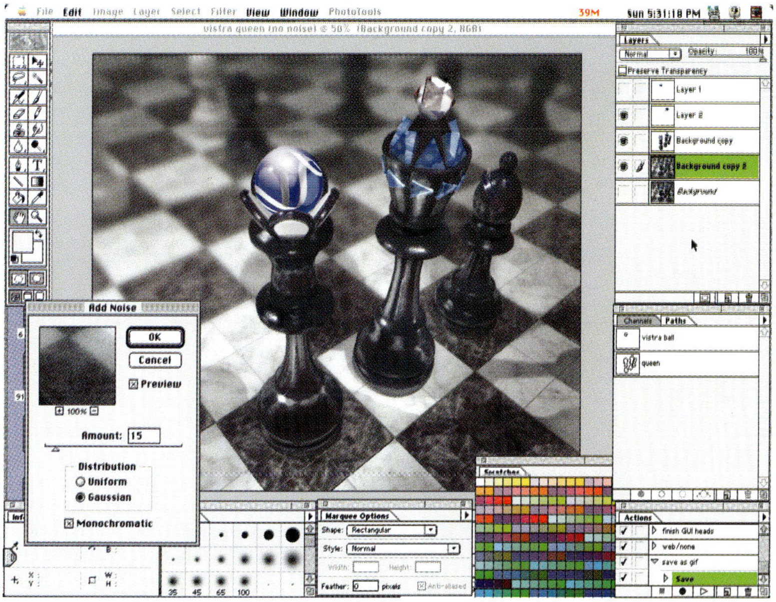

11.12

ALLIANCE

Alliance, de Michael Tompert, foi iniciada como uma imagem escaneada no Photoshop, transportada ao Illustrator para rastreamento, aberta no Strata Vision para processamento e trazida de volta ao Photoshop para acrescentar luz, contraste, sombra e textura. Michael realmente entende sobre a utilização de programas de 3D e da importância do Photoshop. Por meio das etapas que ele seguiu para criar essa imagem, percebemos que Michael queria alterar o foco, assim a imagem ficaria mais real.

11.13

O PHOTOSHOP E O CINEMA,

POR MARK J. SMITH

NESTA SEÇÃO, Mark explica como conseguiram consertar a cabeça para que ela ficasse inclinada no ângulo ideal em relação à água-viva. Após concluir essa tarefa, eles perceberam que os olhos também deveriam ser alterados. Mais uma vez, o Photoshop foi a salvação!

11.14

"Duas cenas depois, apareceu outra tarefa muito mais difícil, utilizando a mesma técnica. Após a área ter sido substituída, pude utilizar a cópia com a cabeça do ator. Giramos a 'seleção' da cabeça na orientação que achamos mais adequada, e em seguida posicionamos a cabeça na área onde foi feita a substituição no segundo plano. Nossa amiga, a ferramenta rubber stamp, foi utilizada para igualar as áreas coloridas e facilitar no posicionamento adequado da cabeça. Nós também utilizamos a ferramenta de mesclagem para criar uma transição mais suave entre o que foi colado e a ilustração do segundo plano.

A luz é um dos piores inimigos para uma composição em geral. Durante todo o tempo os espectadores podem perceber os detalhes de uma composição mal feita. Eles podem não saber o que há de errado com a cena, mas sabem que há algo errado. Agora, parecia que a iluminação não estava em boas condições. Ajustamos a iluminação ao regular a luminosidade da cabeça do ator. Mas tinha algo estranho no que havíamos feito. Tecnicamente o trabalho estava muito bom e ninguém poderia ter feito melhor, mas...

De repente, percebemos que o problema estava nos olhos do ator! As pupilas estavam orientadas na direção inicial. Ao girar a cabeça, o ângulo da visão teria que ser reajustado. Simplesmente isso estava errado. Os olhos são os condutores para a alma. Apesar dos olhos serem uma parte pequena do nosso corpo, eles transmitem uma carga de emoções incríveis por meio da sua posição, movimento e dilatação.

Mais uma vez, acessei o Photoshop para corrigir esse problema. Na resolução com a qual estávamos trabalhando, as pupilas eram nada mais do que 12 pixels ao todo, incluindo o pontilhado. Selecionei os pixels à mão, aplicando mais zoom em uma distância bem próxima, cortei e coloquei os pixels dentro de uma seleção. Em seguida, utilizei a ferramenta rubber

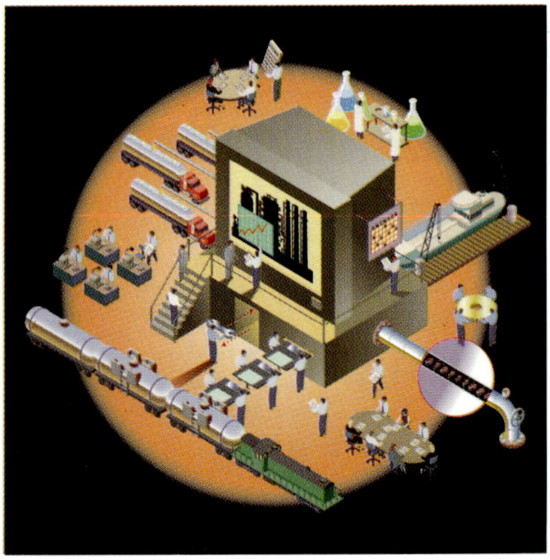

11.15

stamp para copiar o branco dos olhos da cavidade à esquerda que surgiu ao remover a pupila. Essa foi uma tomada de perfil, assim só tive que trabalhar com um olho.

Em seguida, colei a pupila de volta e com as teclas de seta comecei a deslocar a pupila para a posição correta. Era algo mágico ver a pupila se movendo. Conforme a pupila se movia, toda a expressão se alterava. Todo o sentido da cena ficou mais claro. Inicialmente, estava manipulando o mouse.

Logo fiquei entediado. A capacidade do Photoshop em deslocar uma seleção com um único pixel de cada vez me privou de uma séria síndrome do túnel do carpo. Fiquei impressionado com a quantidade de informações expressas por meio de um único pixel de uma pupila. Encontrei a orientação adequada da pupila e a colei permanentemente.

11.16

Você pode se perguntar como consegui fazer isso com o cara em movimento. Até mesmo se ele estivesse balançando um pouco, esse trabalho teria que ser repetido 24 vezes para cada segundo da cena. Bem, infelizmente a equipe de filmagem filmou vários segundos dessa cena.

A salvação foi encontrada devido aos cuidados tomados para manter baixo o orçamento da produção. Havíamos instruído a equipe a escanear um único fotograma da cena, por questões de custo. Essa não é uma prática boa. Em outras palavras, essa tomada do filme poderia ter sido feita com uma fotografia da cena tirada com uma câmera de 35mm. O fotograma foi duplicado 24 vezes para cada segundo de cena executada. Se não me engano, a tomada durava 4 segundos. Isso significa que 24 vezes por segundo durante 4 segundos é igual a 96 fotogramas duplicados da nossa imagem manipulada do Photoshop. O problema era a granulação do filme. O dinheiro estava acabando e o prazo final se aproximando.

Utilizamos uma leve mancha no Photoshop para diminuir a granulação original do filme naquela tomada. Decidimos que não poderíamos deixar aparente a ação da criatura produzida através de computação gráfica e da difusão feita na granulação do filme. E conseguimos. Até mesmo se olhássemos várias vezes, não ficaria visível. Ficou muito bom. Em seguida, fizemos a composição da criatura se deslocando e os fotogramas duplicados, para concluir a cena. Agora, Mason estava realmente olhando para o monstro.

O caminho percorrido para concluir essa tomada poderia ter sido mais simples se tivesse sido supervisionado adequadamente. Se tivéssemos mais dinheiro e tempo, a melhor forma de solucionar esse problema seria utilizando uma difusão aleatória animada sobre todos os 96 fotogramas. Incluindo a criatura criada por meio da computação gráfica.

Ao acrescentar a granulação do filme no gráfico computadorizado, ficara mais fácil combinar o gráfico, com a ação. O melhor truque para acrescentar granulação ao filme era escaneando fotogramas pretos do filme original. Esse procedimento permitiria a granulação exata do filme a ser utilizada na tomada. Isso não foi feito. Nas minhas instalações, fazemos isso o tempo todo. Eu não gostaria de trocar essa experiência por nada, realmente aprendi muitas coisas. Nunca confie no que os seus olhos vêem. Existe sempre algo além do que você vê em cena e Paintmonkeys merece o Prêmio da Academia. Isso nunca seria possível com nossa instalação se não fosse o Photoshop."

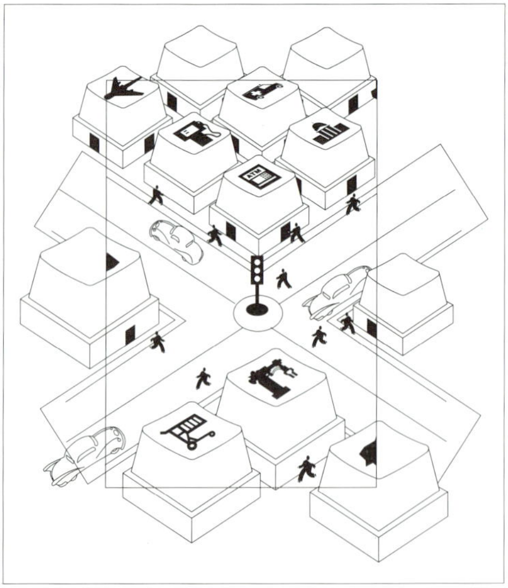

11.17

O processo de criação

ETAPA 1 "Comecei posicionando, as peças do xadrez em um scanner plano dando nitidez ao resultado. Salvei o arquivo para utilizá-lo como modelo no Illustrator**(11.6)**."

ETAPA 2 "Nesta etapa, rastreei o contorno das peças de xadrez no Adobe Illustrator e os exportei para o Strata Vision 3D **(11.7)**."

ETAPA 3 "No Strata Vision, fatiei os contornos para criar as peças em 3D, e em seguida acrescentar os detalhes e colocá-los na rainha. Como por exemplo a coroa de jóias do rei **(11.8)**.

Textura, modelagem e processamento

ETAPA 4 "No Photoshop, criei ladrilhos com uma textura sem emendas e seus mapas de relevo correspondentes para as linhas de cimento. Esses foram exportados como PICTs e importados para o Strata Vision. A partir deles criei ladrilhos em terceira dimensão **(11.9)**.

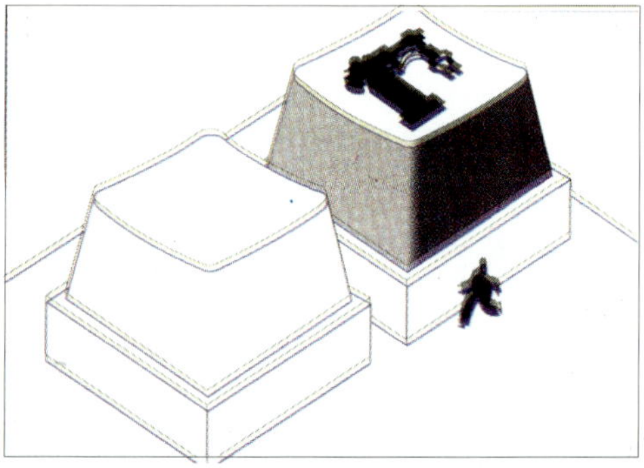

11.18

ETAPA 5 "Agora, o trabalho realmente havia começado. Fiz o modelo da cena no Strata, defini luzes, apliquei texturas, posicionei câmeras e selecionei ângulos interessantes **(11.10)**."

ETAPA 6 "Após vários processamentos e ajustes do modelo, processei finalmente a cena para um arquivo RGB de 10MB **(11.11)**.

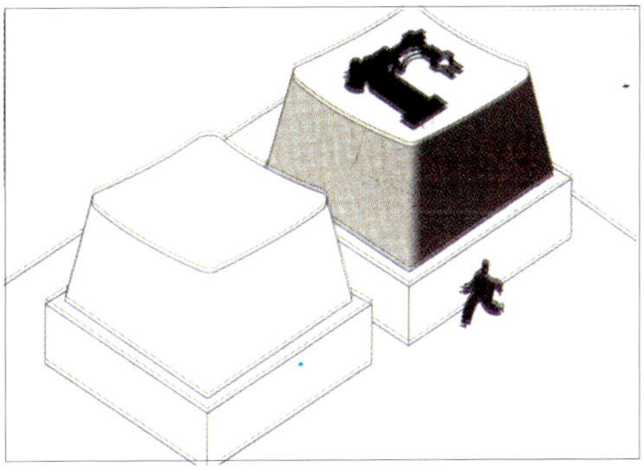

11.19

Retoques finais

ETAPA 7 "A imagem só ficou em harmonia depois que trabalhei no Photoshop. Ajustei o contraste para trabalhar em outras figuras, acrescentei realces para definir formatos, acrescentei difusão a fim de simular uma granulação de filme, suavizei as bordas das sombras em vários graus (lembre-se de que as bordas são suavizadas de acordo com a distância) e o mais importante, acrescentei profundidade ao campo. Essa é a grande diferença entre as imagens reais e as imagens feitas em um programa de 3D onde tudo está em foco **(11.12)**."

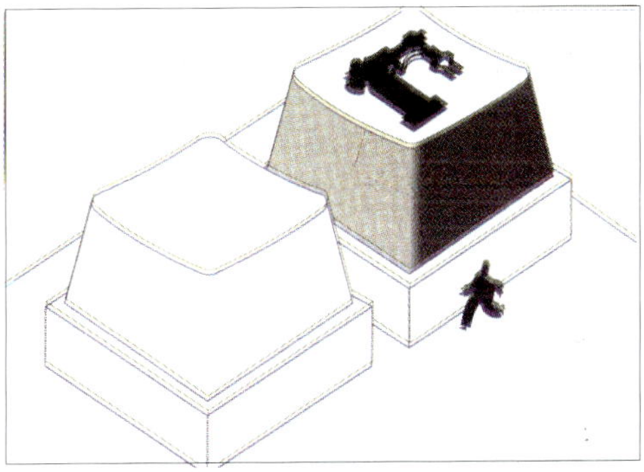

11.20

ETAPA 8 "Para obter a imagem final, converti o arquivo RGB em CMYK, e em seguida removi qualquer matiz de cor. Abri as tonalidades médias e apliquei uma boa quantidade de camuflagem não definida **(11.13)**".

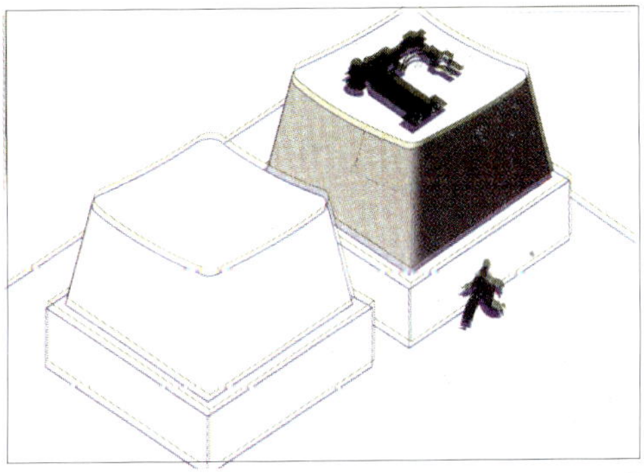

11.21

11.22

11.23

11.24

11.25

11.26

TRAIN

Robert Forsbach criou *Train,* que representa um banco de dados comum para aspectos diferentes do comércio de refinarias. Essa ilustração foi feita inicialmente no Illustrator. O Illustrator cria efeitos de 3D e profundidade como se fosse o próprio artista desenhando. Como você pode constatar na imagem, Robert tem uma ótima noção de perspectiva e cor para ter criado essa visualização de "pássaro" da refinaria **(11.14)**. Para suavizar a borda do software com base em vetor, Robert foi para o Photoshop a fim de suavizar as cores e criar o segundo plano **(11.15)**.

11.27

TOWN

As etapas a seguir descrevem o processo que Robert Forsbasch seguiu para criar *Town* . Ele repartiu a imagem em pedaços inteligíveis para mostrar o envolvimento do computador na transferência de fundos entre diferentes empresas e serviços. A imagem final mostra uma combinação excelente entre o Illustrator e o Photoshop **(11.16)**.

ETAPA 1 "O esboço foi feito no Illustrator e aprovado pelo cliente **(11.17)**. Em seguida, ele foi pintado, texturizado e todo detalhado no Photoshop."

ETAPA 2 "Para pintar o botão, selecionei primeiro os formatos interiores com a ferramenta magic wand. Em seguida, ao utilizar a ferramenta Blend (configuração Foreground to Background), apliquei a mesclagem de cores."

11.28

ETAPA 3 "Comecei pelo centro do botão e puxei uma mesclagem bem curta horizontalmente para à direita. Defini a ferramenta magic wand para tolerância zero e selecionei o lado esquerdo do botão **(11.18)**.

ETAPA 4 "Em seguida, empurrei uma mesclagem longa do centro do botão para a esquerda. Esse procedimento criou um efeito arredondado na lateral do botão **(11.19)**."

11.29

ETAPA 5 "Com a tina de tinta, pintei a parte superior da base do botão com uma cor clara e uniforme. Em seguida, selecionei a área com a ferramenta magic wand **(11.20)**."

ETAPA 6 "Desmarquei a área que não iria utilizar quando fosse aplicar o matiz da sombra. Então, preenchi a área selecionada com uma cor mais escura e uniforme**(11.21)**."

ETAPA 7 "A rua foi pintada com cinza médio e acrescentada uma difusão. A difusão Gaussian foi definida para 25 e a caixa de seleção Monochromatic deixada desmarcada, para que a rua ficasse com pontos coloridos **(11.22)**."

ETAPA 8 "Alterei o formato dos carros ao pintá-los. Retirei as rebarbas para dar um formato mais aerodinâmico. Para reproduzir os traços de velocidade, selecionei a área mostrada e utilizei a ferramenta Motion blur **(11.23)**."

11.30

ETAPA 9 "As sombras das pessoas são seleções ovais que escureci ao utilizar as configurações Levels **(11.24)**.

ETAPA 10 "Selecionei a área que seria uma porta com a ferramenta Polygon lasso. Com a ferramenta Eyedropper, capturei a cor do solo para o primeiro plano. Ao utilizar Eyedropper+Option, capturei uma cor mais escura para o segundo plano. Em seguida, arrastei uma mesclagem Foreground to Background a partir da parte inferior esquerda até a parte superior direita da porta. Com a ferramenta de seleção retangular, desenhei o formato da barra central e preenchi com cinza claro **(11.25)**. Utilizei essa técnica em todas as portas.

11.31

ETAPA 11 "As pessoas foram feitas com pequenas mesclagens e pintadas pixel por pixel **(11.26)**."

SONIC SCHOOLHOUSE

Eliot Bergman utilizou o Alias Sketch! para o seu programa de 3D. Ele também combina o Fractal Design Poser, o Illustrator e o Photoshop. Eliot utiliza muito bem o efeito em 3D, como você pode ver em *Sonic* e *Gears* . O programa de 3D utilizado por Eliot foi o Alias Sketch! e o Alias RenderQ! É fascinante ver o Illustrator como a base inicial e o Photoshop como a etapa final. Aqui, Eliot explica as etapas para a criação de *Sonic* .

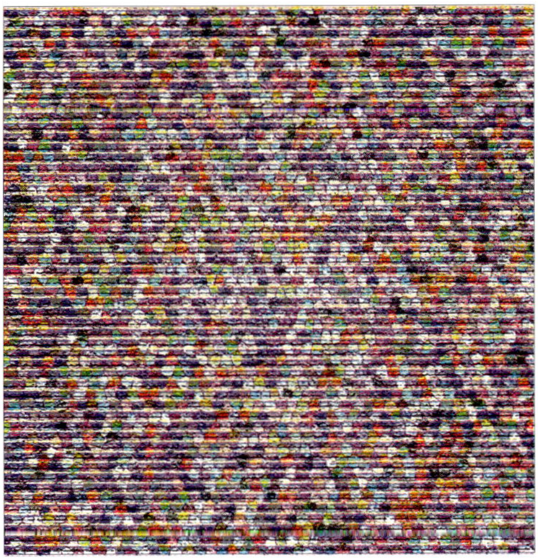

11.32

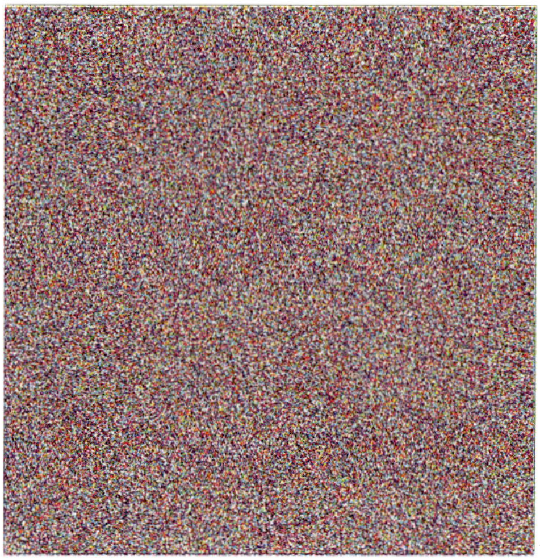

11.33

"A primeira etapa foi criar números no Illustrator. Escolhi os tipos para os números, os converti em linhas externas e os salvei como único arquivo. Esses tipos serviriam como esboço para os modelos em 3D que seriam criados posteriormente. As paredes e o quadro-negro também foram criados dessa forma. Os olhos foram criados a partir do contorno de um olho. O Sega US foi incapaz de localizar o arquivo DXF com a pose desejada para o personagem, e em vez disso forneceu um processamento do arquivo DXF que seria separado posteriormente.

A segunda etapa foi criar um ambiente em 3D no Alias Sketch! Importei os esboços das paredes e o quadro-negro para compor o conjunto no Sketch! desloquei os números e apliquei um chanfro arredondado. Girei o contorno dos olhos criados no Illustrator, dupliquei, posicionei e os agrupei com cada número.

A terceira etapa foi processar a imagem final no Alias RenderQ! utilizando o rastreamento de reflexo. Abri o processo final no Photoshop, coloquei uma imagem (do Illustrator) para as palavras escritas com giz, apliquei o filtro Diffuse para obter o efeito de giz e nivelei a imagem. Abri o processo Sonic, fiz um contorno do personagem utilizando o Magic Wand e o coloquei numa nova camada no arquivo. O Sega do processo original apresentava um desenho do Sonic apontando para o observador, ao invés de apontar para o quadro-negro conforme era desejado. Eliminei a mão original e pintei uma nova. A última etapa foi redesenhar a expressão do personagem para satisfazer as exigências do meu cliente.

A imagem (e o logotipo, que não é exibido) faz parte do conjunto *Sonic's Schoolhouse,* um CD educativo e interativo para alunos do pré-escolar **(11.27)**."

GEARS

Gears **(11.28)** foi publicada em uma edição especial da revista *Global Sights and Logistics* para ilustrar a integração das cadeias de fornecimento. Eliot descreve as etapas para a criação deste trabalho:

11.34

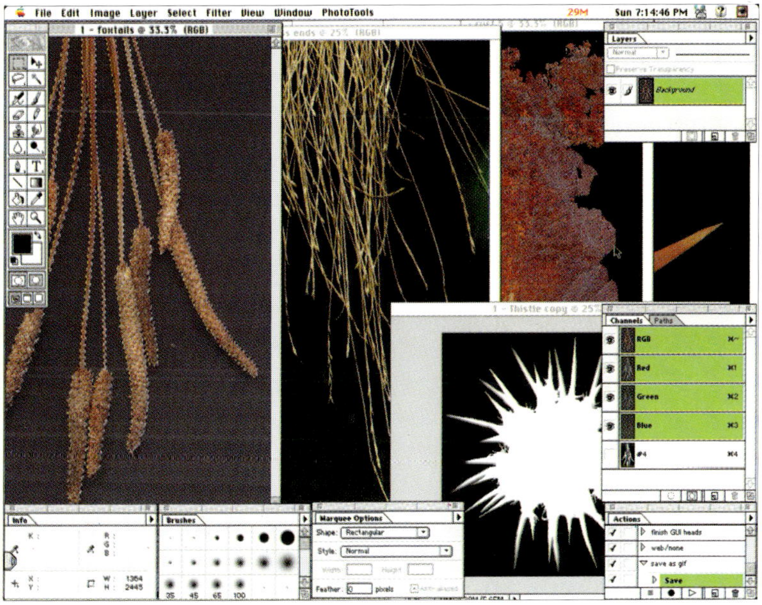

11.35

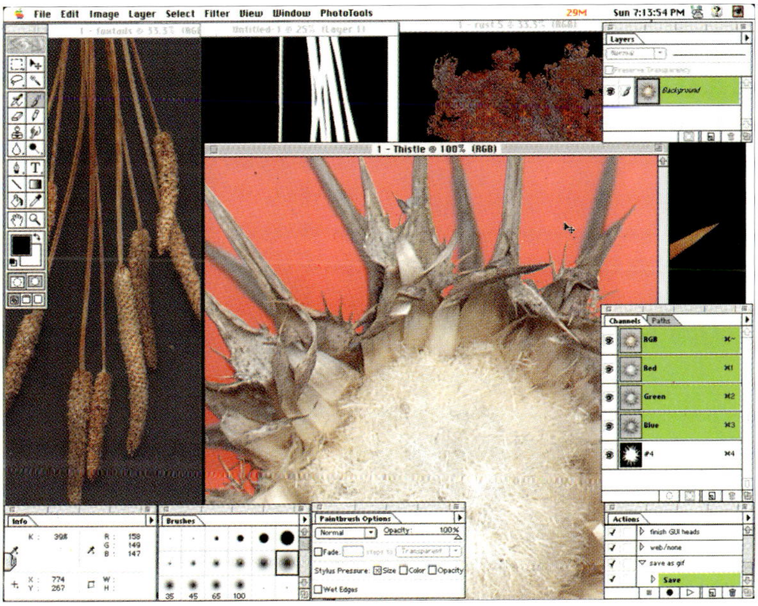

11.36

11.37

"A primeira etapa foi fazer um rascunho da engrenagem no Illustrator. Desenhei dois círculos concêntricos, os transformei em um caminho composto, e em seguida girei um pequeno trapezóide ao redor da circunferência do círculo externo, em intervalos regulares, para criar os degraus da roda. O caminho composto e os trapezóides foram combinados em um objeto ao utilizar o filtro Unite.

A segunda etapa, foi criar o caminho que as engrenagens iriam seguir. Criei uma grande espiral através de um dispositivo, a converti em guias, e em seguida copiei a engrenagem em seqüência, a escalonei e a posicionei sobre o caminho.

A arte-final do Illustrator foi importada para o Alias Sketch! e deslocada para criar o modelo em 3D. No Sketch!, apliquei a ferramenta Navigation para obter a perspectiva e a composição desejada. Um PICT criado no Photoshop foi importado e aplicado como um mapa de relevo. As cores das engrenagens foram determinadas utilizando o captador de cor CMYK no Sketch!

Ajustei a reflexão do preto, o atribuí a um plano desenhado no Sketch! e o posicionei abaixo das engrenagens a fim de refleti-las. A imagem foi processada no Alias RenderQ! ao utilizar o rastreamento de reflexo. A etapa final foi abrir o processo no Photoshop, aplicar um filtro de efeitos de iluminação, retocar as áreas que precisavam ser remetidas e converter o arquivo RGB em CMYK TIFF."

11.38

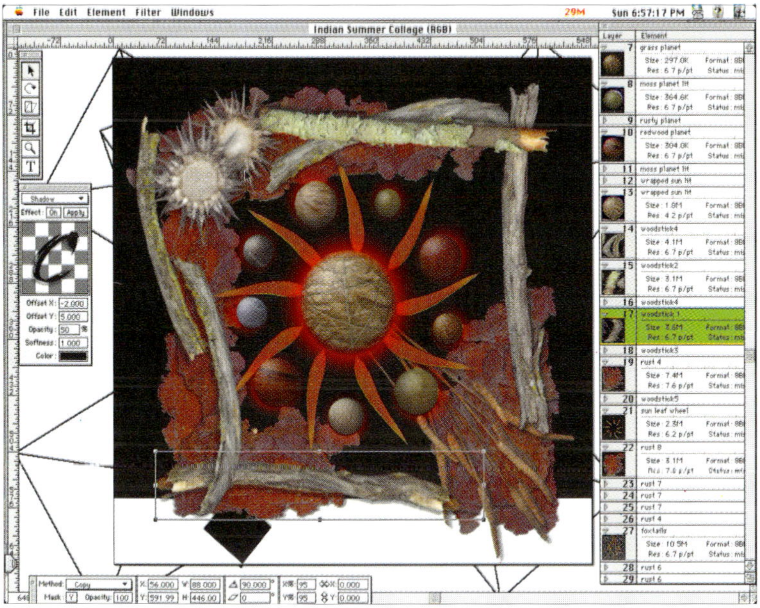

11.39

COMO CRIAR TEXTURAS

A textura é uma das coisas mais interessantes para se trabalhar com o Photoshop. Criar texturas é um processo muito simples. No Photoshop, você pode criar qualquer coisa a partir de umna cor sólida. Inicie com uma cor básica e você poderá criar, em poucos minutos, um segundo plano ou simplesmente uma textura. Para começar, gosto de preencher a tela com uma cor e utilizar o filtro Noise do Photoshop. Depois disso, você poderá aplicar vários efeitos e criar qualquer tipo de textura que desejar.

As etapas a seguir mostram como criar uma textura no Photoshop:

ETAPA 1 Comece com um novo documento e preencha toda a tela com uma cor.

ETAPA 2 Escolha Filter ➢ Noise ➢ Add Noise

ETAPA 3 Escolha Uniform e uma configuração em torno de 180. Não selecione o botão Monochromatic **(11.29)**.

ETAPA 4 Escolha Filter ➢ Pixellate ➢ Pointillize. Escolha um tamanho de célula e clique no botão OK **(11.30)**.

ETAPA 5 Escolha Filter ➢ Texture ➢ Stained Glass. Defina Cell Size (Tamanho da Célula) para 10, Border Thickness (Grossura da Borda) para 4 e Light Intensity (Intensidade da Luz) para 3. Clique no botão OK **(11.31)**.

ETAPA 6 Escolha Filter ➢ Texture ➢ Texturizer. Escolha Brick (Tijolo) como desenho. Defina o tamanho para 200 porcento, o Relief (Relevo) para 32 e clique no botão OK. Não é fantástico poder criar uma textura colorida a partir de uma cor sólida **(11.32)**?

11.40

As etapas a seguir descrevem como criar um papel com textura de areia:

ETAPA 1 Inicie com um documento novo e preencha toda a tela com uma cor castanha amarelada.

ETAPA 2 Escolha Filter ➢ Noise ➢ Add Noise

ETAPA 3 Escolha Uniform, Monochromatic e uma configuração de em média 180**(11.33)**.

ETAPA 4 Finalmente, escolha Image ➢ Adjust ➢ Levels. Defina Input Levels para 56, 24 e 204 e clique no botão OK **(11.34)**.

Foi muito fácil criar a textura de papel arenoso, e você poderá utilizá-la como quiser. Por exemplo, você pode utilizá-la como um segundo plano para dar um toque especial na tipologia do layout da página.

INDIAN SUMMER

O artista Michael Tompert obtém muitas texturas originais ao escanear objetos reais. Ele utiliza o scanner para capturar texturas de plantas, madeira, grama e folhas, como eu nunca havia visto antes. O Photoshop e o Specullar College lhe ajudaram a concluir essa imagem tão criativa.

Ao criar *Indian Summer* Michael seguiu essas etapas para escanear e camuflar objetos encontrados:

11.41

ETAPA 1 "Comecei coletando folhas, capim, pedaços de metal enferrujado, madeira e plantas desidratadas nas planícies de Hollister, na Califórnia, e os coloquei no meu scanner de base plana **(11.35)**."

11.42

ETAPA 2 "Camuflei os segundos planos ao utilizar diversos pincéis para que as bordas das camuflagens ficassem entre nítidas e suaves **(11.36)**."

ETAPA 3 "O elemento central da colagem seria o sol empacotado para o inverno. Para criar esse efeito, embalei um livro com um papel pardo e barbante, e em seguida escaneei o livro **(11.37)**."

ETAPA 4 "Utilizei o filtro para esferizar do Photoshop e efeitos de luz para obter o resultado desejado **(11.38)**. Os mesmos filtros foram utilizados nos 'planetas' criados a partir de texturas escaneadas, um pedaço de pedra, casca ou limo."

11.43

ETAPA 5 "Depois que todos os elementos foram escaneados e camuflados, os coloquei no Specular Collage e iniciei a montagem da imagem. Utilizei a sombra do Specular e as capacidades de brilho ao máximo para criar uma imagem que desse a impressão de ter sido montada e fotografada, ao invés de gerada no computador **(11.39)**."

ETAPA 6 "Após posicionar todas as imagens, processei um arquivo completo de 50 MB com as camuflagens, que me permitiu selecionar individualmente itens no Photoshop e editá-los **(11.40)**.

ETAPA 7 "Mais uma vez, utilizei o Photoshop para colocar a imagem onde realmente queria. Ao utilizar as possibilidades de iluminação do Photoshop, coloquei vários focos de luz na imagem, ressaltando detalhes aqui e ali. O mais importante é que o Photoshop, me permitiu criar o brilho vermelho ao redor do sol como se realmente fosse uma luz. Compare os reflexos de luz nos planetas na imagem final com o processamento do Specular. Finalmente, minha idéia sobre o*Indian Summer* foi concluída ao deixar o fogo do sol ultrapassar a 'embalagem de inverno' **(11.41)**.

11.44

COMO UTILIZAR O BRYCE 2 COM O PHOTOSHOP

O Bryce 2 é um programa que permite criar paisagens fantásticas.Você pode criar paisagens reais ou imaginárias utilizando os recursos de 3D do Bryce. O Bryce, também acrescenta atmosfera nas suas paisagens. Ao combinar as imagens do Bryce no Photoshop, você pode perfeitamente fundir objetos com um segundo plano de paisagem.

The Twins

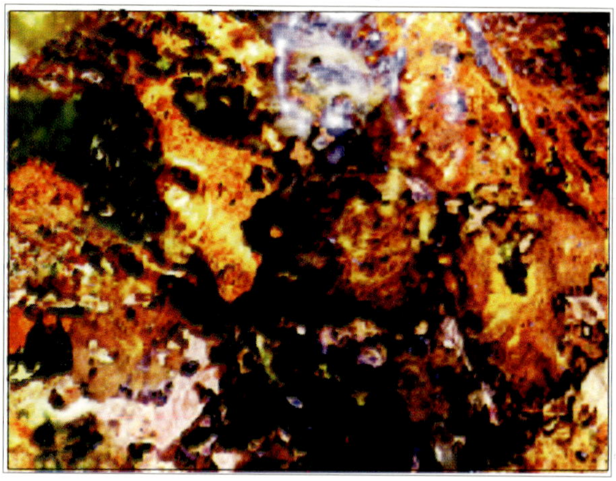

11.45

The Twins, de Bill Ellsworth, foi construída com o Bryce 2. Os dois formatos principais são compostos por 91 esferas. Cada esfera foi deslocada e girada para criar uma figura orgânica. As duas figuras são iguais, só que a figura do lado direito é menor. Ambas foram cobertas com o mesmo material PICT em 2D **(11.42)**, apesar de terem sido mapeadas de formas diferentes, obtendo aparências distintas. Uma foi mapeada com Object Space, a outra foi mapeada com o Parametric. Lembre-se de que você está olhando para uma coleção de esferas das quais somente um pequeno trecho é visto, portanto você está vendo uma pequena parte do PICT em 2D em cada esfera. Essas pequenas seções criam um desenho interessante na superfície das figuras principais **(11.43)**.

11.46

COMO UTILIZAR DISPOSITIVOS DO PHOTOSHOP E DO KPT 3.0

O Kai's Power Tools 3.0 está abarrotado de dispositivos maravilhosos. Você pode criar bolhas, texturas, gradientes e muito mais. Ao utilizar o Photoshop sozinho ou com dispositivos terceirizados, é possível, criar texturas e luz na sua imagem. Bill Ellsworth utiliza o KPT Bryce para iniciar algumas das suas imagens e o Photoshop para finalizá-las.

Buried Dreams

Buried Dreams, de Bill Ellsworth, foi iniciada ao colar imagens do Bryce. A imagem final estava um pouco sem graça, portanto Bill aplicou o Spheroid Designer e o Vortex Tiling do KPT3 em toda a superfície. Os dois objetos em formato ovalado foram criados por meio de uma seleção oval flutuante e ao aplicar o Gradiente Designer do KPT3 em diversos modos de aplicação**(11.44)**.

Contact

11.47

Contact , também de Bill Ellsworth, é uma colagem de imagens de baixa resolução do Bryce. A composição geral e a sensibilidade da imagem se originam diretamente das imagens de baixa resolução do Bryce. Para que elas apresentassem uma boa aparência Bill aplicou o filtro Lighting Effects do Photoshop em alta resolução numa cópia da imagem levemente manchada. Em seguida, ele aplicou essa imagem na imagem original aumentada, removendo assim efeitos de pixels, criando uma textura nova e interessante. Várias imagens do Bryce foram acrescentadas por meio de outros modos de aplicação ao utilizar esse mesmo processo **(11.45)**.

11.48

Sphere Sunset e Orange Sunset Sphere

As texturas utilizadas para criar as versões de *Sunset Sphere* e *Orange Sunset Sphere* , de George Hazelwood, foram criadas ao utilizar o Kai's Power Tools 3. Depois de criar a textura no Kai's Power Tools 3, George utilizou os filtros Wave e Ripple do Photoshop para posteriormente ajustar a textura. Finalmente, as variações do Photoshop foram utilizadas para criar o vidro **(11.46)**. Esses vidros foram importados para a composição de materiais no Bryce 2.

Após importar os vidros ao carregá-los para dentro de cada seção da composição de materiais nas Texturas em 3D, Texturas B, Texturas C e Texturas D, George utilizou configurações personalizadas nas outras caixas de diálogo. As opções Diffusion (Difusão), Ambiance (Ambiente) Specularity (Refração), Transparency (Transparência), Reflection (Reflexão), Bump Height (Altura do Relevo), Diffuse Color (Cor de Difusão), Ambient Color (Cor do Ambiente), Specular Color (Cor de Refração) e Transparent Color (Cor da Transparência) foram ajustadas para obter o efeito ideal.

Há cinco esferas coloridas dentro da esfera grande sobre a mesa. Cada uma das cinco esferas internas possui uma fonte de luz interna que projeta a luz por meio das texturas PICT atribuídas. Essas fontes de luz, combinadas com a esfera principal que é quase transparente, produz uma aparência única nas imagens *Orange Sunset Sphere* **(11.47)** e *Sunset Sphere* **(11.48)**.

COMO CRIAR SEGUNDOS PLANOS

Uma imagem não está completa até que o segundo plano seja feito. Alguns artistas preferem o Photoshop do que o Illustrator para criar um segundo plano; devido principalmente à capacidade do Photoshop produzir segundos planos suaves. Muitos gradientes ou mesclagens no Illustrator tendem a produzir efeitos de listras. O artista Mark J. Smith, por exemplo, criou objetos ressaltados com segundos planos normais e efeitos de luz.

11.49

ROSE BIG

Mark J. Smith explica suas idéias ao criar a imagem *Rose Big* **(11.49)**.

"Criei esse objeto no Alias Power Animator 7.5. A imagem foi exportada para o Bryce onde a utilizei em uma cena. O Bryce perdeu muitos polígonos do objeto. O terreno e o objeto foram preenchidos

11.50

com preto nos polígonos triangulares não processados. Gostei da imagem, mas os triângulos pretos deveriam ser apagados. O Photoshop sempre pintava os triângulos. Com a ferramenta Rubberstamp, reproduzi as áreas boas sobre as ruins. A ferramenta Burn colocou sombras e realces negativos na imagem."

O segredo do sucesso de Mark é que ele utiliza a ferramenta Rubberstamp do Photoshop. Ele relata: "A ferramenta Rubberstamp é a ferramenta mais utilizada no Photoshop. Os erros corrigidos por meio dessa única ferramenta valem o valor pago por todo o Photoshop. Isso não é novidade para um cinéfilo."

SPINEY

Spiney **(11.50)**, criada por Mark J. Smith, foi iniciada no Bryce e aprimorada no Photoshop.

"O mapa de elevação em preto e branco utilizado no Bryce foi modificado no Photoshop. O processo final foi sutilmente retocado por meio do Photoshop. Com exceção da animação, concluí tudo por meio do Photoshop", diz Mark.

A Visual Journey...
Take a ride to some very odd worlds and witness a host of strange and beautiful lifeforms.....................
State-of-the-art 3d animation and VFX are employed by some of todays best artists.
A sensory overload of sights and sounds take you on a journey to a place callec ....
ORGANIC
ORGANIC
ORGANIC
A Vitual Biology Of Imagination
VHS
ORGANIC
VHS

CAPÍTULO 12

RETOQUES FINAIS

Lembro-me do tamanho dos selos postais antigos e quando os pixels eram monocromáticos. Somente a imaginação desafia o desenvolvimento adquirido pela computação gráfica.

MARK J. SMITH

De alguma forma toda imagem precisa ser retocada para ser concluída. O Photoshop e o Illustrator, juntos, apresentam um ótimo desempenho na finalização de imagens, assim como o Bryce 2 e qualquer outro programa de 3D. Mesmo assim, você ainda retornará ao Photoshop para completar e suavizar a imagem. O Photoshop permite acrescentar luz, sombra e textura.

COMO ACRESCENTAR SEGUNDOS PLANOS RETOCADOS E TEXTURAS

Para obter o efeito desejado muitos artistas se alternam entre vários programas. Geralmente, o Photoshop e o Illustrator fazem parte desse conjunto. O Illustrator cria linhas como nenhum outro programa, enquanto que o Photoshop suaviza, acrescenta profundidade, luz e textura com uma eficiência incomparável. Devido à facilidade do Photoshop de criar segundos planos e texturas, muitas imagens se iniciam no illustrator e são concluídas no Photoshop.

NOTHERN CLIPPER

Glen Reigel criou *Northern Clipper* **(12.1)** utilizando vários programas. Glen relata cada etapa com detalhes e especifica os programas utilizados. A seguir, ele explica o processo com suas próprias palavras.

12.1

12.2

O processo de criação

ETAPA 1 "Tive dupla inspiração ao criar Northern Clipper. Essa imagem é a extensão de um trabalho criado anteriormente a partir da mesma cena no mesmo lado da rua, só que durante o verão. Gostei tanto da idéia dessa imagem da vizinhança que decidi ver como ficaria em uma versão de inverno. Como residente da Pensilvânia, cheio de recordações, lembro-me da minha infância, descendo montanhas de trenó e de ter que retirar neve com metros de altura. Aproveitei minha memória como um referencial e optei por preencher a paisagem acumulando neve."

Como utilizar o Bryce 2

ETAPA 2 "A imagem foi modelada e processada no Bryce 2 da MetaCreations. Utilizei um Macintosh PowerPC 8500/132. Naturalmente, uma das formas de funcionamento do Bryce é considerar um PICT em escala de cinzas para criar mapas de elevação em escala de cinzas. Apesar do Bryce incluir um editor com estilo de pintura na escala de cinzas, não é prático criar mapas ou 'terrenos' que exijam uma certa complexidade no trabalho. Assim, escolhi o Photoshop como minha ferramenta. Neste caso, além das ferramentas para completar o projeto, precisava de algo mais do Photoshop. Conseqüentemente, essa parte do trabalho acabou envolvendo o Adobe Illustrator.

ETAPA 3 "Como em qualquer projeto de modelagem, a imagem se iniciou na montagem dos modelos principais e no trabalho dos detalhes. Já que neste caso o objetivo principal é discutir a utilização, do Photoshop e do Illustrator, falaremos pouco sobre a criação dos principais componentes da cena que não tiverem relação com o Illustrator ou o Photoshop."

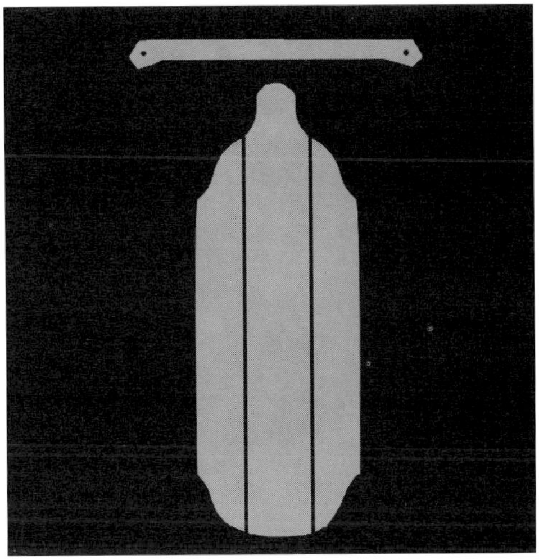

12.4

12.3

ETAPA 4 "Em Northern Clipper, certas áreas estão ressaltadas devido à utilização do Photoshop e do Illustrator. Para criar o trenó e completar o modelo, várias peças foram feitas no Photoshop e no Illustrator. O trenó é o objeto principal e ponto de focalização da imagem. Ele foi criado no Photoshop e no Illustrator para aumentar a habilidade do Bryce.

O Illustrator cria ótimos caminhos

ETAPA 5 "A primeira participação do Photoshop foi na criação do corpo de madeira do trenó. Para criar as pranchas, precisei fazer o contorno do formato de um trenó de verdade. Apesar do Photoshop apresentar ferramentas eficazes como a ferramenta pen/Bézier, preferi fazer o contorno no Illustrator. É fácil de utilizar o Illustrator com caminhos, e nenhum outro programa supera o número de undos que ele fornece.

ETAPA 6 "Primeiro, utilizando a ferramenta de caneta foi criada metade do corpo do trenó. A Figura **(12.2)** mostra um caminho aberto com algumas curvas Bézier bastante simples. Após o caminho ter sido criado, foi copiado e sua cópia refletida. Portanto, havia agora dois caminhos, um virado de frente para o outro. Os caminhos foram posicionados dessa forma para criar todo o corpo do trenó. Depois de selecionar ambos os caminhos, foram utilizados os comandos Object ➢ Pathfinder ➢ Unite. Os dois caminhos abertos se tornaram um caminho fechado **(12.3)**. A barra de direção na frente do trenó foi construída de forma parecida. Esse arquivo foi salvo como arquivo do Illustrator para ser importado para o Photoshop.

12.5

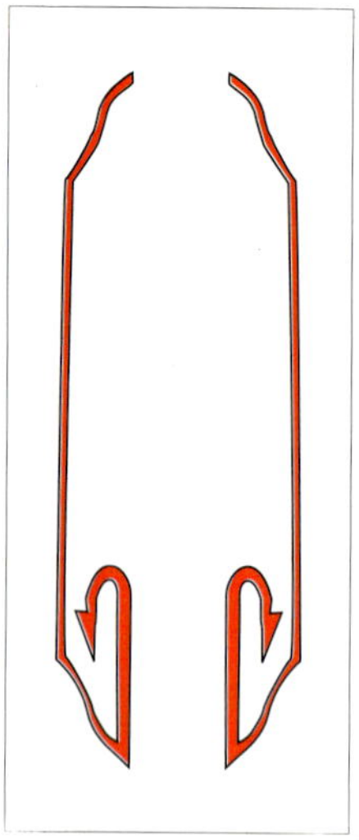

12.6

Photoshop para textura

ETAPA 7 "No Photoshop, foi criado um novo arquivo no modo de escala de cinzas. O arquivo do Illustrator foi importado para a imagem e utilizado para criar o contorno do corpo do trenó. Salvei a seleção com base no contorno do Illustrator. O KPT Bryce utilizou um formato de imagem PICT criando um terreno. Portanto, a imagem foi salva como um PICT **(12.4)**."

ETAPA 8 "Agora que a forma ou o corpo do trenó tinha sido estabelecida, estava na hora de criar a textura para a imagem final. Para criar a textura em 2D que envolveria o corpo do trenó em escala de cinzas, converti o arquivo do trenó salvo em escala de cinzas em um arquivo RGB e o salvei como um novo arquivo. Foi necessário converter o arquivo pelo seguinte: (1) a textura do arquivo deveria ser colorida, (2) o arquivo precisava ser salvo com a seleção do canal alfa intacta (isso seria perdido se tivesse sido salvo como um formato em escala de cinzas), e (3) seria necessária após ter sido importada para o KPT Bryce a seleção do canal alfa do corpo do trenó.

ETAPA 9 "Na visualização, devido à exposição na neve derretida e o desgaste resultante de dias de armazenamento numa garagem durante o período de verão, a textura do trenó deveria dar um aspecto de usado. Não podendo porém apresentar uma aparência de velho.

12.7

Dispositivo KPT 3.0 para textura

12.8

ETAPA 10 "Por meio de um arquivo de cor novo com a mesma resolução e dimensão que o arquivo do trenó, abri o KPT Power Tools Texture Explorer 3.0 prosseguindo as experiências com uma combinação baseada numa predefinição. Porém, de acordo com o que eu desejava essa combinação foi modificada. A textura personalizada foi aplicada no novo arquivo de cor. De volta ao Photoshop, utilizei uma combinação de aplicações de difusão (para criar um efeito mais granulado), mancha e matiz/saturação para produzir o corpo do trenó. A partir dessa textura armazenada, uma seleção quadrada foi copiada e definida como um desenho **(12.5)**.

ETAPA 11 "O arquivo RGB com o mapa da imagem do corpo do trenó foi aberto, a seleção do corpo foi carregada, preenchida como um desenho, e em seguida salva. A etapa seguinte foi colocar na arte-final/desenhos no trenó, as pinturas de adorno e as inscrições. Nesse processo, foi necessário utilizar o Illustrator.

12.9

Illustrator utilizado para criar adornos e flechas no trenó

ETAPA 12 "Para criar um novo conjunto de caminhos que descrevesse o adorno pintado do corpo do trenó, utilizei uma nova camada no illustrator. Novamente, criei um lado do adorno como um caminho ficando o adorno da esquerda e o da direita um de frente para o outro **(12.6)**.

ETAPA 13 "Foi fácil criar o desenho da seta por meio do caminho Filter ➢ Stylize ➢ Add Arrowheads, que parece ter sido feito para ocasiões como esta. Após criar um segmento de linha com o comprimento ideal, foi aplicada a ponta da seta e a flecha. Em seguida, a seta foi girada e escalonada para obter o resultado final."

O Photoshop acrescenta sombra e profundidade

ETAPA 14 "Para facilitar a manipulação os desenhos foram importados para o Photoshop e salvos como camadas separadas. Todos os efeitos de texto foram manuseados diretamente no Photoshop. O arquivo RGB foi nivelado e convertido em formato PICT como sendo uma preparação final para a utilização no KPT Bryce."

ETAPA 15 "Ao utilizar o editor de terreno do Bryce a imagem em escala de cinzas do corpo do trenó foi importada para o Bryce. A resolução do terreno foi definida para o máximo, a fim de obter uma qualidade melhor. A base do terreno foi recortada no editor de terreno. Assim, somente o corpo do trenó ficou aparecendo **(12.7)**."

12.10

ETAPA 16 "Foi aplicado no terreno do trenó o arquivo PICT RGB com o gerenciador PICT de 2D no controle Bryce dentro de Materials Composer. A imagem foi acessada por meio de uma biblioteca de imagens. O canal alfa, mencionado anteriormente, foi aplicado para retirar a camuflagem da parte preta da imagem PICT. Assim, somente a imagem do trenó ficaria aparecendo. Ao utilizar as definições Diffuse (Difundir), Ambient (Ambiente) e Specular (Especular) se estabeleceu a aparência adequada para o corpo do trenó **(12.8)**."

ARGON ZARK! (PÁGINAS 43 E 44)

Argon Zark! apresenta duas páginas da história em quadrinhos virtual e on-line de Charley Parker (Páginas 40 e 41) em www.zark.com**(12.9, 12.10)**. Na Página 40, Argon, sua parceira Zeta Fairlight e Cybert (assistente digital particular do Argon) estão tentando encontrar o misterioso Badnasty Jumjump utilizando uma máquina de procura da Internet que parece estar desligada. Na Página 41, a máquina de procura foi ligada. Charley utilizou o Photoshop 4, o Painter 4, o KPT Bryce 2, o Kai's Power Tools 3 e o ProJPEG 2.1 para criar essas páginas. Ele utilizou um Power Mac 7500/132 com 128MB de RAM e um bloco sensível a pressão Wacom ArtZ 6 X 8.

As etapas a seguir descrevem como Charley criou essas imagens de*Argon Zark!:*

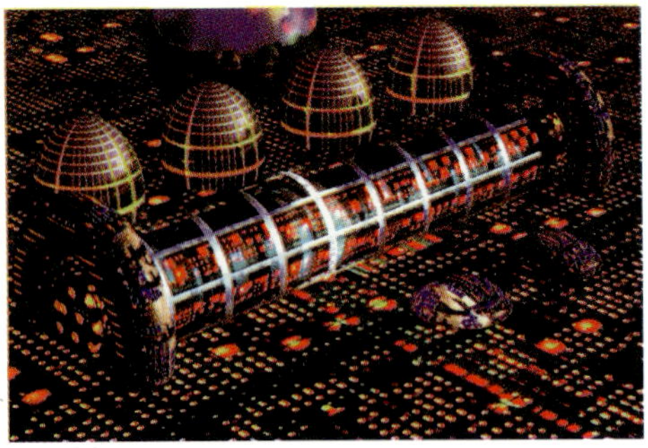

12.11

Como iniciar com KPT Bryce 2.0

ETAPA 1 "A máquina de procura foi construída e processada no KPT Bryce 2.0. Primeiro, construí a versão "iluminada" da Página 41 **(12.11)**. Iniciei com um cilindro. No modo editar, utilizei o controle Rotate para colocar o cilindro na horizontal (utilizando a tecla Shift para restringir o movimento em acréscimos de 45 graus), dupliquei o cilindro (⌘Ctrl+D) e utilizei o controle Resize para diminuí-lo e encaixá-lo dentro do original. Com o controle Align Objects (Align XYZ)os alinhei pelo centro. Estava trabalhando com rapidez, por isso todas as texturas utilizadas foram texturas armazenadas do Bryce 2. Ao cilindro interno atribuí uma textura mecânica, parecendo uma máquina iluminada, e ao cilindro externo atribuí uma textura de treliça, deixando o cilindro interno à mostra."

ETAPA 2 "Os cilindros foram arrematados como dois toróides de texturas mecânicas iluminadas. Em seguida, criei uma esfera, a coloquei um pouco abaixo do plano do solo, a alonguei no eixo vertical Y com a ferramenta Resize e atribuí a textura Guilded Cage. A esfera foi duplicada e as duplicatas deslocadas por um número eqüidistante de unidades Bryce ao longo do eixo Z. Esse procedimento foi realizado utilizando as teclas de seta no teclado estendido. As teclas de seta fornecem um controle mais preciso do espaçamento e da posição do que o controle de deslocamento. Para dar essa aparência ilusória de energia a esfera grande foi colocada parcialmente sob o plano do solo e submetida à textura Alien Disco Ball; a cena foi concluída com as duas esferas menores e achatadas que exibem uma textura mecânica e o plano de solo com a textura Tyrell Building **(12.12)**. A cena foi processada de diversos ângulos até que eu obtivesse a aparência desejada. Esse procedimento foi realizado ao utilizar a opção de processamento rápido, à esquerda do botão de processamento principal."

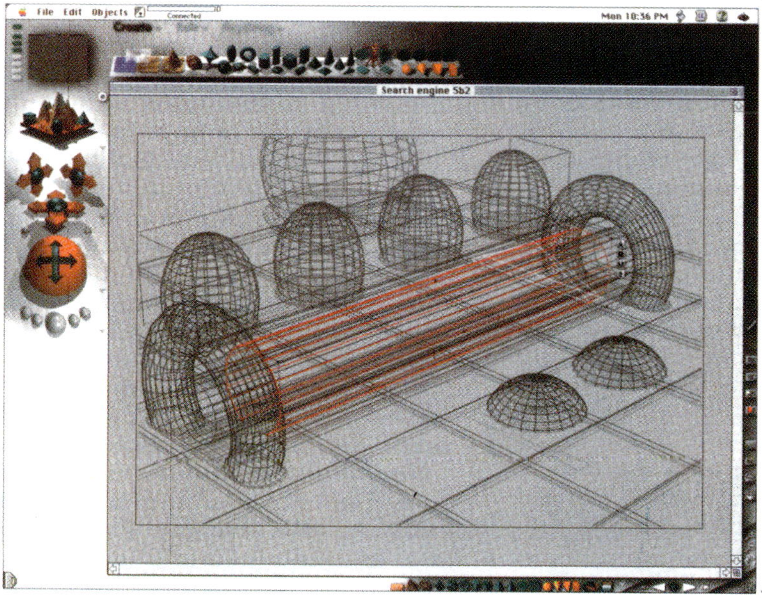

12.12

ETAPA 3 "Utilizei o Save as para preparar o arquivo novo com a mesma estrutura na qual apliquei texturas diferentes para a versão 'desligada' da cena mais escura **(12.13)**. Devido à falta de tempo, não processei os arquivos em uma resolução correspondente ao arquivo da página da revista em quadrinhos (6 x 4,5 polegadas em 300 dpi). Em vez disso, escolhi a solução rápida: ambos os arquivos foram processados em 768 x 512, e em seguida inseridos no Photoshop (Image ➢ Image Size) e nitidizados (Filter ➢ Sharpen ➢ Unsharp Mask: 200,1,0)."

Como utilizar o Photoshop para agrupar

ETAPA 4 "A imagem PICT da versão 'desligada' do Bryce foi aberta no Photoshop e transformada no segundo plano de um novo documento. Essa imagem foi colocada sobre a página, deixando meia polegada livre na parte inferior para que a mão de Zeta se estendesse além da imagem.

ETAPA 5 "Ao preparar o arquivo para ser transportado ao Painter, criei três camadas e as preenchi de branco. Com o primeiro plano em branco, escolhi ⌘/Ctrl+A para selecionar tudo e Option/Alt+Del para preencher. Salvei o arquivo no formato do Photoshop e o abri no Painter

Como pintar pixels com o MetaCreations Painter 4.0

12.13

ETAPA 6 "As camadas em branco são um recurso substituto para o recurso Painter's Tracing Paper, cuja opacidade é limitada em 50 porcento. Desativei as duas camadas brancas mais superficiais, que eram interpretadas como Painter 'Floaters', ao clicar nos ícones de visibilidade na paleta Floaters. Selecionei a camada branca restante e ajustei a opacidade para 80 porcento no cursor da paleta Controls. Ao utilizar o bloco Wacom sensível à pressão, fiz um esboço das figuras do Argon, Zeta e Cybert sobre o segundo plano. Com uma variante de lápis 2B, reduzi a opacidade do esboço para 10 porcento e o salvei como lápis 2H (Brush ➢ Variant ➢ Save Variant).

12.14

ETAPA 7 "Após concluir o esboço à lápis, retornei a opacidade da camada flutuante para 100 porcento, ativei o ícone de visibilidade da segunda camada flutuante e reduzi a opacidade para 80 porcento. Ao utilizar a variante personalizada da ferramenta Pen ➢ Scratchboard (Tamanho: 2,4, +/- Tamanho: 2,00, Tamanho da Etapa: 1 porcento), desenhei com cuidado as linhas em nanquim sobre o esboço a lápis para o Argon e a Zeta, deixando o Cybert e o robô para serem trabalhados no Photoshop.

ETAPA 8 "De volta à camada a lápis, apaguei e refiz o esboço das variações de mão e rostos necessárias para a segunda página. Essas foram desenhadas a nanquim separadamente, na camada branca da superfície.

ETAPA 9 "Ao retornar a opacidade de todas as três camadas para 100 porcento (é mais importante seguir esse procedimento quando for deslocar camadas do Photoshop para o Painter do que vice-versa), utilizei o Save as para salvar o arquivo no formato do Photoshop. Já que o Painter não compacta arquivos e os salva com o formato do Photoshop, verifiquei se havia espaço disponível no meu disco. Isso pode te pegar de surpresa quando estiver alternando entre dois aplicativos. Desmarquei também a caixa de seleção Save da camada de camuflagem. O Painter acrescenta uma camada de camuflagem em todos os arquivos e a salva como padrão, aumentando ainda mais o tamanho do arquivo. Se você não quiser que isso ocorra, é necessário avisá-lo.

12.15

Como utilizar o Photoshop para acrescentar linhas de nanquim

ETAPA 10 "Já que me sinto mais à vontade com as ferramentas de caneta Bézier do Photoshop, abri a imagem no próprio Photoshop e concluí o desenho do robô em nanquim com as curvas Bézier que foram traçadas através do paintbrush como um pincel de 2 ou 3 pixels **(12.14)**. Com o caminho ativo na paleta Paths, utilizei B para selecionar a ferramenta de pincel e a tecla Enter para produzir o traço. Dois toques na tecla Delete eliminarão o caminho. Após concluir o desenho a nanquim, eliminei a camada com o esboço a lápis."

12.16

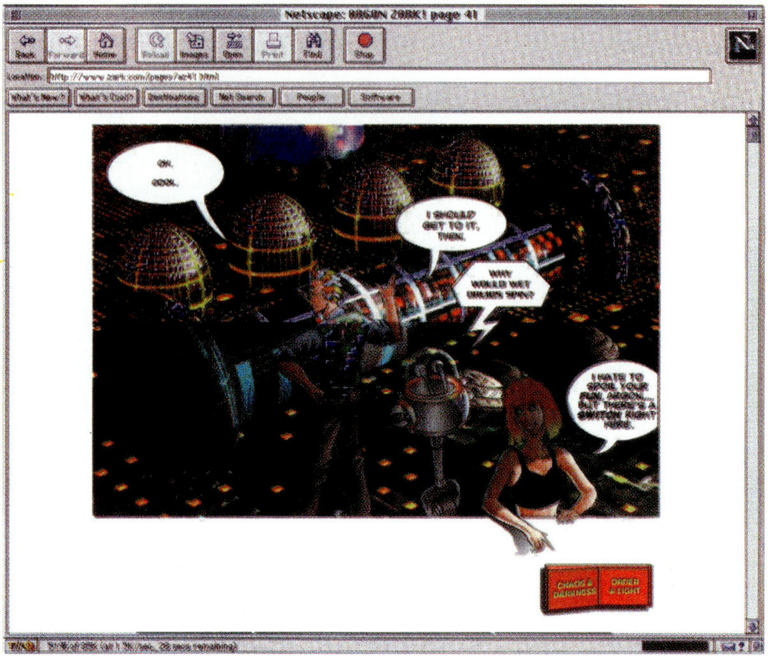

12.17

ETAPA 11 "Na camada que contém as figuras, desenhei uma linha preta temporária na parte inferior onde seria a junção com a borda subjacente da imagem do Bryce. Foi possível selecionar a área branca ao redor da figura com o Magic Wand, já que todas as linhas foram cuidadosamente 'fechadas' nesse ponto. Essa área foi eliminada, e a camada teve a opacidade alterada novamente para 100 porcento, deixando as figuras em preto e branco isoladas sobre a imagem do Bryce. Repeti esse processo com a camada que contém as variações do rosto e da mão."

ETAPA 12 " Prefiro me deslocar livremente entre o Photoshop e o Painter ao colorir devido ao resultado obtido através do bloco sensível à pressão. Neste caso eu estava no Photoshop, por isso comecei a colorir lá mesmo. Selecionei áreas da figura com o Magic Wand e onde foi necessário ajustei ou alterei essas seleções no modo Quick mask. Utilizei a ferramenta de gradiente para preencher as áreas selecionadas com gradientes, e em seguida aperfeiçoei a modelagem com o conjunto de pincéis suavizadores que diminuem a opacidade e com o modo Darken."

ETAPA 13 " Enquanto a seleção ainda estava ativa,fiz questão de salvar a seleção do colete do Argon ao clicar no ícone Mask, na paleta Channels."

O KPT Texture Explorer permite acrescentar texturas no Photoshop

ETAPA 14 "O colete do Argon foi preenchido com uma textura do Kai's Power Tools Texture Explorer. Geralmente, essa textura é modelada com as ferramentas Dodge e Burn. Ocasionalmente retoquei os sombreados da figura e o robô com Dodge e Burn."

12.18

Como acrescentar luz e sombra com o Photoshop

ETAPA 15 "Para criar a sombra sob o braço da Zeta que está sobre a moldura **(12.15)**, primeiro acrescentei uma camada e utilizei a ferramenta de marca retangular para selecionar uma área sob o braço e preenchê-la com branco. Na camada que contém as figuras, fiz uma seleção livre ao redor do braço dela com a ferramenta de laço. Em seguida, recortei a seleção no formato do braço ao clicar dentro da seleção (porém fora do braço) com a magic wand mantendo a tecla da opção pressionada, que subtrai o formato da seleção.

ETAPA 16 "Por meio da camada que contém o retângulo branco ativo, distorci a seleção ao utilizar Layer ➢ Transform ➢ Distort, assim a seleção foi deslocada para baixo do braço e preenchida com um cinza claro, clareando o gradiente cinza. Essa camada foi mesclada com a camada que contém as figuras (com a camada das figuras ativa, utilize ⌘/Ctrl+E para mesclar).

12.19

12.20

12.21

12.22

ETAPA 17 "Para criar a imagem da versão 'ligada', dupliquei a camada inteira com as figuras ao arrastar o nome da camada para o ícone da camada nova na paleta Layers. Desativei o ícone de visibilidade da camada original e ativei a camada que contém a variação das cabeças e das mãos desenhadas no Painter. Com a camada ativa das novas figuras, apaguei as áreas das figuras originais que seriam substituídas, e em seguida mesclei essas duas camadas. Colori as mãos e os rostos novos. Para preenchê-los com uma seleção diferente do KPT Texture Explorer, utilizei a seleção do colete do Argon salva anteriormente. Apliquei uma textura diferente do Texture Explorer, arrastei o nome da seleção na paleta dos canais para o ícone Marching ants na parte inferior da paleta para dar a impressão de que o colete do Argon está mudando constantemente em cada painel da história em quadrinhos. Repeti o processo descrito acima, criei uma sombra nova para a mão da Zeta e novamente nivelei as duas camadas."

ETAPA 18 "Em seguida, para a versão escura desativei essa camada e reativei a camada com as figuras originais. A fim de dar a impressão de que eles estavam no escuro, mas que Zeta estava parcialmente iluminada por uma fonte de luz vinda de fora do painel **(12.16)**, fiz uma seleção utilizando a ferramenta de laço, que excluía a parte inferior do tronco e os braços. Escolhi Layer➢ New ➢ Adjustment Layer e Type: Hue & Saturation na caixa de diálogo. Utilizei o cursor darkness para escurecer a área selecionada, aumentar um pouco a saturação e manter as cores vivas."

ETAPA 19 "Para fazer os balões de texto, criei uma nova camada preenchida com branco e reduzi a opacidade para 80 porcento, assim conseguiria ver o segundo plano e o texto em preto sobreposto. O Photoshop criava uma nova camada para ele conforme terminava cada bloco de texto. No decorrer do processo, mesclei os blocos em uma única camada de texto ao utilizar ⌘/Ctrl+E para mesclá-los.

ETAPA 20 "Na camada branca, com a opacidade diminuída abaixo do texto, criei balões com a ferramenta de seleção oval ao traçar seleções e acrescentar 'rabos' com caminhos traçados. O balão com linhas retas do Cybert é um caminho único. Para selecionar com o Magic Wand a área externa dos balões fechados e eliminá-la, segui o mesmo processo utilizado no isolamento das figuras, deixando os balões isolados sobre a imagem. Retornei a opacidade da camada dos balões para opacidade completa, desativei a camada do texto e inseri as variações de texto para outra página numa nova camada.

12.23

Software ProJPEG

ETAPA 21 "Mantive as camadas adequadas como visíveis para a versão escura, escolhi Image ➢ Duplicate, selecionei a caixa de diálogo Merged Layers Only e nomeei a versão *az40.jpeg* . Ao preparar essa imagem para a Web, reduzi a resolução da imagem para 72 dpi, eliminei todos os canais alfa e a salvei como um JPEG ao utilizar o dispositivo Boxtop Software's ProJPEG. A vantagem desse software conforme o usuário ajusta o cursor de nível de compactação é que ele apresenta uma interface muito intuitiva e um recurso de visualização que mostra uma boa aproximação da qualidade da imagem e do tamanho do arquivo, antes mesmo dele decidir qual o nível que será utilizado."

De volta ao Photoshop

ETAPA 22 " Finalmente, ao retornar para o arquivo do Photoshop, importei a imagem PICT da segunda imagem 'ligada' do Bryce e posicionei a camada dessa imagem sobre a outra imagem do Bryce na mesma posição. Em seguida, ativei a visibilidade das camadas apropriadas para o texto e as figuras, e repeti o procedimento anterior para criar a versão 'ligada' da imagem."

12.24

Imagens carregadas para o Netscape Navigator

ETAPA 23 "Agora, eu tinha duas imagens de JPEG com o mesmo tamanho. A primeira imagem (escura, foi posicionada na sua própria HTML e transformada em Página 40. O 'botão' foi uma imagem separada, posicionada na página atribuindo um vínculo com a página seguinte. Na Página 41 me aproveitei das vantagens de um aprimoramento não oficial do HTML ao utilizar a marca: <IMG LOWSRC="az40.jpeg"SRC="az41.jpeg">. O Navigator lê isso ao carregar primeiro a imagem de fonte baixa, neste caso az40.jpeg. Se o usuário tiver acabado de visitar a Página 40, essa imagem já estará no cache do navegador; portanto, o carregamento é feito quase que instantaneamente. Em seguida, o Navigator carrega a segunda imagem, ou imagem fonte, sobre a primeira. Ao menos que você tenha uma conexão de Internet com velocidade de luz, isso dará a impressão de que a máquina de procura está "acendendo", conforme a imagem brilhante é carregada sobre a imagem escura **(12.17)**.

COMO UTILIZAR LUZ E ACRESCENTAR EFEITOS NO PHOTOSHOP

Muitos programas de 3D podem acrescentar profundidade nos objetos; mesmo assim, o Photoshop é necessário, para acrescentar luz e suavizar as imagens. Existem técnicas simples e complexas do Photoshop que podem ser aplicadas em qualquer imagem e finalizar a sua criação. Ao combinar os melhores recursos do programa, você pode obter efeitos de adorno ou até mesmo fazer alterações em canais.

12.25

COMO ACRESCENTAR EFEITOS DE LUZ

Uma das formas mais fáceis de criar a ilusão de luz com o Photoshop é criando adornos. Ao selecionar um objeto e criar um adorno emoldurado suave ao redor desse objeto, você pode criar a ilusão de luz. Em *Bulbs* **(12.18)**, Eliot Bergman produziu uma aparência suave, imprecisa e brilhante nas lâmpadas em 3D criando adornos ao redor das lâmpadas mais brilhantes.

Matt Hoffman certamente tem o dom de acrescentar luz com o Photoshop. Em *Stairs* **(12.19)**, você pode perceber a utilização da luz que vem de cima da escada. Ao combinar níveis e configurações de contraste/luminosidade, Matt criou um fluxo de luz por meio da abertura. Em *Outlook* **(12.20)**, Matt transportou uma imagem do Bryce para o Photoshop a fim de aprimorar os efeitos de luz. Ele utilizou um efeito de bolha para simular o efeito de luz causado pelas lentes da câmera.

COMO ACRESCENTAR TEXTURA

Criar textura por meio do Photoshop é essencial. Muitas imagens ficam boas quando são transportadas para o Photoshop, porém a textura e a profundidade ficam deficientes. O Photoshop possui diversos diferentes efeitos que podem ser utilizados para criar textura na imagem. *Chalk,* de Matt Hoffman **(12.21)**, mostra como uma moldura em madeira de um quadro-negro por meio do Photoshop pode apresentar qualidade e aparência reais. Muitos programas de 3D podem apresentar um desempenho muito interessante, mas mesmo para aprimorar ainda mais determinadas áreas é necessário utilizar o Photoshop.

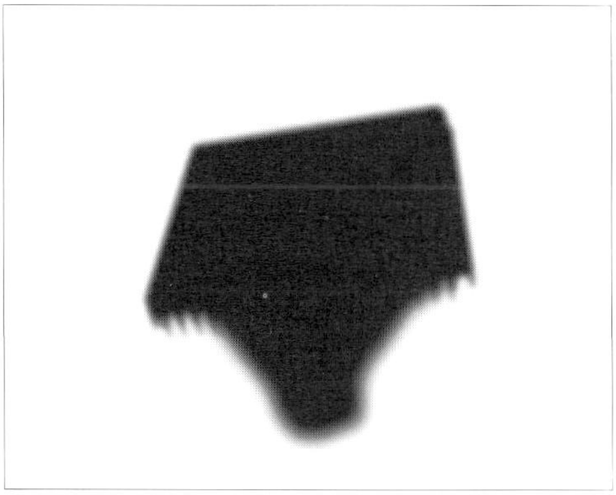

12.26

Sjoerd Smit utiliza textura para aprimorar uma imagem com base em vetor. Em *Football* **(12.22)**, o arquivo do Illustrator de um jogador de futebol e o segundo plano foram transportados para o Photoshop. Ele texturizou as partes distintas da imagem com o Note Paper ao utilizar o Adobe Gallery Effects com diferentes configurações.

Várias seleções foram salvas e utilizadas para fazer testes com cor e obter combinações adequadas. Posteriormente, utilizando o KPT Gradient Designer e o Texture Explorer, Sjoerd aprimorou o segundo plano. Após acrescentar as sombras, a imagem foi concluída.

12.27

BLASTING CHIP

Ao utilizar o Photoshop, KPT Bryce 2.0 e dispositivos KPT 3.0 para o Photoshop, Glen Reigel criou *Blasting Chip* **(12.23)**, que é uma imagem da explosão de um chip. Essa imagem mostra várias formas de criar um segundo plano. Para iniciar um trabalho o Bryce cria segundos planos fantásticos. O Photoshop mescla camadas e conclui toda a imagem. A seguir Glen descreve como criou essa imagem.

Como iniciar em 3D

ETAPA 1 "A imagem do chip do processador explodindo no espaço foi criada para um produto comercial, que ainda não foi lançado. A idéia principal consistia em mostrar este chip sendo 'cozinhado' devido a sua velocidade descomunal."

12.28

ETAPA 2 "A maioria dos trabalhos de imagem foi concluída como um projeto de 3D manipulado pelo Bryce. Porém, o Bryce realmente precisava de uma ajuda para aperfeiçoar a imagem final. Isto é, o efeito de várias luzes e outras energias sendo expandidas só poderia ser apresentado até um determinado nível por meio do Bryce. Para arrematar os efeitos, abri a imagem no Photoshop.

12.29

Como utilizar o Photoshop para acrescentar luz

ETAPA 3 "Quatro principais áreas resultaram do efeito geral da explosão embaixo do Chip. Parecia que a energia vinda da explosão principal estava se dissipando em todas as direções; era necessário acrescentar uma fonte luz ou estrela no vazio do espaço e as reflexões de luz no ambiente causadas pela explosão. Esta figura mostra a imagem sem o aperfeiçoamento do Photoshop **(12.24)**."

12.30

ETAPA 4 "Primeiro foi criada uma camuflagem para o próprio chip **(12.25)**. Acrescentei um desenho de explosão na camuflagem que foi convertido em seleção. Essa seleção foi levemente decorada **(12.26)**.

ETAPA 5 "Alterei a borda externa da camuflagem do chip atual ao utilizar uma seleção desigual e decorei-a novamente. Esse procedimento foi concluído dentro do canal alfa da camuflagem."

Gradientes no Photoshop

ETAPA 6 "Na visualização composta da imagem, o chip foi selecionado, copiado e colado numa nova camada. Sob o novo chip, criei outra camada. Essa foi a camada chave para o efeito de explosão. A camuflagem da explosão foi carregada. Ao utilizar vários aplicativos da ferramenta de gradiente radial, obtivemos a explosão final. Estas figuras mostram o efeito sem a camada do chip, para você fazer uma comparação (**12.27, 12.28**)."

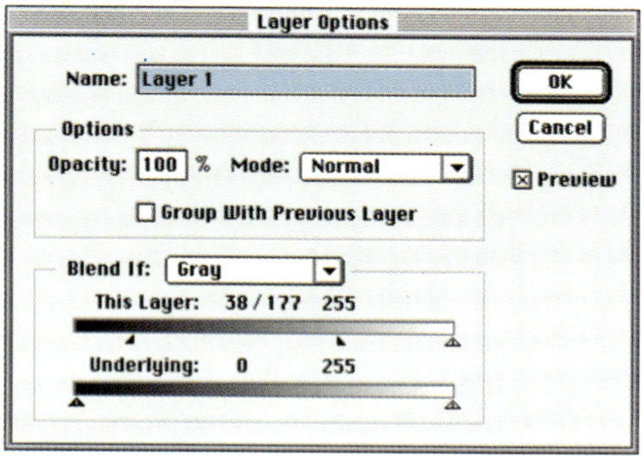

12.31

ETAPA 7 "Outro grande efeito foi a explosão de energia. As camadas para o chip e a explosão, já haviam sido criadas, por isso foi possível colocar outra camada sob o chip para dar o efeito de raio."

ETAPA 8 "Na primeira etapa criei raios de luz. Após criar um arquivo com o mesmo tamanho que a imagem final, abri o KPT 3.0 Gradient Designer. Após vários experimentos, decidi utilizar um gradiente personalizado com base num desenho de uma explosão de raios (**12.29**). O segredo foi utilizar os valores mais claros para a explosão sem mostrar os valores mais escuros da imagem."

ETAPA 9 "Ao utilizar a paleta Layer Option, recortei os valores mais escuros utilizando o controle do cursor para Overlay (Cobertura) mantendo a tecla Option pressionada. Para criar a parte inferior do efeito, a imagem da explosão foi copiada e girada (**12.30**)."

12.32

Como alterar a Opacidade no Photoshop

ETAPA 10 "Para criar um efeito mais moderado, a opacidade da camada com a explosão dos raios foi reduzida para 15 porcento (**12.31**)."

ETAPA 11 "Na etapa seguinte acrescentei uma fonte virtual de iluminação na cena. Esse procedimento foi bastante simples por meio de Filters ➢ Render ➢ Lens Flare.

Retoque com luz do Photoshop

ETAPA 12 "O efeito de luz do ambiente nos objetos próximos à explosão de energia precisava ser realçado. Após criar laços e adornos nas áreas selecionadas, apliquei várias vezes Filters ➢ Render ➢ Light Effects (**12.32**)."

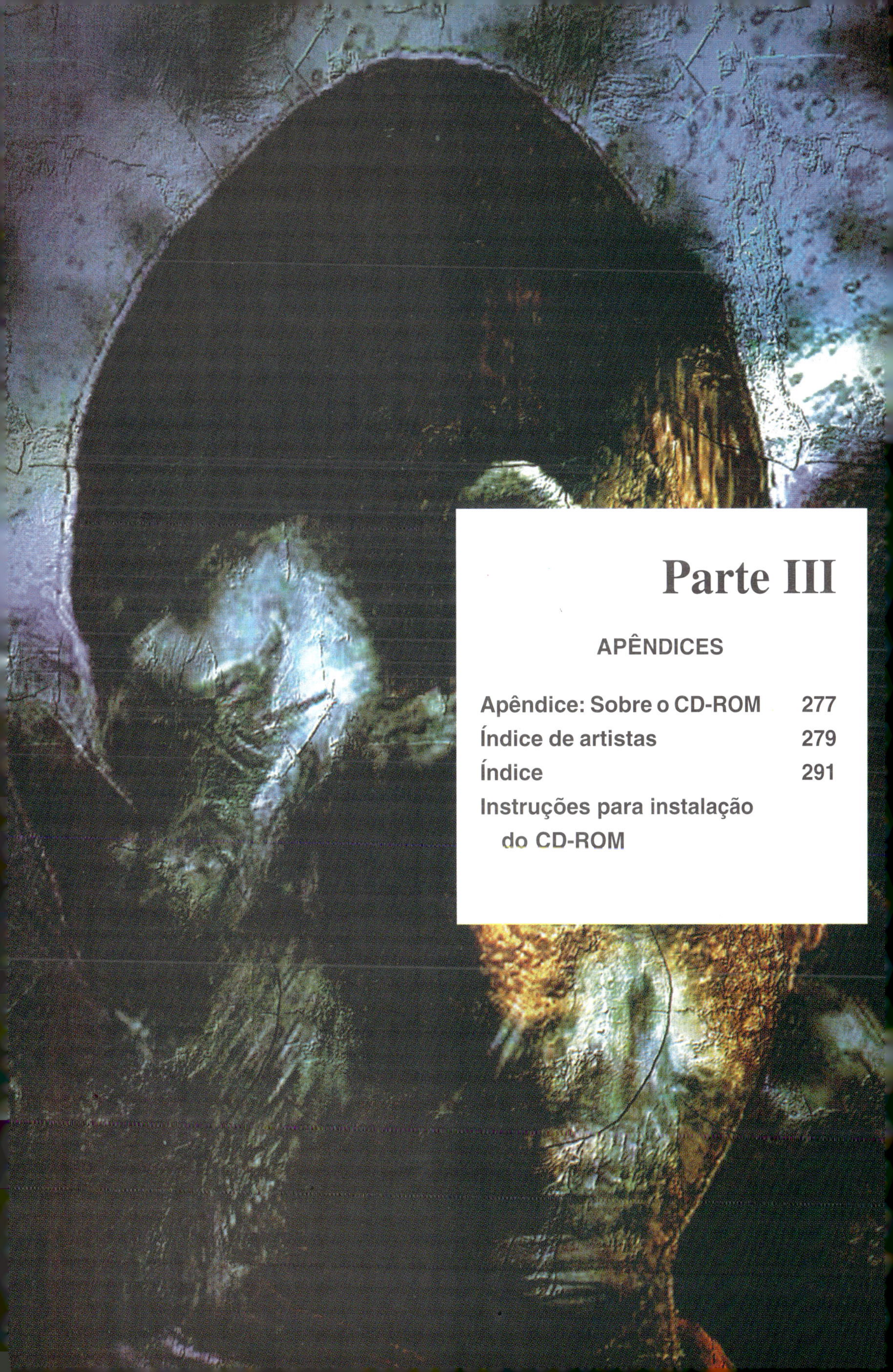

Parte III

APÊNDICES

Apêndice: Sobre o CD-ROM 277

Índice de artistas 279

Índice 291

Instruções para instalação do CD-ROM

APÊNDICE

SOBRE O CD-ROM

O CD-ROM no verso da quarta capa deste livro é compatível com plataformas do Macintosh e do Windows. O CD contém apresentação de slides de arte, dispositivos grátis e os seguintes itens:

- Todas as artes deste livro apresentadas em slides de fácil acesso
- Plug-ins para Photoshop da Extensis grátis
- Cópia grátis do Extensis Fetch que você pode atualizar para Portfolio (por apenas $49; somente Macintosh)
- Versão teste do Photoshop 4
- Versão teste do Illustrator 7
- Versões de demonstração de todo o software da Extensis
- Versão de demonstração do Painter 5 (somente Macintosh)
- Versão de demonstração do Alien Skin's Eye Candy (somente Macintosh)
- Adobe Acrobat Reader 3.0

PHOTOTOOLS DA EXTENSIS E EDIÇÕES ESPECIAIS DO INTELLIHANCE

Os filtros de edição especial são fornecidos no CD-ROM gratuitamente. Você pode obter três efeitos do PhotoTools: PhotoShadow, PhotoGlow e PhotoTips. Você ganha também um versão especial do Intellihance que permite aprimorar qualquer imagem RGB ao clicar num simples botão.

APRESENTAÇÃO DE SLIDES

Você encontrará no CD-ROM todas as imagens utilizadas neste livro por meio de uma apresentação de slides bastante prática. Você poderá visualizar as imagens à sua conveniência. Mais adiante, neste apêndice, você encontrará o Índice de Artistas, que fornece informações sobre como entrar em contato com cada um dos artistas. Se você gostou das imagens apresentadas, envie mensagens ou trabalhos para esses artistas.

VERSÕES DE DEMONSTRAÇÃO DE PRODUTOS

No CD-ROM, você encontrará versões de demonstração de vários produtos. Inclui versões de demonstração do Adobe Photoshop 4.0, Adobe Illustrator 7.0, MetaCreations Painter 5.0, Extensis' PhotoTools, QXTools, CyberPress, Intellihance, Mask Pro, PageTools, Portfolio, PreFlight Pro, QX-Effects, VectorTools e Alien Skin's Eye Candy.

REQUISITOS DO SISTEMA DO MACINTOSH

Para executar o CD-ROM e os arquivos que ele contém, você precisa de um PowerPC Macintosh com um co-processador matemático ou um processador 68040, Macintosh OS 7.1 ou superior, uma unidade de disco de CD-ROM, um monitor colorido e no mínimo 8MB de RAM. Alguns aplicativos do CD-ROM necessitam do QuickTime 2.0 ou superior.

REQUISITOS DO SISTEMA DO WINDOWS

Para executar o CD-ROM em um sistema do Windows, você precisa de um PC 486 ou um Pentium que utilize o Windows 3.1, Windows NT ou Windows 95, uma unidade de disco de CD-ROM, no mínimo 8MB de RAM e um monitor colorido. Alguns aplicativos do CD-ROM necessitam do QuickTime 2.0 ou superior.

Para obter mais informações sobre como executar programas no CD-ROM, consulte "Instruções de Instalação do CD-ROM" na última página deste livro.

ÍNDICE DE ARTISTAS

JENNIFER ALSPACH

E-mail: jen@bezier.com

Jennifer Alspach é uma artista conhecida nacionalmente e autora de trabalhos exibidos em diversas publicações. Ela é autora de diversos livros e artigos sobre computação gráfica, incluindo *Illustrator 7 Complete*. Jennnifer é sócia da Bezier, Inc., sediada no meio do Arizona. Ela tem seis gatos, um cachorro, um cavalo e um marido.

IMAGENS APRESENTADAS: *Studio Secrets* (Capítulo 2), *Bird Banner* (Capítulo 2) e outras imagens sem título no decorrer deste livro.

TED ALSPACH

E-mail : ted@bezler.com

Ted Alspach é autor de diversos livros sobre desenhos computadorizados e aplicativos gráficos, incluindo *Official's Kai's Power Tools Studio Secrets* e *Illustrator 7 Studio Secrets*. Ele forneceu algumas de suas imagens para serem apresentadas neste livro. Quando não está criando artes para livros, ele apenas escreve algo para ver o seu nome impresso. Ted já escreveu livros pequenos, como também livros de 1.000 páginas como *Illustrator7 Bible for IDG Books Worldwide*; raramente pára de escrever para brincar com jogos do seu disco rígido.

IMAGENS APRESENTADAS: PageMaker 6.5 Visual QuickStart Guide (Capítulo 6), Adobe PhotoDeluxe 2.0 Visual QuickStart Guide (Capítulo 6), Lucy Ann (Capítulo 7)

ELIOT BERGMAN

Telefone: 888.COOLPIX

Radiotelefonia: 212.645.0414

Fax: 212.645.0751

E-mail: ebergman@emedia.net

URL: www.ebergman.com

IMAGENS APRESENTADAS: The Computer (Capítulo 2), Blocks (Capítulo 6), Fish (Capítulo 6), Column (Capítulo 8), Shoji (Capítulo 9), Balance (Capítulo 9), Duracell (Capítulo 9), Sonic (Capítulo 11), Gears (Capítulo 11), Bulbs (Capítulo 12).

GERARD CHATEAUVIEUX

E-mail: ngchateauvieux@macromedia.com

URL: www. macromedia.com, www.joesplanet.com/gerard

O interesse de Gerard Chateauvieux pelas artes visuais fez com que estudasse arquitetura e belas artes, se especializando em pintura e escultura. O surgimento de aplicativos de pintura e 3D para computadores foi uma transição natural para a arte digital. Como artista interno da Macromedia, Gerard aproveitou a sua formação em belas artes para criar imagens e animações fantásticas. Ele ministra equipes para o desenvolvimento de um software que utilizará exemplos reais de como um processo artístico é alterado e ampliado utilizando ferramentas criativas do computador.

Especialista no Photoshop e em aplicativos de 3D, Gerard chamou a atenção de usuários do mundo todo. Ele contribuiu para artigos de revistas e lecionou em conferências, relatando sua experiência em 3D.

Gerard também se interessa muito pela cultura japonesa e carros esporte ingleses, características evidentes na sua arte. Ele mora com sua mulher e seus três filhos em São Francisco na Califórnia.

IMAGEM APRESENTADA: logotipo da cerveja Mueller (Capítulo 8)

PATRICIA CHEAL

Patricia Cheal

Ilustradora/Designer

940 Sugden Road

White Lake, MI 48386

Telefone: 248.360.8452

Fax: 248.360.8462

E-mail: kitzel@earthlink.net

Em 1988 pedi demissão do meu emprego, onde trabalhava como ilustradora de uma pequena agência fazendo desenhos técnicos na área automotiva, basicamente com airbrush. Após abandonar a segurança de um salário certo no final do mês, pensei: por que havia feito aquilo? Porque havia pego dinheiro emprestado, é claro! $8.500 para eu ficar bem, um MacIICX com 8 de última linha, 8MB de RAM e um disco rígido com 40MB! E a melhor parte era que eu não tinha a mínima idéia de como usar tudo isso.

Porém, consegui aprender e não olhei para trás. Não teria mais que fazer nuvens com sprays, recortes de papel. Teria liberdade para tentar vários procedimentos sem medo, graças a opção undo! Desde então, venho trabalhando como ilustradora e designer freelancer.

Hoje em dia, quando penso como as impressões dos anúncios mudaram, fico feliz por ter confiado nos mèus instintos e em mim mesma. Adoro os recursos da tecnologia, mal posso esperar pelos avanços a serem conquistados em dez anos. Vida longa para Apple, Adobe e MetaTools!

IMAGENS APRESENTADAS: *Atlanta'96* (Capítulo 1), *Bullseye* (Capítulo 3 e Capítulo 8), *Storm Watcher* (Capítulo 6), *Africa Shirt* (Capítulo 7), *Vet Card* (Capítulo 10), *Whalers Schedule* (Capítulo 10).

VICTOR CLAUDIO

Telefone: 813.891.6188

E-mail: Madcirq@aol.com

Victor Claudio se graduou pelo Pratt Institute; trabalhou como diretor de arte para Norman, Craig & Kummel. Era diretor gráfico da Grey Advertising em Porto Rico. Atualmente, é diretor do departamento de marketing da AAA Auto Club South's em Tampa na Florida. Desde 1988 Victor faz suas ilustrações com Mac. Sua formação em pintura influencia bastante suas ilustrações, que incorporam uma ampla variedade técnica.

IMAGENS APRESENTADAS: *Camel Magic* (Capítulo 9), *Volcanic Dali* (Capítulo 9), *Hera's Surprise* (Capítulo 9)

SANDEE COHEN

Telefone: 212.677.7763

E-mail: sandeec@aol.com

IMAGEM APRESENTADA: *Test Tubes* (Capítulo 9)

GENO COPPOTELLI

Telefone: 314.727.4252

E-mail: Gcoppo@aol.com

IMAGENS APRESENTADAS: *Primer Toon* (Capítulo 5), *The Fish* (Capítulo 7), *Gold Book* (Capítulo 10), *Basics Cover* (Capítulo 10), *Top Ten Tips* (Capítulo 10)

BILL ELLSWORTH
E-mail: Loa9@aol.com
URL: http://members.aol.com/Loa9/ellsworth.htm

A possibilidade de criar uma arte que expresse ou inspire pensamentos abstratos me interessa muito. No decorrer da minha vida, busquei essa habilidade através de alguns métodos. Recentemente, os computadores desfrutaram dessa minha visão tão peculiar, e eu sou grato por isso. Por meio do computador, mais especificamente do software que geralmente utilizo, Adobe Photoshop e MetaCreation's Bryce, posso criar uma linguagem de cores e formas bastante interessante. A variedade e a flexibilidade da linguagem oferecida pelos computadores me fazem pensar que após vários anos de trabalho conseguiria criar somente o esboço da superfície de possíveis imagens desse tipo.
IMAGENS APRESENTADAS: Anúncio da BIOTA (Capítulo 6), *Buried Dreams* (Capítulo 6 e Capítulo 11), *Contact* (Capítulo 6 e Capítulo 11), *Into the Labynth* (Capítulo 6), *Spheroid Invader* (Capítulo 6), *The Twins* (Capítulo 11)

ROSS EASON
Ross Eason Photography
7 Possumwood Place
Buderim, Queensland 4556
Austrália
Telefone: (07) 5445 6855
Fax: (07) 5445 6855

Ross já ganhou vários prêmios de fotografia na Austrália e administra projetos de Sidney a Sunshine Coast, onde mora atualmente. Ross adotou a técnica de retoques digitais em fotografias utilizando técnicas tradicionais e desfrutando da sua visão detalhista para obter os melhores resultados.
IMAGEM APRESENTADA: *The Ride* (Capítulo 9)

ANDREW FAW
Telefone: 212.633.9063
E-mail: afaw@crl.com
URL: http:// www.crl.com/~afaw

Andrew Faw se sente em casa em Nova York, sua base desde 1996. "Só sinto saudade de Denver quando saio daqui!" Andrew passa 12 horas por dia tentando captar imagens impossíveis para sua arte-final, utilizando o Photoshop, o Illustrator, o Live Picture e vários outros filtros. "Adoro todas as facilidades disponíveis quando utilizamos esse pacote de software, mas eu tento não criar artes-finais que deixem evidente um efeito específico. Procuro utilizar essas ferramentas para criar, alterar, aprimorar e compor imagens que acabam apresentando um resultado melhor". O trabalho de Andrew já foi utilizado em anúncios, pacotes de software, desenvolvimentos de site da Web, impressões de moda e camisetas para clientes como Disney, Warner Brothers e Nickelodeon.
IMAGENS APRESENTADAS: *Common Desktop Environment* (Capítulo 6), *D[AI}sy* (Capítulo 8)

PHIL FREE
Telefone: 205.257.1494
E-mail: philfree@aol.com

Phil trabalha na "Caverna", um pequeno gabinete esquecido nas entranhas de um edifício de uma empresa pública de serviços elétricos. Lá cria ilustrações, apresentações, títulos de multimídia e sites da Internet para as corporativas e seus clientes. Phil também trabalha no "Porão" de um quarto pequeno e escondido sob a sua casa, onde cria para seus próprios clientes e amigos. É fácil de reconhecer Phil: ele é aquele de pele pálida e olhos grandes e brancos.

IMAGENS APRESENTADAS: *Wheeling* (Capítulo 9), *Lumina* (Capítulo 9), *Curtain of Confusion* (Capítulo 9)

ROBERT FORSBACH
Telefone: 972.222.5402
Fax: 972.222.5403
E-mail: forsbach@flash.net

IMAGENS APRESENTADAS: *Bugs* (Capítulo 2), *Trojan Horse* (Capítulo 2), *Nokia* (Capítulo 9), *Bridge* (Capítulo 9), *Train* (Capítulo 11), *Town* (Capítulo 11)

LAURIE GRACE
Telefone: 212.678.5435
E-mail: LGrace@aol.com ou lgrace@interport.net

IMAGEM APRESENTADA: *Decade Piece* (Capítulo 8)

GEORGE HAZELWOOD
Telefone: 303.683.8096
E-mail: George H521@aol.com

George Hazelwood é proprietário da GH Designs, um firma sediada em Denver, especializada em imagens digitais e projetos de multimídia. Ele está sempre procurando trabalhos de freelancer. George utiliza o Macintosh desde que começou a criar e lecionar. Ele é formado em administração, publicidade e computação gráfica. George forneceu algumas imagens para o CD-ROM da Kai's Power Tools e ajuda no desenvolvimento de testes para ferramentas de software de várias empresas. Assim como cria desenhos gráficos e de multimídia, George também participa regularmente das reuniões gráficas da AOL. Ele mora nas redondezas de Denver com a mulher e a filha.

IMAGEM APRESENTADA: *Sunset Sphere* e *Orange Sunset Sphere* (Capítulo 11)

PAMELA HOBBS
Fax: 415.550.8899
E-mail: xrau4u@aol.com
URL: www.panorama.com

Sua ética de trabalho árduo, combinada com seu estilo ousado, fizeram com que Pamela Hobbs obtivesse sucesso internacional. Quando ela não está em Tóquio atendendo aos seus clientes japoneses, Pamela trabalha em seu pequeno estúdio em San Francisco's Mission District em projetos como Absolut Vodka e Bill Graham Presents.

IMAGENS APRESENTADAS: *Digi Hong Kong* (Capítulo 8), *Creative Black Book* (Capítulo 10), capa da revista *Computer Artist* (Capítulo 10), capa da revista *Adobe* (Capítulo 10)

MATT HOFFMAN
E-mail: shoqman@hotmail.com
URL: http://members.aol.com/shoqwave

Matt Hoffman é designer gráfico freelance e músico. Atualmente ele reside em Orem, Utah.

IMAGENS APRESENTADAS: *Cannon* (Capítulo 9), *Stairs* (Capítulo 12), *Outlook* (Capítulo 12), *Chalk* (Capítulo 12)

LANCE JACKSON
Telefone: 510.253.3131
Fax: 510.253.3191
E-mail: lsd@ccnet.com
URL: http://www.ccnet.com/~lsd ou
http://theispot.com/artist/ljackson

IMAGENS APRESENTADAS: anúncio do *Workbook* (Capítulo 2), letreiro da *Macworld Expo* (Capítulo 8), *Fast Track* (Capítulo 8), *Alt Pick* (Capítulo 9), *Java Happy* (Capítulo 9)

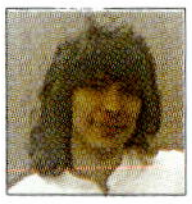

JOE JONES
Art Works Studio
802 Poplar Street
Denver, CO 80220
Telefone: 303.377.7745
E-mail: DujaVe@aol.com

Nascido em Denver e formado em belas artes, Joe Jones é artista gráfico profissional desde 1983. Durante oito anos da sua carreira, foi vice-presidente e diretor de arte de sua própria loja de impressão de tela, Cotton Grafix. Em 1987, Joe foi reconhecido pelo seu trabalho aparecendo em um artigo de cinco páginas sobre a indústria de edição, na revista *Printwear* . Em 1994, Joe se formou em computação gráfica sendo condecorado com os melhores elogios. Em 1995, o conceito de Art Works Studio deu um salto da prancheta de desenho para a realidade. Desde então, o trabalho de Joe vem sendo exibido em várias publicações, como *The Official Kai's Power Tools Studio Secrets, Illustrator Complete, Illustrator 7 Studio Secrets* e *Macworld Illustrator 7.0 Bible*. Em setembro de 1996, Joe conseguiu uma das indicações mais difíceis como instrutor de Digital Prepress no Platt College, Denver.

Joe faz parte de vários grupos, é consultor da junta da Career Education Center. Também é um dos cinco integrantes da banda *Duja ve*.

IMAGENS APRESENTADAS: Logotipo Precision (Capítulo 2), Logotipo Stone Cliff Vineyard & Winery (Capítulo 2), *TV World* (Capítulo 7), *Borg* (Capítulo 8)

RANDY LIVINGSTON

Randy Livingston
Bona Fide Illustration & Design
206 Ernest Street
Washington, IL 61571-2017
Telefone: 309.745.1126
E-mail: randy@bradley.edu
URL: http://bradley.edu/~randy/fatboy.htm
ou
Randy Livingston
Professor auxiliar/Designer gráfico
Department of Art, Bradley University
202C Heuser Art Center
Peoria, IL 61625-0001
Telefone: 309.677.3642
E-mail: randy@bradley.edu
URL: http://gcc.bradley.edu/art ou
http://bradley.edu/~randy/fatboy.htm

Randy Livingston é professor auxiliar de arte da Bradley University em Peoria, Illinois. Ele cursou bacharelado em belas artes na Middle Tenessee State University e mestrado na University of Georgia. Ambas graduações em desenho e pintura. Randy é responsável pelo programa de desenho gráfico da Bradley; ele combina trabalho digital com fundamentos de belas artes. Como pintor, Randy exibiu trabalhos no Cheekwood Museum, LaGrange Museum, The Georgia Museum of Art, em outras exibições, competições e galerias no sudeste. Como ilustrador e designer, ele desenvolveu trabalhos para Ingram Micro, Ingram Book Company, Read USA, Island Lake Press, ESPN, ABC, The Museum of Modern Art, Nashville Now (TNT) e Major League Baseball. Randy lecionou ilustração, design, teoria da cor e história da arte na Middle Tenessee State University, University of Georgia e Dynamic Graphics Educational Foundation em Peoria. Randy e sua esposa, Dawn, trabalham para vários clientes através do estúdio Bona Fide Illustration & Design.

IMAGEM APRESENTADA: *Rotten Egg* (Capítulo 10)

BRIAN MCNULTY

Telefone: 703.494.7713

E-mail: ShckByte@aol.com

Brian E. W. McNulty é co-fundador da Shark Byte Productions, uma firma de design digital sediada fora dos EEUU.

IMAGENS APRESENTADAS: *Wrecking Ball* (Capítulo 7), *Wrestler* (Capítulo 7), *Lounge Lizard* (Capítulo 7)

THOMAS-BRADLEY ILLUSTRATION & DESIGN

Thomas-Bradley Illustration & Design

411 Center Street

P.O. Box 249

Gridley, IL 61744

URL: www.thomas-bradley.com

IMAGENS APRESENTADAS: *Bag* (Capítulo 9), *Car Interior* (Capítulo 9)

CHARLEY PARKER

E-mail: cparker@zark.com

Charley Parker vive na Filadélfia, é designer freelance da Web, ilustrador e cartunista. O seu "livro virtual de histórias em quadrinhos" on-line, *Argon Zark!,* em www.zark.com, já recebeu vários prêmios da Internet desde sua inserção em 1995. O site foi publicado em artigos no *Philadelphia Inquirer, Houston Chronicle, Richmond Times-Dispatch*, na revista *Internet Underground* e em vários livros sobre computação gráfica, como *Official Kai's Power Tools Studio Secrets* de Ted Alspach e Steven Frank (IDG Books Worldwide), *Designing Digital Media* de Nick Luppa e *Painter 5 Studio Secrets* de Adele Droblas Greenberg e Seth Greenberg (IDG Books Worldwide).

A versão impressa da história em quadrinhos Argon Zark! foi lançada em dezembro de 1997 pela ArcLight Publishing.

Quando não está grudado no bloco Wacom, Charley gosta de utilizar o lápis e rabiscar em folhas de papel.

IMAGEM APRESENTADA: *Argon Zark!* (Capítulo 12)

GLENN RIEGEL

E-mail: glimage@aol.com

URL: http://users.nbn.net/~glimage/

Glenn Riegel é fotógrafo há 15 anos. Durante o seu trabalho com dois estúdios de publicidade locais, Glen fotografou e processou imagens de todo tipo, de semicondutoras a Mac trucks. Nos últimos nove anos, Glenn vem trabalhando como instrutor registrado pelo estado na Berks Career & Technology Center, onde leciona foto-imagem de comerciais para alunos do segundo grau.

Glenn começou a adquirir experiência com a tecnologia computadorizada em 1988, quando descobriu o Mac GUI. Desde então, se tornou apto para utilizar o Photoshop, o PageMaker, o Illustrator e a maioria dos produtos MetaCreation (o Bryce é o preferido) e outros aplicativos.

Atualmente, o trabalho de Glenn está sendo exibido no CD do KPT Bryce 2.1. Alguns trabalhos foram impressos no livro *Official Kai's Power Tools Studio Secrets*, de Ted Alspach e Steven Frank (IDG Books Worldwide) e *Real World Bryce*, de Susan Kitchens.

IMAGENS APRESENTADAS: *Northern Clipper* (Capítulo 2 e Capítulo 12), *Blasting Chip* (Capítulo 12)

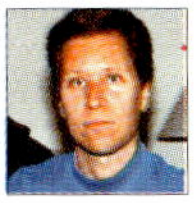

MARK CHALON SMITH

E-mail: SmithMC1@aol.com

Mark Chalon Smith é reconhecido internacionalmente como artista digital especializado em Painter e Photoshop. Ele apresenta uma mini galeria on-line, AartJones, em http://members.aol.com/smithMC1/AartJones.html. Quando Mark não está criando desenhos para trabalhos freelancer ou até mesmo para si próprio, ele escreve sobre cinema e teatro para o *Los Angeles Times*. Mark também já escreveu livros, o último foi *bodyPride*, que enfatiza a questão da auto-estima e forma física na adolescência.

IMAGEM APRESENTADA: *Jamal* (Abertura)

MARK J. SMITH

URL: http://home.earthlink.net/~digitaldrama

Mark Smith é artista digital profissional e cartunista há treze anos e está nesse ramo há 20 e poucos anos. Ele se considera um digno *paintmonkey*, um termo que ele mesmo inventou e que acabou sendo publicado na revista *Wired*. Como era de se esperar, o termo se tornou um jargão. A obsessão de Mark pelo domínio digital o conduziu para uma série de veículos transmissores como filme, vídeo, televisão, livros, software e revistas. Como consultor, ele escreve críticas sobre hardware e software de computação gráfica para qualquer revista interessada na sua opinião. A empresa dele, a Digital Drama, é responsável pelo efeito visual de empresas como MCA/Universal, HBO, Showtime, Fox Home Entertainment, SABAN, Trimark Pictures, Gramercy Pictures, Concorde/New Horizons e outras. Mark espera futuramente poder financiar um curta de 40 minutos chamado *Organix*. Ele vive aninhado entre as montanhas de Livingston, Nova Jersey, com sua esposa Nella e seus filhos Franco, Kathy e Marco.

IMAGENS APRESENTADAS: *Digital Drama* (Capítulo 8), *ShinyTurkey* (Capítulo 9), *Random Veg* (Capítulo 9), *Bjorkland* (Capítulo 9), *Organix* (Capítulo 10), *Rose Big* (Capítulo 11), *Spiney* (Capítulo 11)

SJOERD SMIT

Sjoerd Smit é designer gráfico e ilustrador digital; mora e trabalha em Cincinnati, Ohio. Ele nasceu e cresceu nos Países Baixos, onde trabalhou como designer freelance e músico. Em 1991, Sjoerd se mudou para os Estados Unidos e montou o seu próprio estúdio, o Swan Designs. O Photoshop e o Illustrator formam o seu "braço direito" na caixa de ferramentas digital. Atualmente, ele está trabalhando como diretor e artista gráfico na Silver Hammer Workshops, Inc., uma empresa de conscientização ambiental sediada em Cincinnati.

IMAGENS APRESENTADAS: *Hmmm...* (Capítulo 2), *Football* (Capítulo 12)

DARREN SPROTT
Darren Sprott
Design Solutions Australia Pty Ltd.
70 Beach Parade, Maroochydore
Queensland 4558
Australia
Telefone: (07) 5479 6000
Fax: (07) 5479 6100
E-mail: eshop@squirrel.com.au

Darren é diretor de criação da Design Solutions Australia, uma pequena agência de publicidade especializada na produção de trabalhos de alta qualidade lançando mensagens sólidas de marketing.

IMAGEM APRESENTADA: *The Ride* (Capítulo 9)

CLARKE TATE
Tate Studio
P.O. Box 339
Gridley, IL 61744
Telefone: 309.747.3388
Fax: 309.747.3008
E-mail: TATESTUDIO@aol.com
URL: http://members.aol.com/TATESTUDIO

IMAGEM APRESENTADA: *Surf's Up* (Capítulo 2)

MICHAEL TOMPERT
URL: www. tompert.com

Michael Tompert pretende ganhar a vida como designer gráfico, em Palo Alto na Califórnia, ao lado de sua esposa, Claudia, e seus dois computadores Macintosh. Juntos, eles desenham e produzem ilustrações digitais, logotipos, sites da Web, interfaces de usuários gráficos e embalagens. Michael nasceu na Alemanha e veio para os Estados Unidos como tipógrafo assalariado. Ele trabalhou com Connie na Swan, até que a chegada da editoração na área de trabalho fez com que largasse a tipografia e buscasse o diploma de bacharelado em belas artes na Academy of Art College em São Francisco.

IMAGENS APRESENTADAS: *Alliance* (Capítulo 6), *Indian Summer* (Capítulo 11)

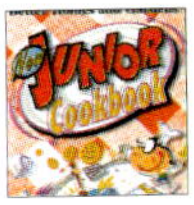

WAYNE VINCENT
Wayne Vincent & Associates
957 North Livingston Street
Arlington, VA 22205
Telefone: 703.532.8551
Fax: 703.532.1808
E-mail: wvassoc@aol.com

Wayne Vincent nasceu dia 27 de novembro de 1953, em Hartford Connecticut. Ele se formou pela Corcoran School of Art em Washington D.C. e trabalha como ilustrador há 17 anos em Washington. Wayne fez treinamento para ser ilustrador de airbrush, começou a trabalhar com computadores Macintosh há 11 anos e agora trabalha exclusivamente com mídia digital. Wayne mora em Arlington, Virgínia, com a esposa, Tori, suas duas filhas: Allie, sete anos e Charlotte, 2 anos; e o cachorro, Willi, de três anos.

IMAGENS APRESENTADAS: *Family PC* (Capítulo 8), *Better Homes and Gardens Children's Cookbook* (Capítulo 10), *Restaurant* (Capítulo 8)

BRIAN WARCHESICK
11113 East Alemeda Avenue
Aurora, CO 80012
Telefone: 303.360.9883

Brian Warchesik iniciou sua carreira como artista em 1991, quando tinha uma bolsa de estudos na Savannah College of Art and Design. Apesar de sua especialidade ser ilustração, Brian trabalhou como designer gráfico e continuou sua educação na Platt College no Colorado. Lá, Brian aprendeu a utilizar determinadas técnicas de computação que atualmente emprega ao produzir uma arte-final. Brian teve aula com Joe Jones, proprietário da Art Works Studio, no Platt College. Atualmente trabalha com Joe como designer gráfico e ilustrador.

IMAGEM APRESENTADA: *Icarus* (Capítulo 4 e Capítulo 7)

ÍNDICE

A

abrindo arquivos
- FreeHand no Photoshop, 56
- Illustrator no Photoshop, 22-24
- Photoshop no FreeHand, 51-52
- Photoshop no Illustrator, 3-4, 6-7

Adams, Mason, 131
Adobe Dimensions, 75, 79-80, 140-141
Adobe Illustrator Clip Board (AICB), 25
Adobe Streamline 4.0, 73-76, 79, 157-160
Africa Shirt, 155
AICB (Adobe Illustrator Clip Board), 25
ajuda
- FreeHand, 103
- Illustrator, 103
- Photoshop, 86-87

ajuste de cor
- FreeHand, 98-99, 115
- Illustrator, 98-99, 115
- KPT Photo Soap, 129-132
- Photoshop, 37-39

ajuste de imagem RGB, 84
Alliance, 130, 235 239
Alspach, Ted, 103, 160-161
ALT Pick, 200
anti-aliasing, 22-23
anúncios, 226-227
aparência de pintura
- Adobe Streamline 4.0, 73-75, 79, 157-159
- KPT Pixel f/x, 113, 126
- Painter, 133-136

aplicativos
- Adobe Dimensions, 75, 79-80, 140-141
- Bryce 2, 131-133, 250
- Extreme 3D, 140
- Kai's Power Goo, 133-134
- KPT Photo Soap, 130-131
- PageMaker, 138
- Painter, 135-136
- QuarkXPress, 137
- World Wide Web, exportando para, 140

aplicativos da MetaCreations Corporation
- Bryce 2, 131-133, 250
- Kai's Power Goo, 133-134
- KPT Photo Soap, 130-131
- Painter, 135-139

aplicativos MetaCreations Corporation
- FreeHand, 115-118
- Illustrator, 115-119
- Kai's Power Tools 3, 107-114
- KPT Vector Effects, 115-119
- Photoshop, 106-114

aprimoramento da imagem, 84, 94-96
Argon Zark!, 261-270
arrastar e soltar
- arquivos PICT para área de trabalho, 25
- *Consulte também* abrindo arquivos
- *Consulte também* copiar e colar
- FreeHand para Photoshop, 56
- Illustrator para Photoshop, 22-25
- Photoshop para Freehand, 54
- Photoshop para Illustrator, 6

arte de capa
- Adobe, 214-216
- Basics, 223-224
- Computer Artist, 211
- Creative Black Book, 205-218
- filmes, 216-217
- filmes VCR, 216-217
- menu Bullseye, 175
- Organix, 216-217
- panfletos de vendas, 222-225
- revistas, 205-214
- Top Ten Tips, 224-225

arte de galeria
ALT Pick, 200
Bjorkland, 196
Camel Magic, 201
Cannon, 197
Curtain of Confusion, 198-200
Hera's Surprise, 203
Java Happy, 200-201
Lumina, 197-198
Volcanic Dali, 201-202
arte em preto e branco, anti-aliasing, 23
atalhos de teclado, 105

B

Bag, 192
Balance, 191
barras de ferramentas, editando
FreeHand, 97
Illustrator, 97
Photoshop, 85
belas artes
ALT Pick, 200
Bjorkland, 196-197
Camel Magic, 201
Cannon, 197
Curtain of Confusion, 198-200
Hera's Surprise, 203
Java Happy, 200-201
Lumina, 197-198
Volcanic Dali, 201-202
Bergman, Eliot
Balance, 191
Bulbs, 271
Column, 177
Duracell, 191-192
Gears, 244-246
imagens em 3D, 139
Shoji, 189-190
Sonic Schoolhouse, 243-244
The Computer, 43
Better Homes and Gardens Junior Cookbook, 226
bibliotecas, criando, 101
Biota, 131-133
Bird Banner, 24
Bjorkland, 196-197
Black Scorpion, 131
Blasting Chip, 272-274
botões, criando
FreeHand, 98
Illustrator, 98
Photoshop, 85
Bridge, 186
Bryce 2, 131-133, 250
Bugs, 21
Bulbs, 271
Bullseye, 70-71, 175
buracos, criando, 120
buracos negros, 111
Buried Dreams, 132, 250

C

caixa de diálogo Color Balance, 37-38
caixa de diálogo Color/B&W Setup (Streamline), 73-74
caixa de diálogo Curves, 33, 36
caixa de diálogo Hue/Saturation, 37-39
caixa de diálogo Levels, 35-36
caixa de diálogo Rasterize Generic EPS Format, 22-23
caixa de diálogo Variations, 39-42
caleidoscópio, 111
camadas, 24, 42
Camel Magic, 201
caminho de deslocamento, criando, 116
caminhos
copiando
FreeHand para Photoshop, 61
Illustrator para Photoshop, 30-34
Photoshop para FreeHand, 58
Photoshop para Illustrator, 9
organizando, 101
camiseta eqüestre, 18-20
camuflagens
Freehand, 59-60
Illustrator, 25-27
Photoshop, 91-93
canais, aplicando filtros em, 72-73, 80
Cannon, 197
capa Adobe, 214-215
capa Basics, 223-224
capa Creative Black Book, 205-218
capa Organix, 216-217
capas de filmes VCR, 216-217
capas de revistas, 205-216
capa Top Ten Tips, 224-225
Car Interior, 192-193
cartas de negócios, 218-221
cartas, negócios, 218-221
cartões
condolências animal, 225
negócios, 172-173
cartões de condolências animal, 225
cartões de visita, 172-173

cartão veterinário, 225
catalogando imagens
  dispositivo Stylist, 125
  dispositivo VectorLibrary, 101
  KPT Photo Soap, 130
  Portfolio, 96
Chalk, 271
chamas, 120
chanfros, 87, 122-123
Chateauvieux, Gerard, 163
Cheal, Patricia
  Africa Shirt, 155
  Bullseye, 70-71, 175
  camiseta eqüestre, 18-20
  cartão de condolências animal, 225
  página Storm Watcher Web, 145
  tabela Whaler, 225-226
Claudio, Victor
  Camel Magic, 201
  Hera's Surprise, 203
  Volcanic Dali, 201-202
clipping paths, copiando
Cohen, Sandee, 57, 193-195
colando como caminhos, 25
colando como pixels, 25, 30
colorindo imagens em escalas de cinza, 63
Column, 177
Common Desktop Environment, 140, 167-171
Computer Artist, 211-214
Concorde/New Horizons, 131
configurações, retornando para original, 41
Contact, 132, 251
conversões pixel/vetor
  Adobe Dimensions, 74-75, 79, 140-141
  Adobe Streamline 4.0, 73-75, 157-159
  dicas e truques, 77-81
  filtro Object Mosaic, 10-13
  Illustrator para Photoshop, 68-69
  Photoshop para FreeHand, 69-70
  Photoshop para Illustrator, 70-72
conversões vetor/pixel
  Adobe Dimensions, 75, 79, 140-141
  Adobe Streamline 4.0, 73-75, 157-159
  dicas e truques, 77-81
  filtro ObjectMosaic, 10-15
  Illustrator para Photoshop, 68-69
  Photoshop para FreeHand, 69-70
  Photoshop para Illustrator, 70-74
Convertendo itens arrastados..., mensagem, 25
copiar e colar
  Consulte também abrindo arquivos
  Consulte também arrastar e soltar
  FreeHand para Photoshop, 56
  Illustrator para Photoshop, 25
  Photoshop para FreeHand, 55-56
  Photoshop para Illustrator, 7
Coppotelli, Geno
  capa Basics, 223
  capa Top Ten Tips, 224-225
  Paint and Decorating Retailers Gold Book, 222
  The Fish, 150-151
cor, copiando
  Photoshop para FreeHand, 58-59
  Photoshop para Illustrator, 8
Corman, Roger, 131
correção ortográfica, 22, 57
Crock, 66
Curtain of Confusion, 198-200
curvas, ajustando, 35-37

D

D[AI]sy, 179-181
Dali, Salvador, 201-202
Decade Piece, 167
desenho de tecido, 125
desenhos animados, acrescentando imagens, 130-131
desfazendo ações, 40, 41
design do menu, 175
DGI Hong Kong, 163-164
dicas e truques
  conversões pixel/vector, 77-81
  FreeHand, 64-65, 103
  Illustrator, 77-81, 103
  Photoshop, 64-66, 77-81, 86-87
Dimensions (Adobe), 75-76, 79, 140-141
dipositivo 3D Stereo Noise, 109
dispositivo Antimatter, 119
dispositivo Black Box, 119
dispositivo Carve, 120
dispositivo Chrome, 120
dispositivo ColorTweak, 115
dispositivo Cutout, 120
dispositivo de luminosidade, 119
dispositivo de texto, 86
dispositivo do Navigator, 101-102
dispositivo Drop Shadow, 120
dispositivo Edge f/x, 112
dispositivo Emboss, 116
dispositivo Fire, 120
dispositivo Flare, 116
dispositivo Flur, 121, 127
dispositivo Gaussian f/x, 113
dispositivo Glass, 121

dispositivo Glass Lens, 109
dispositivo Glow, 121
dispositivo GradientDesigner, 107-108
dispositivo HotKeys, 105
dispositivo HSB Noise, 121, 127
dispositivo Inner Bevel, 122
dispositivo Inset, 116
dispositivo Intellihance, 93-96
dispositivo Intellihance Lite, 84
dispositivo Intensity f/x, 113
dispositivo Interform, 108
dispositivo Jiggle, 122
dispositivo KPT 3D Stereo Noise, 109
dispositivo KPT 3D Transform, 115, 127
dispositivo KPT ColorTweak, 115
dispositivo KPT Edge f/x, 112
dispositivo KPT Emboss, 116
dispositivo KPT Flare, 116
dispositivo KPT Gaussian f/x, 113
dispositivo KPT Glass Lens, 109
dispositivo KPT GradientDesigner, 107-108
dispositivo KPT Inset, 116
dispositivo KPT Intensity f/x, 113
dispositivo KPT Interform, 108
dispositivo KPT MetaToys f/x, 114
dispositivo KPT Neon, 116-117
dispositivo KPT Noise f/x, 113
dispositivo KPT Page Curl, 110
dispositivo KPT Photo Soap, 130-131
dispositivo KPT Pixel f/x, 113, 126
dispositivo KPT Planar Tiling, 110
dispositivo KPT Point Editor, 117
dispositivo KPT Resize & Reposition, 117
dispositivo KPT Seamless Welder, 110
dispositivo KPT ShadowLand, 117
dispositivo KPT ShatterBox, 118
dispositivo KPT Sketch, 118
dispositivo KPT Smudge f/x, 118
dispositivo KPT Spheroid Designer, 108, 126
dispositivo KPT Texture Explorer, 109
dispositivo KPT Twirl, 111
dispositivo KPT Vector Distort, 118
dispositivo KPT Vector Effects, 115-118
dispositivo KPT Video Feedback, 111
dispositivo KPT Vortex Tiling, 111
dispositivo KPT Warp Frame, 119
dispositivo MaskPro, 91-93
dispositivo MetaToys f/x, 114
dispositivo Motion Trail, 123
dispositivo Neon, 116-117
dispositivo Noise f/x, 113
dispositivo Outer Bevel, 123
dispositivo Page Curl, 110
dispositivo Perspective Shadow, 123
dispositivo PhotoEmboss, 88, 126
dispositivo PhotoGlow, 88-90
dispositivo PhotoShadow, 89, 126
dispositivo PhotoText, 86
dispositivo PhotoTips, 86-87
dispositivo Pixel f/x, 113, 126
dispositivo Planar Tiling, 110
dispositivo Point Editor, 117
dispositivo Portfolio, 96
dispositivo Resize & Reposition, 117
dispositivos 3D Transform, 115, 127
dispositivos AlienSkin
  Illustrator, 125
  Photoshop, 119-125, 127
dispositivos. *Consulte também* nomes de dipositivos específicos
  Alien Skin
    Eye Candy 3.01, 119-125
    Illustrator, 125
    Photoshop, 119-125, 127
    Stylist, 125
  Extensis Corporation
    FreeHand, 97-105
    Illustrator, 97-105
    Intellihance, 93-95
    MaskPro, 91-92
    Photoshop, 83-96
    PhotoTools, 83-91
    Portfolio, 96
    VectorTools, 97-105
  MetaCreations Corporation
    Kai's Power Tools 3, 107-114
    KPT Vector Effects, 115-119
  para FreeHand
    Extensis Corporation, 97-105
    KPT Vector Effects, 115-119
    MetaCreations Corporation, 115-119
    VectorTools, 97-105
  para Illustrator
    Alien Skin, 125
    Extensis Corporation, 97-105
    KPT Vector Effects, 115-119
    MetaCreations Corporation, 115-119
    Stylist, 125
    VectorTools, 97-105
  para Photoshop
    Alien Skin, 119-125, 127
    Extensis Corporation, 83-96
    Eye Candy 3.01, 119-125
    Intellihance, 93-96

Kai's Power Tools 3, 107-114
MaskPro, 91-93
MetaCreations Corporation, 106-114
PhotoTools, 83-91
dispositivos da Extensis Corporation
FreeHand, 97-105
Illustrator, 97-105
Intellihance, 93-95
MaskPro, 91-93
Photoshop, 83-96
PhotoTools, 83-89
Portfolio, 96
VectorTools, 97-105
dispositivos Eye Candy 3.01, 119-125
dispositivos Fractal Designs, 106
dispositivo ShadowLand, 117
dispositivo ShatterBox, 118
dispositivos Kai's Power Tools 3, 107-114
dispositivo Sketch, 118
dispositivos KPT 3.0, 250
dispositivo SmartBar, 98
dispositivos MetaTools, 106
dispositivo Smoke, 123
dispositivo Smudge f/x, 114
dispositivo Spheroid Designer, 108, 126
dispositivos PhotoTools, 83-91
dispositivo Squint, 124
dispositivos Seamless Welder, 110
dispositivos Stylist, 125
dispositivo Star, 124
dispositivos terceirizados, *Consulte* dispositivos
dispositivos Vector Effects, 115-119
dispositivos VectorTools, 97-105
dispositivo Swirl, 124
dispositivo Texture Explorer, 109
dispositivo Twirl, 111
dispositivo VectorBars, 97
dispositivo VectorCaps, 105
dispositivo VectorColor, 98-99, 126
dispositivo Vector Distort, 118
dispositivo VectorFrame, 104
dispositivo VectorLibrary, 101
dispositivo VectorMagicWand, 104
dispositivo VectorObjectStyles, 102
dispositivo VectorShape, 102-103, 126
dispositivo VectorTips, 103-104
dispositivo VectorTypeStyles, 105
dispositivo Video Feedback, 111
dispositivo Vortex Tiling, 111
dispositivo Warp Frame, 119
dispositivo Water Drops, 125
dispositivo Weave, 125
distorcendo imagens
FreeHand, 102-103
Illustrator, 14, 102, 118
Kai's Power Goo, 133-134
Photoshop, 42
distorção de vidro abaulado, 109
distorção em bolha, 122
Duracell, 191

E

Eason, Ross, 187
edifícios
Bridge, 186, 188
Nokia, 185-186
editando fotos, 160-161
efeito de desenho feito à mão, 118
efeito de escultura, 120
efeito de filme, 113
efeito de página virada, 110
efeito Jello-like, 122
efeito metálico, 120
efeitos cromados
Illustrator, 15
Photoshop, 44, 120
efeitos de alto-relevo
FreeHand, 116
Illustrator, 116
Photoshop, 44, 88, 122
efeitos de brilho
Illustrator, 16
Photoshop, 44, 88-90, 121
efeitos de difusão, 40, 113-121
efeitos de esboço
FreeHand, 118
Illustrator, 15, 118
Photoshop, 44
efeitos de extrusão
FreeHand, 115
Illustrator, 115
Photoshop, 44
efeitos de lentes, 111-113
efeitos de linhas externas, 45
efeitos de neon
FreeHand, 116-117
Illustrator, 12, 116-117
Photoshop, 41
efeitos de pixel pintado, 113
efeitos de recorte
Illustrator, 12, 59-60
Photoshop, 41, 120

efeitos de tipologia
 Common Desktop Environment, 167-171
 Decade Piece, 167
 DGI Hong Kong, 164
 Family PC, 167
 FreeHand, 60
 Illustrator, 18-20, 27-30
 Kidsguide, 167
 Photoshop, 21, 30
 Restaurants, 167
efeitos de vidro
 Illustrator, 14
 Photoshop, 42, 109, 121
efeitos em 3D. *Consulte também* aplicativos
 Adobe Dimensions, 75, 79-81, 140-141
 Alliance, 235-239
 Bryce2, 131-133, 250
 Buried Dreams, 250
 Contact, 251
 dispositivos KPT 3.0, 250
 Extreme 3D, 140
 Gears, 244-246
 grades, criando, 229-231
 Orange Sunset Sphere, 251
 peças de xadrez, 235-238
 perspectiva, criando, 229-231
 sobre, 139
 Sonic Schoolhouse, 243-244
 Sunset Sphere, 251
 The Twins, 250
 Town, 241-243
 Train, 241
efeitos saturados, 113
Ellsworth, Bill
 Biota, 131-133
 Buried Dreams, 132-133, 250
 Contact, 132, 251
 imagem do Poser, 136
 Into the Labyrinth, 133
 Spheroid Invader, 133
 The Twins, 250
envolvendo com texto, 126
esboços
 McNulty, Brian, 69-70
 rastreando, 153-157
escaneando imagens, 77
esferas
 Illustrator, 14
 Photoshop, 42, 108, 114
espirógrafo, 30-33
estilos, 102, 105, 125
estrelas, 124
Extreme 3D, 140

F

Family PC, 167
Fast Track, 178
faturas (desenho rotten egg), 218-221
Faw, Andrew
 Common Desktop Environment, 140, 167-171
 D[AI]sy, 179-181
ferramenta Brush, Illustrator, 70
figuras de popup, 109
figuras mágicas, 109
filmes
 arte da capa, 216-217
 Black Scorpion, 131
 Not of This Earth, 131, 152, 235-238
 Smith, Mark J.
  granulação do filme, 132, 237-238
  iluminação, 235-237
  limpar ilustrações no segundo plano, importância de, 132
  misturando atores com imagens, 152
  olhos, posicionando, 235-237
  poses por segundo, 132
filtro Accented Edges, 13, 42
filtro Add Noise, 40
filtro Angled Strokes, 13, 42
filtro Bas Relief, 15, 44
filtro Chalk & Charcoal, 15, 44
filtro Charcoal, 15, 44
filtro Chrome, 15, 44
filtro Colored Pencil, 12, 41
filtro Color Halftones, 14, 43
filtro Conte Crayon, 15, 44
filtro Craquelure, 16, 45
filtro Crosshatch, 13, 42
filtro Crystallize, 14, 43, 47
filtro Cutout, 12, 41
filtro Dark Strokes, 13, 42
filtro Despeckle, 40
filtro Difference Clouds, 14, 43
filtro Diffuse, 44
filtro Diffuse Glow, 14, 42
filtro Displace, 42
filtro Dry Brush, 12, 41
filtro Dust & Scratched, 40
filtro Emboss, 44
filtro Exclude, 16
filtro Extrude, 44
filtro Facet, 43
filtro Film Grain, 12, 41
filtro Find Edges, 44

filtro Fragment, 43
filtro Fresco, 12, 41
filtro Gaussian Blur, 40
filtro Glass, 14, 42
filtro Glowing Edges, 16, 44
filtro Grain, 16, 45
filtro Graphic Pen, 15, 44
filtro Halftone Pattern, 15, 44
filtro Ink Outilines, 13, 42
filtro Lens Flare, 14, 43
filtro Median, 40
filtro Mezzotint, 14, 43, 48
filtro Mosaic, 43
filtro Mosaic Tiles, 16, 45
filtro Motion Blur, 40
filtro Neon Glow, 12, 41
filtro Note Paper, 15, 44
filtro Object Mosaic, 10-15
filtro Ocean Ripple, 14, 42
filtro Paint daubs, 12, 41
filtro Palette Knife, 12, 41
filtro Patchwork, 16, 45
filtro Photocopy, 15, 44
filtro Pinch, 14, 42
filtro Plaster, 15-44
filtro Plastic Wrap, 12, 41
filtro Pointillize, 14, 43, 48
filtro Polar Coordinates, 14, 42
filtro Poster Edges, 10-41
filtro Radial, 13
filtro Radial Blur, 40
filtro Reticulation, 15, 44
filtro Ripple, 14, 42
filtro Rough Pastels, 12, 41
filtros Artistic, 12, 41
filtros Blur, 13, 40
filtros Brush Strokes, 13, 42, 47
filtros, *Consulte também* nomes de filtros específicos
    FreeHand, 62-63, 65
    Illustrator, 10-16
    Photoshop
        Artistic, 41
        Blur, 40
        Brush Strokes, 42, 47
        canais e, 72-73
        Distort, 42
        no FreeHand, 62-63, 65
        no Illustrator, 18
        Noise, 40
        Pixelate, 43, 47-48
        Render, 43, 47
        repetir último filtro, 69
        Sharpen, 40
        Sketch, 44, 48
        Stylize, 44, 48
        Texture, 46, 49
filtros de grupo de edição, 44-45
filtros de grupo de efeitos, 44-45
filtros Distort, 14, 42
filtro Sharpen, 40
filtro Sharpen More, 40
filtro Shear, 14, 42
filtro Smart, 13
filtro Smudge Stick, 12, 41
filtros Noise, 40
filtro Solarize, 16, 44
filtro Spatter, 13, 42, 47
filtros pequenos de interface, 109
filtro Spherize, 14, 42
filtros Pixelate, 14, 43, 47-48
filtro Sponge, 12, 41
filtro Sprayed Strokes, 13, 42
filtros Render, 14, 43, 47
filtros Sketch, 15, 44
filtros Stylize, 16, 44, 48
filtro Stained Glass, 16, 45
filtro Stamp, 15, 44
filtros Texture, 16, 45, 49
filtro Sumi-e, 13, 42
filtro Texture Fill, 43
filtro Texturizer, 16, 45, 49
filtro Tiles, 16, 44, 48
filtro TornEdges, 15, 44
filtro Trace Contour, 44
filtro Twirl, 14, 42
filtro Underpainting, 12, 41
filtro Unsharp Mask, 40
filtro Watercolor, 12, 41
filtro Water Paper, 15, 44, 48
filtro Wave, 14, 42
filtro Wind, 16, 44, 49
filtro ZigZag, 14, 42
Football, 272
formato do documento do FreeHand, 56
formato do Illustrator, 22
formato do modelo do FreeHand, 56
formato EPS, 4, 22, 52
formato EPS do Illustrator, 22-23
formato EPS editável, 56
formato GIF89a, 142-145
formato para salvar DCS, 4, 52
formato PDF, 22
formato PDF Adobe, 22
formato PICT, 25, 52
formato TIFF, 4, 52

Forsbach, Robert
Bridge, 186
Nokia, 185-186
Town, 241-243
Train, 241
Trojan, 21-22
fotografias
editando com Photoshop, 160-161
editando com Streamline, 157-159
rastreando, 150-151
FreeHand
ajuda, 103
ajuste de cor, 98-99, 115
atalhos de teclado, 105
atribuindo tamanho às imagens, 117
barras de ferramentas, editando, 97
botões, criando, 98
brilhos, 116
caminho de deslocamento, criando, 116
caminhos, organizando, 101
colorindo imagens em escala de cinzas, 63
dicas e truques, 64-66, 103
dispositivo Navigator, 101-102
dispositivos
KPT Vector Effects, 115-118
VectorTools, 97-105
distorcendo imagens, 102, 118
efeito desenhado à mão, 118
efeitos de alto-relevo, 116
efeitos de deslocamento, 115
efeitos de esboço, 118
efeitos de neon, 116-117
efeitos de tipologia, 60
envolvendo com texto, 126
estilos, 102, 105
imagens, organizando, 101
Magic Wand, 104
menus, criando botões para, 98
molduras, 104, 119
molduras de envelope, 119
Object Inspector, 62-63
opção Paste Inside, 59-60
paletas, 103
pastas extras, 62
pontos, editando, 117
posicionando imagens, 117
projetando imagens em formatos, 102
quebrando imagens, 118
rastreando
esboços, 155-157
imagens, 69-70
reflexos em forma de estrela, 116
registrando opções de menu, 97
sombras, 117
sombras de halo, 117
sombras de zoom, 117
sombras suaves, 117
texto
definindo maiúsculas/minúsculas, 105
organizando, 101
FreeHand, utilizando arquivos do Photoshop
abrindo arquivos, 52
arrastar e soltar, 54
caminhos, copiando, 58
camuflagens, 59
claridade, ajustando, 63
clipping paths, copiando, 57
contraste, ajustando, 63
copiar e colar, 54
cor, copiando, 58
dicas e truques, 64-66
filtros, aplicando, 63
imagens transparentes, criando, 62-63
importando arquivos, 51
incorporando arquivos, 52
recortes, criando, 59-60
resolução, 52-53
resolução da impressão, 52-53
sobre, 51
tipos de arquivos, escolhendo, 52
transformações, aplicando, 63
valores da tela de linha, 53
vinculando arquivos, 52
FreeHand, utilizando arquivos no Photoshop
abrindo arquivos, 56
arrastar e soltar, 56
caminhos, copiando, 61
copiar e colar, 56
dicas e truques, 64-65
efeitos de tipologia, 60
filtros, aplicando, 63
sobre, 51
tipos de arquivos, escolhendo, 56
verificação ortográfica, 57
Free, Phil
Curtain of Confusion, 198-199
Lumina, 197-198
Wheeling, 184

G

Gears, 244-246
Goovies, criando, 133
Grace, Laurie, 167
grades, criando, 229-231

colando como pixels, 25, 30
configurações, retornando para o original, 41-42
copiar e colar, 22, 25
curvas, ajustando, 35-37
desfazendo ações, 38
efeitos de tipologia, 27-30, 77-78
filtros, aplicando, 44-45
modo, 22
níveis, ajustando, 35-37
proporções, 22-23
resolução, 22-23
resolução de impressão, 22-23
restringindo proporções, 23
revertendo ajustes, 38
seleções, copiando, 25
sobre, 21-22
sombras, 46, 72-73
somente linhas externas, 25
tamanho, 22-23
tipologia texturizada, criando, 28-30
tipos de arquivos, escolhendo, 23
transformações, aplicando, 43-44
verificação ortográfica, 22
Illustrator, utilizando arquivos em Photoshop
abrindo arquivos, 4, 6
arquivos incorporados, 4
arrastar e soltar, 6
caminhos, copiando, 9
clipping paths, copiando, 6
convertendo em imagens vetorizadas, 10-13
copiar e colar, 7
cor, copiando, 9
efeitos de tipologia, 18-20
filtros, aplicando
filtros do Illustrator, 10-13
filtros do Photoshop, 12-18
localizando imagens, 4-5
Object Mosaics, criando, 10-13
pasta de dispositivos, 18
resolução, 5-6
resolução de impressão, 5-6
seleções, copiando, 9
sobre, 3
texto, acrescentando imagens, 18-20
tipos de arquivos, escolhendo, 4
transportando imagens, 3-5
valores da tela de linha, 6
vinculando arquivos, 4
imagens com linhas externas, 25
imagens em esboço, consertando, 130-131
imagens, exemplos
Column, 177
D[AI]sy, 179-181
Fast Track, 178
imagens lado a lado, 110
imagens transparentes, criando, 62-63
importando arquivos
Consulte abrindo arquivos
Consulte arrastar e soltar
Consulte copiar e colar
incorporando arquivos
Photoshop para FreeHand, 51-52
Photoshop para Illustrator, 4
Indian Summer, 248-249
Into the Labyrinth, 133

J

Jackson, Lance
ALT Pick, 200
Fast Track, 178
Java Happy, 200-201
Macworld Expo, 176
Workbook Ad, 45
Java Happy, 200-201
Jones, Joe
logotipo Borg, 164
logotipo Precision, 37-39
logotipo Precision Instrument Printing, 71
logotipo Stone Cliff Vineyard & Winery, 39
TV World, 154

K

Kai's Power Goo, 133-134
Kidsguide, 166-167
Krause, Kai, 106
Kvern, Olav, 103

L

layout
anúncios, 226-227
capas de filmes VCR, 216-217
capas de revista, 205-216
cartas comerciais, 218-221
cartões, 225
PageMaker, 138
panfletos de vendas, 222-225
QuarkXPress, 137
tabelas, 225
layout de página
anúncios, 226-227
capas de filmes VCR, 216-217

capas de revistas, 205-216
cartas de negócios, 218-221
cartões, 225
PageMaker, 138
panfletos de venda, 222-225
QuarkXPress, 137
tabelas, 225
letreiro Macworld Expo, 176
letreiros, 175-176
Livingston, Randy, 218-221
logotipo Borg, 164
logotipo Mueller Beer, 163-164
logotipo Precision Instrument Printing, 37-39, 71-72
logotipos
Borg, 164
logotipo Stone Cliff Vineyard & Winery, 39
Mueller Beer, 163-164
Precision Instrument Printing, 38, 71
logotipo Stone Cliff Vineyard & Winery, 39
Lords, Tracy, 131
Lounge Lizard, 156-157
Lucy Ann, 160-161
Lumina, 197-198
luz
Blasting Chip, 272-274
Bulbs, 271
filmes, 235-238
filtro Lighting Effects, 43

M

Magic Wand, 104
manchas
Illustrator, 12, 13
Photoshop, 41, 114, 123, 124
marching ants, 42
McClelland, Deke, 86-87
McNulty, Brian
Crock, 65-66
esboços, 69-70
Lounge Lizard, 156-157
Our Turn, 65
The Wrestler, 65-66, 156-157
Wrecking Ball, 156-157
mensagens em formato EPS, 25
mensagens, Illustrator, 25
menus, criando botões para
FreeHand, 97
Illustrator, 97
Photoshop, 85
mesclando imagens, 134
modo, 22
moldura ao redor de imagens, 104, 119
molduras de envelope, 118

N

Neal, Brad, 192-193
Neal, Tom, 192-193
New Age Portraits, 75
níveis, ajustes, 35-37
Nokia, 185-186
Northern Clipper, 39, 255-260
Not of This Earth, 131-132, 152, 235-238
nuvens
Bryce 2, 131-133
filtro Clouds, 14, 43, 47

O

Object Inspector, FreeHand, 62-63
objetos
Bag, 192
Car Interior, 192-193
Duracell, 191-192
Test Tubes, 193-194
opção Paste Inside, 59-60
Orange Sunset Sphere, 251
organizadores de imagens
dispositivo Stylist, 125
dispositivo VectorLibrary, 101
KPT Photo Soap, 130
Portfolio, 96
organizador minúsculo, 96
Our Turn, 65

P

PageMaker, 138
página Storm Watcher Web, 145
Paint and Decorating Retailers Gold Book, 222
Painter, 135-136
paisagens
Bryce 2, 131-133, 250
filtro Clouds, 14, 43, 47
RandomVeg, 185
ShinyTurkey 3, 184
Wheeling, 184
paleta Path, 61
paletas, 103
panfletos de venda, 222-225
Parker, Charley, 261-269
pasta de dispositivos, Illustrator, 18
pasta extra, FreeHand, 62
peças de xadrez, 235-239
perspectiva, criando, 229-231

pessoas, imagens de, 188-190
PhotoBars, dispositivo, 85
PhotoBevel, dispositivo, 87
Photoshop
    água, 125
    ajuda, 86-87
    ajuste de cor, 37-39
    ajuste de imagem RGB, 84
    ajuste de luminosidade, 119
    aprimoramento da imagem, 84, 94-96
    barras de ferramentas, editando, 85
    botões, criando, 85
    buracos, criando, 120
    buracos negros, 111
    caixa de diálogo, 37-39
    caixa de diálogo Color Balance, 37-39
    caixa de diálogo Curves, 33, 36
    caixa de diálogo Levels, 35-36
    caixa de diálogo Rasterize Generic EPS Format, 22-23
    caixa de diálogo Variations, 39-42
    camadas, 24, 42
    camuflagens, 91-93
    canais, 72-73, 80
    chama, 120
    chanfros, 87, 122
    desenho de tecido, 125
    dicas e truques, 64-66, 77-81, 86-87
    dispositivo de texto, 86
    dispositivos
        Eye Candy 3.01, 119-125
        Intellihance, 93-96
        Kai's Power Tools 3, 107-114
        MaskPro, 91-93
        PhotoTools, 83-91
    distorcendo imagens, 42
    distorção em forma de bolha, 122
    editando fotos, 160-161
    efeito de caleidoscópio, 111
    efeito de escultura, 120
    efeito de filme, 113
    efeito de página virada, 110
    efeito Jello-like, 122
    efeito metálico, 120
    efeitos, aplicando em seleções, 42
    efeito saturado, 113
    efeitos de alto-relevo, 44, 88, 122
    efeitos de borda, 112
    efeitos de brilho, 44, 88-90, 121
    efeitos de cromagem, 44, 120
    efeitos de deslocamento, 44
    efeitos de difusão, 40, 113, 121, 127
    efeitos de esboço, 44
    efeitos de lentes, 112-113
    efeitos de linhas externas, 45
    efeitos de neon, 41
    efeitos de pintura, 113
    efeitos de recorte, 41, 120
    efeitos de tipologia, 21-22, 29-30
    efeitos de vidro, 42, 109, 121
    efeito squint, 124
    efeito talhado, 120
    efeito vórtice, 111
    escaneando imagens, 77
    esferas, 42, 108, 114
    estrelas, 124
    filtros
        Artistic, 41
        Blur, 40
        Brush Strokes, 42, 47
        canais e, 71-72
        Distort, 42
        no FreeHand, 62-63, 65
        no Illustrator, 12-18
        Noise, 40
        Pixelate, 43, 47-48
        Render, 43, 47
        repetir último filtro, 69
        Sharpen, 40
        Sketch, 44, 48
        Stylize, 44, 48
        Texture, 45, 49
    filtros pequenos de interface, 109
    fogo, 120
    fotografias, editando, 160-161
    fumaça, 123
    gradientes, projetando, 107-108
    imagens de popup, 109
    imagens lado a lado, 110
    mancha Gaussian, 113
    manchas, 40, 113-114, 124
    marching ants, 42
    menus, criando botões para, 85
    paleta Path, 61
    pêlo, 121, 127
    polígonos, criando, 124
    rastreando
        esboços, 153-156
        fotos, 151
    redemoinhos, 111, 115
    refletindo imagens, 122
    reflexões, criando, 43-44
    rotações, 42, 111, 114
    segundo plano de tijolo, 69

sombras, 46, 89, 120, 123
sombras de perspectiva, 123
texturas
combinando, 108
criando, 109, 247-248
TV static, 109
vóritces, 124
World Wide Web, exportando para, 141-145
Photoshop para Freehand, 56-57
Photoshop para Illustrator, 9
Photoshop, utilizando arquivos do Illustrator em
abrindo arquivos, 22-24
ajuste de cor, 37-39
ajustes de variação, 39-42
altura, 23
anti-aliasing, 22-23
arrastar e soltar, 23-24
caminhos, copiando, 30-33
camuflagens, 25-27
canais, 80
colando como caminhos, 25
colando como pixels, 25, 30
configurações, retornando ao original, 41
copiar e colar, 23, 25
curvas, ajustando, 35-37
desfazendo ações, 40
efeitos de tipologia, 27-30, 78
filtros, aplicando, 34-35, 44-49
modo, 22
níveis, ajustando, 35-37
proporções, 22-23
resolução, 22-30
resolução de impressão, 22-23
restringindo proporções, 23
seleções, copiando, 25
sobre, 21
sombras, 46, 72-73
somente linhas externas, 25
tamanho, 22-23
tipologia texturizada, criando, 27-30
tipos de arquivos, escolhendo, 22
transformações, aplicando, 43-44
verificação ortográfica, 22
Photoshop, utilizando arquivos no FreeHand
abrindo arquivos, 52
arquivos incorporados, 52-53
caminhos, copiando, 58
camuflagens, 59-60
clipping paths, copiando, 57
copiar e colar, 54
cor, copiando, 58
dicas e truques, 64-66
filtros, aplicando, 63
imagens transparentes, criando, 62-63
importando arquivos, 51-52
incorporando arquivos, 52-53
resolução, 52-53
resolução de impressão, 53
sobre, 51-52
tipos de arquivo, escolhendo, 52-53
transformações, aplicando, 63
valores de tela de linha, 53
Photoshop, utilizando arquivos no Illustrator
abrindo arquivos, 4, 6
arquivos incorporados, 5
arrastar e soltar, 6
caminhos, copiando, 9
clipping paths, copiando, 8
copiar e colar arquivos, 7
cor, copiando, 8
efeitos de tipologia, 18-20
filtros, aplicando
filtros do Illustrator, 10-15
filtros do Photoshop, 12-18
molduras, acrescentado, 77
Object Mosaic, criando, 12-15
pasta de dispositivos, 18
posicionando imagens, 4
resolução, 5-6
resolução de impressão, 5-6
seleções, copiando, 9
sobre, 3
texto, acrescentando, 18-20, 77
textos explicativos, acrescentando, 77
tipos de arquivos, escolhendo, 4
transportando imagens, 4
valores de tela de linha, 6
vinculando arquivos, 4
Photoshop, utilizando arquivos no PageMaker, 138-139
Photoshop, utilizando arquivos no QuarkXPress, 137
Photo Soap, 130-131
Photsoshop, utilizando arquivos do FreeHand em
abrindo arquivos, 56
arrastar e soltar, 56
caminhos, copiando, 61
copiar e colar, 56-57
verificação ortográfica, 57
dicas e truques, 64-66
efeitos de tipologia, 60
filtros, aplicando, 63

sobre, 55-56
tipos de arquivos, escolhendo, 54
pincéis de traços variáveis, 69
pixels, definido, 67
polígonos, criando, 124
pontos, editando, 117
poses por segundo, 132
posicionando imagens, 4-5, 117
PostScript, 67
processando mensagens, Illustrator, 25
produção de filme
Black Scorpion, 131
combinando atores com imagens, 152
granulação de filme, 132, 237-238
iluminação, 236-237
limpar ilustrações no segundo plano, importância de, 132
Not of This Earth, 131-132, 152, 235-238
olhos, reposicionamento, 235-236
poses por segundo, 132
programa com base em vetor, 75
projetando imagens em formatos, 102-103
proporções, 23

Q

QuarkXPress, 137

R

Random Veg, 185
rastreando
FreeHand, 69-70, 155-157
Illustrator, 155
Photoshop, 151-155
sobre, 149
realismo
Bag, 192
Balance, 191
Bridge, 186
Car Interior, 192-193
Duracell, 191-192
Nokia, 185-186
Random Veg, 185
Shiny Turkey 3, 184
Shoji, 189-190
Test Tubes, 193-196
The Ride, 187-188
Wheeling, 184
refletindo imagens, 118, 122
reflexões, criando, 43-44
reflexos em forma de estrela, 116
registrando opções de menu, 98
resolução
Illustrator para Photoshop, 22-24
imagens WorldWide Web, 141-145
Photoshop para FreeHand, 52-53
Photoshop para Illustrator, 4-6
resolução de impressão
Illustrator para Photoshop, 22
imagens World Wide, 141-145
Photoshop para FreeHand, 52-53
Photoshop para Illustrator, 4-5
Restaurants, 167-168
retratando, 75
revertendo ações, 40-41
Riegel, Glen
Blasting Chip, 272-274
Northern Clipper, 39, 256-260
redemoinhos
Illustrator, 14
Photoshop, 42, 111, 114
Rose Big, 252-253
rotten egg (faturas atrasadas), 218-221

S

segundo plano de tijolo, 69
segundo planos. *Consulte também* texturas
Argon Zark!, 261-270
Blasting Chip, 272-274
Northern Clipper, 255-261
Rose Big, 252-253
Spiney, 253
tijolo, 69
seleções, copiando
Illustrator para Photoshop, 25
Photoshop para Illustrator, 8-9
Shiny Turkey 3, 184
Shoji, 189-190
Shoulak, Joe, 176
sites da Web
exportando para, 141-145
resolução de impressão, 141-145
Smith, Mark J., 131
Storm Watcher, 145
Smith, Mark J.
Bjorkland, 196-197
capa Organix, 216-217
cartões de visita, 172-173
em filmes
Black Scorpion, 131-132
granulação de filme, 132, 237-238
iluminação, 235-237

INSTRUÇÕES PARA INSTALAÇÃO DO CD-ROM

Para instalar o CD-ROM, insira-o na unidade de disco. No Macintosh, clique duas vezes no ícone do CD-ROM que aparece na área de trabalho. No sistema Windows, clique duas vezes em My Computer, e em seguida clique duas vezes no ícone da unidade de disco do CD-ROM (geralmente unidade D).

Para instalar as versões de demonstração dos produtos, abra a pasta da demonstração que deseja instalar e clique duas vezes no ícone de instalação. Siga os prompts na tela. Nas demonstrações que contêm mais de um ícone de instalação, inicie com o ícone de instalação na pasta Install Disk 1. Clique duas vezes no ícone de instalação e siga as instruções dos prompts na tela. Para obter mais informações, consulte o arquivo Readme.txt contido na demonstração.

Para iniciar a Apresentação de Slides do livro (PAISSS), clique duas vezes no arquivo "PAISSS Slide Show Program" localizado na pasta "PAISSS Slide Show" (na janela principal do CD-ROM). Para iniciar a Apresentação de Slides do CD-ROM, são necessários:

- Um Macintosh com 5MB de RAM de aplicativo (ou superior)
- Monitor de 13 polegadas ou maior
- Um Macintosh com no mínimo 68040 (preferível PPC)
- Adobe Acrobat Reader 3.0 instalado (versão 3.0 fornecida no CD-ROM PAISSS)

Se houver algum problema:

- Forneça mais memória para o "PAISSS Slide Show Program" (quanto mais memória melhor) e deixe, se for possível, 200K para o seu sistema.
- Copie a pasta do PAISSS com os conteúdos para o seu disco rígido. Clique duas vezes no "PAISSS Slide Show Program".
- Feche qualquer outro aplicativo.

Não existe incompatibilidade com o RAMDoubler, porém não aloque mais do que a RAM física no "PAISSS Slide Show Program".

Se você tiver algum comentário a acrescentar sobre o CD-ROM ou sobre o livro, ou quiser apresentar alguma arte-final na próxima edição, escreva para jen@bezier.com. Dependendo do volume de mensagens, talvez eu não possa responder. Porém, farei o possível para escrever *algo* para todos que enviarem sugestões, dicas, elogios, etc.